21世纪通识教育系列教材

大学生就业指导

主编
苏文平
赵　敏
副主编
魏静静
孔伟明
邹紫云
王德国

中国人民大学出版社
· 北京 ·

出版说明

随着信息时代的来临、经济全球化的深入与文化软实力竞争的加剧，重视大学生人文素养与创新能力的培养，提升大学生的综合素质，已成为各国教育改革与发展关注的重点和热点。人们越来越意识到：高等教育不仅要培养大学生良好的专业素质，更重要的是使得他们在走向社会之后拥有长足的自我拓展能力。只有以宽口径、厚基础、复合型为人才培养目标，才能更好地提高我国高等教育的质量，培育出适应现代社会需求的具备公民意识、社会责任感与创新精神的优秀人才。

从中外大学通识教育的实践来看，通识教育是一项系统工程，而课程体系建设始终是推进通识教育的核心任务，教材建设则又是其中的重要环节。为满足广大高校师生对高质量通识教育教材的需求，中国人民大学出版社组织多学科、多领域的专家学者，在广泛调研与深入研讨的基础上，组织编写了这套“21 世纪通识教育系列教材”，为推动高等学校通识教育教材建设进行了探索。

本套教材分为人文、政法和经管三大板块，定位为非专业统开课教材，突出“通识”的特色，强调内容阐释的“基础”和“宽度”，力求突破单纯的“专业视域”或“知识视域”，引导学生调整知识结构，拓宽文化视野，以达成人才培养效果上的“宽度”，从而实现高等教育培养复合型人才的目标。

本套教材中的每一本均由该学科领域有影响力的专家学者领衔编撰。通识教材的“基础”与“宽度”，需要特别重视教材纲目与内容的适用性、可拓展性和灵活性。唯有在该领域具有丰富教学经验及精深学术水准的名家，方能“取精用弘，由博返约”，编撰出体现“通识”特色的高水平教材。

本套教材形式与内容和谐统一，教材内容基础适用，语言简洁生动，并辅以典型、有趣的案例、图表，轻松活泼的栏目和插图等，图文并茂，引人入胜，照顾到青年学生群体的阅读习惯。

作为出版者，我们特别希望通过加强通识教育教材建设，推进高校课程体系的融会贯通，提高学生跨学科、跨文化的理解能力，为学生未来的职业生涯与人生发展奠定良好的知识和能力基础。这套通识教育系列教材只是开始，期望更多的专家学者共襄此事，推进通识教育教学的改革与发展。

中国人民大学出版社

前　言

党的二十大将教育作为全面建设社会主义现代化国家的基础性、战略性支撑进行系统谋划，极具战略意义和深远影响。面对内外部环境的深刻变化，教育系统在党中央、国务院坚强领导下，坚持以习近平新时代中国特色社会主义思想为指导，深入学习贯彻党的二十大精神，积极推动教育事业取得新进步、各项工作有了新成效、教育面貌发生新变化，奋力走好教育强国建设的历史新征程，为全面建设社会主义现代化国家、全面推进中华民族伟大复兴作出新的贡献。

我国已经进入高等教育的普及化时代，2024 年有 1 179 万名毕业生进入就业市场。当前全球经济发展面临需求收缩、供给冲击、预期转弱三重压力，大国博弈复杂，竞合关系持续深化，经济增长不确定性增加，就业市场用人需求不确定性增加，导致毕业生就业形势严峻。

对于作为民生重中之重的毕业生就业，国家和各级政府一直都高度重视，把稳就业、促就业作为政治任务来主抓，每年都出台促进高校毕业生就业创业的优惠政策。2025 年 4 月 2 日，全国高校毕业生等青年就业创业工作视频会议在北京举行。会议指出，高校毕业生是党和国家宝贵的人才资源，高校毕业生等青年就业创业工作关系千家万户。要深入学习贯彻习近平总书记重要指示精神，贯彻落实党中央和国务院决策部署，坚持把高校毕业生等青年群体就业作为重中之重，确保青年就业水平总体平稳。教育部也印发《关于做好 2025 届全国普通高校毕业生就业创业工作的通知》，部署各地各高校深入贯彻落实党中央、国务院决策部署，实施“2025 届全国普通高校毕业生就业创业促进和服务体系建设行动”，全力促进高校毕业生高质量充分就业。

本书结合目前的就业形势、现行就业政策和职业发展理论，为高校毕业生提供就业政策、就业准备、求职方法、权益保障、职场准备、创业准备等方面的指导，帮助毕业生正确地看待就业形势，以科学的职业发展观进行职业选择，更充分地发挥自身优势，选择恰当的职业发展起点，为在职业发展中实现自己的人生价值打好基础。

本书在内容上分为6章，涵盖了明确职业目标、了解就业政策、管理求职过程、掌握求职方法、开展创业准备、进行生涯管理等专题。在结构上采用理论、案例、推荐阅读相结合的方式，从就业实战的视角帮助毕业生梳理就业准备流程、求职应聘过程。既有广度，毕业生在教材中能获得所有相关信息；又有深度，能实质性帮助毕业生掌握求职方法、提升就业竞争力。力求一本教材助力毕业生通关整个就业过程。

由于编者自身经验的局限性，书中难免有不妥之处，敬请专家和读者批评、指正。

目 录

第1章

启动就业准备　明确职业目标

凡事预则立，不预则废。

——《礼记·中庸》

只要朝着一个方向努力，一切都会变得得心应手。

——罗伯特·勃朗宁

学习目标

本章主要介绍自我认知、职业认知、职业目标确定的方法，通过本章的学习，帮助同学们掌握职业兴趣、技能特长、价值观的探索方法，了解职业探索的维度和方法，基于自我认知与职业认知逐渐清晰自己的职业目标。

“同学，你是什么时候开始考虑就业问题的?”

对于这个问题，相信每位同学的回答是很不一样的。

有同学在高考填报志愿时就在老师和家长的提醒下，想到了就业问题，选报了“未来就业前景好”的专业、努力避开“天坑”专业，但真正准备就业还得到大三学年；有的同学是拿到本科录取通知书就想着要读研的，“因为本科毕业生不好找工作”，认为本科阶段距离就业还很遥远；也有的同学希望早点儿经济独立，进入大学就开始想着怎么做更有利于将来找工作……

不论你是如何考虑就业的，都建议你先了解以下信息：

根据教育部2024年10月24日发布的《2023年全国教育事业发展统计公报》，当年全国共有高等学校3 074所：其中普通本科学校1 242所（含独立学院164所），比上年增加3所；本科层次职业学校33所，比上年增加1所；高职（专科）学校1 547所，比上年增加58所；成人高等学校252所，比上年减少1所。另有培养研究生的科研机构233所。各种形式的高等教育在学总规模4 763.19万人，比上年增加108.11万人；高等教育毛入学率60.2%，比上年提高0.6个百分点；普通本科学校校均规模 17 194 人，本科层次职业学校校均规模 20 127 人，高职（专科）学校校均规模 10 152 人。

普通本科招生 478.16 万人，专科起点本科招生 91.25 万人；在校生 2 034.69 万人，毕业生 489.74 万人。职业本科招生 8.99 万人，专科起点本科招生 4.67 万人。高职（专科）招生 555.07 万人，在校生 1 707.85 万人，毕业生 553.29 万人。研究生招生 130.17 万人。其中，博士生 15.33 万人，硕士生 114.84 万人。在学研究生 388.29 万人，其中博士生 61.25 万人；毕业研究生 101.48 万人，其中毕业博士生 8.71 万人。

此外，成人本专科招生 445.49 万人，在校生 1 008.23 万人，毕业生 363.13 万人。网络本专科招生 163.42 万人，在校生 739.97 万人，毕业生 263.35 万人。全国高等教育自学考试学历教育报考 582.14 万人次，取得毕业证书 42.00 万人。

对于正在阅读本教材的大学生而言，你们肯定是上面某类学生数字的组成部分；看到这么庞大的数据，你是否担心毕业后不好找工作？不过，研究生人数仅为本科生人数的四分之一，每年针对应届生开放的工作岗位则远远超过本硕毕业生总人数，你是否会重新思考就业及学历对就业的影响？

读完这本教材，你会知道：学历只是大学毕业生求职的影响因素之一、甚至不能算最重要的因素！真正决定应届生职场竞争力的主要是综合素质及与目标岗位匹配的专业技能等因素。一次有效的求职是从定位职业目标开始的，只有在清晰的职业目标的指引下，在求职中才能做到有的放矢，才能在简历撰写、面试中把握重点，有效地进行自我展示。

一个清晰的职业目标应回答这些问题：希望在什么地域工作，要进入一个什么样的行业，选择这个行业的什么组织，从事哪些岗位的工作。行业定位的是你所掌握的专业知识在什么领域，组织定位的是跟哪些人一起工作，岗位定位的是你在工作中用到哪些技能。如果你曾经学习过职业生涯规划，你就会发现这是职业生涯规划要回答的问题。本章先回顾一下如何确定职业目标。

职业生涯规划理论最初源于美国就业指导专家帕森斯提出的人职匹配理论，又称特质因素论。该理论认为每个人都有自己独特的人格模式，每种人格模式的个体都有其相适应的职业类型，职业选择的焦点就是人与职业相匹配。帕森斯提出了职业选择的三大要素：第一，了解自己的能力倾向、兴趣爱好、气质性格特点、身体状况等个人特征；第二，分析各种职业对人的要求，以获得有关的职业信息；第三，在了解个人特征和职业要求的基础上，选择一种适合个人特点又可获得的职业。这就是确定职业目标的三步骤：自我认知、职业认知、人职匹配。

1.1　开展自我认知

自我认知是职业目标定位的基础，从职业匹配的角度看，自我认知的对象涵盖职业兴趣、职业技能特长、职业价值观。

1.1.1　职业兴趣认知

1. 什么是职业兴趣

开展职业兴趣探索，目前应用范围最广的是美国心理学家约翰·霍兰德 1959 年提出的职业兴趣类型理论。该理论有四个核心假设：

（1）根据人格特质及兴趣倾向，人可以分为六大类：现实/实践型-R 型（realistic type），研究/调研型-I 型（investigative type），艺术/创意型-A 型（artistic type），社会/社交型-S 型（social type），经营/企业型-E 型（enterprising type），事务/常规型-C 型（conventional type）。这既是兴趣类型也是能力倾向，反映了个体的人格特质。

（2）职业环境也可以分成与上述兴趣类型相对应的具有同样名称的六大类型。

（3）人们寻求能够与自己兴趣、能力相匹配的职业环境，如 A 型的人喜欢在艺术、创意型的职业环境中工作，R 型的人倾向于寻找支持动手实践、操作型的职业环境。

（4）兴趣与职业的匹配程度决定了个体的职业满意度、稳定性和成就感。

通过广泛细致的调查研究，霍兰德给出了每种兴趣类型的特点。

● 现实型（R 型，又称实践型），具有此类倾向的个体往往身体技能及机械协调能力较强，常常沉浸于工具与技术的世界中。他们稳健、务实，喜欢从事规则明确的活动及技术性工作，热衷于亲自动手操作，具有比较强的实践性；他们对人际交往及人员管理、监督等活动不太感兴趣，倾向于选择需要熟练技能、机械操作及管理、手工艺技能等的职业。

● 研究型（I 型，又称调研型），具有此类倾向的个体喜欢理论思维或偏爱数理统计工作，能对解决抽象问题投入极大的热情。他们通常倾向于通过思考、分析解决难题，而不一定落实到具体操作上；他们往往是好奇的、内省的、具有批判性的，不太喜欢固定程式的任务、独立倾向明显，倾向于选择的职业有分析员、科研工作者、学者等。

● 艺术型（A 型，又称创意型），具有此类倾向的个体对具有创造、想象及自我表现空间的工作表现出明显偏好。他们有一定的创造力，特立独行、乐群性低，对结构化程度较高的任务及环境不太喜欢，对机械性及程式化工作毫无兴趣。艺术倾向明显的个体具有丰富的想象力、直觉力较好、敏感而开放，倾向于选择的职业包括美术、音乐、舞蹈、戏剧、文字等艺术创作相关的职业。

● 社会型（S 型，又称社交型），具有此类倾向的个体喜欢以人为对象的工作，通常言语能力优于数理能力，善于表达，随和、乐于与人相处，愿意帮助他人，具有人道主义倾向、责任心强；他们习惯于通过与人商讨或调整人际关系来解决问题，不太喜欢以机械或物品为对象的工作，倾向于选择教育相关行业、社会福利事业、医疗与保健领域及各种直接为人服务的职业。

● 经营型（E 型，又称企业型），具有此类倾向的个体支配欲和冒险性较强，喜欢设立新的组织并为有效发挥组织作用而积极地开展活动，喜欢影响、管理、领导他人，倾向于选择的职业有销售、产品营销、组织管理、律师等。

● 事务型（C 型，又称常规型），具有此类倾向的个体喜欢高度有序、要求明晰的工作，对于规则模糊、自由度大的工作不太适应，习惯于遵守既定规则、偏保守，做事有条理、通常愿意在稳定的机构任职，倾向于选择的职业有银行职员、图书管理员、会计、出纳、统计人员、计算机操作人员、办公室职员等。

选择职业时，建议尽量在自己职业兴趣对应的族群中进行选择，选取与自己职业兴趣一致性高的职业。如果个人的职业兴趣与职业一致性高，就更容易在职业中获得成功、获得职业满意感，能在这个职业中走更远。即便只能选择与职业兴趣类型匹配度不高的职业，也要清楚自己的弱势和优势，在工作中找到发挥所长的领域。

2. 探索职业兴趣的方式

（1）测评。很多高校引入了相关测评工具，同学们可以先通过测评大概了解一下自己的类型。需要注意的是：测评工具测评的是大概率事件，准确程度受到工具本身的信效度、个体经验等因素的影响，测评结果并不是绝对的结果，不一定完全符合自身情况。测评主要是提供一个思考方向，如可以在测评结果中去发现：那些跟自我认知符合度高的描述有哪些支持的经历经验；哪些与自我认知不符合，为什么你觉得不符合、有什么支持的经历经验；等等。通过测评和对测评结果的反思，先有一个自我认知的初步判断。

（2）自我反思。了解自己职业兴趣最好的方法是从过往经验中反思：测评后，可以通过自我提问的方式，从平时自己的兴趣爱好、优势特长等来反思自己的职业兴趣倾向，如思考以下问题：

- “我的白日梦”：请列举三种你现在或曾经非常感兴趣的职业（排除所有现实的考虑）。这些工作中的哪些具体内容及其特征吸引着你？
- 请回忆三次做某件事情时令你感到快乐/满足的经历。请详细地刻画这三个画面，是什么令你感到如此快乐/满足？
- 从小到大你担任过哪些职务？你喜欢的是哪些职务？不喜欢的是哪些？请具体说明原因。
- 你最喜欢翻阅哪种杂志？这些杂志中的哪些部分吸引你？或者，如果你到书店看书，通常会停留在哪类书架前？（排除学习需要的因素）
- 你最喜欢看哪几类视频节目？节目中是什么吸引着你？（排除仅仅为放松或娱乐）
- 你喜欢浏览哪类网站的哪部分内容？它们属于哪些专业领域？
- 休闲时，只出于兴趣考虑，你最想做什么或学什么？吸引你的是什么？
- 你最喜欢的科目是什么？为什么喜欢？（排除不喜欢某位老师等因素）
- 生活中某些时刻，你会因为全神贯注于做某件事情而忘了时间，什么样的事会让你如此专注？

如果回答了以上所有问题，得到的答案里一致程度比较高的是什么？如果在很多的回答里都出现了喜欢动手实践制作出某个物件，你的职业兴趣类型很可能是 R 型；如果是喜欢团队工作，喜欢理解他人、帮助别人等，那大概率你会是 S 型。

在职业目标定位时，了解自己的职业兴趣，尽可能在职业兴趣的方向上或相近的方向上选择职业类型。

1.1.2 职业技能特长认知

能力是一个内涵丰富的概念，有很多种不同的分类方式，如有的分类是一般能力和特殊能力，有的分类是流体能力、晶体能力。心理学中的能力（ability）是指人们成功完成某种活动所必须具备的个性和心理特征。从用人单位招聘需求角度和长远职业发展角度看，能力其实更多地是指技能（skills）；技能是在能力和知识的基础上，通过反复练习形成的相对稳定的行动方式。全球最受认可的“职场圣经”——《你的降落伞是什么颜色？》一书将职场中所需的技能分为专业技能、通用技能和自我管理技能。

专业技能是指在某一个专业上，你学了什么知识、会用什么工具、积累了什么经验等。专业技能常常与专业学习或工作内容直接相关，不能够迁移，需要经过有意识的、专门的培训才能获得。如财务报表分析、数据挖掘、C++编程、飞行器设计等。

通用技能是通常所说的综合素质，如学习能力、领导能力、团队合作能力、沟通能力等，虽然平时更多用“能力”来表达、其实也是需要一定的管理学及社会学等“软科学”知识为基础的；由于这些知识大都是涵盖在通识课中，很多重视专业技能的同学忽略了这些软科学的专业性。提醒同学们注意：这些是在所有岗位都通用的技能，称之为可迁移技能。通用技能虽然无法直接提升专业技能，却是专业技能掌握到什么程度、发挥到什么程度的重要影响因素。

自我管理技能经常被看作个性品质，被用来描述或说明人具有的某些特征，如乐观、自信、责任心、坚持等。自我管理技能也是可以以一定的管理学及社会学等“软科学”知识为基础来训练与提高的，是可迁移的；自我管理技能是应用专业技能的状态，与通用技能一起影响着专业技能的掌握程度、发挥程度。

以上三种技能都与职业发展高度相关，是用人单位在甄选应聘者或组织内部选人、用人、育人时最重要的考评维度。不同的职业方向对三种技能的要求是有差异的；在职业目标定位前，要在这三个维度上明了自己的优势特长，选择与自己优势特长匹配的职业类型。

探索技能特长典型的方式是回顾、分析成就事件，即写下自己做过的最有幸福感和成就感的事，在事件的细节中、具体任务或具体行动中分析支持自己取得成就的技能点，从而了解自己比较擅长、喜欢运用的技能。

1.1.3 职业价值观认知

职业价值观是个体最重要和最想要的价值在职业上的体现。对于“什么是好工作”这个问题，不同的人有不同的标准，这里的评价标准就体现了个人的职业价值观。从事与自己职业价值观一致性高的工作，更能找到价值感和意义感，在工作中会更有内驱力。

1. 职业价值观的内涵

著名心理学家舒伯的工作价值观量表是探索职业价值观时应用较为广泛的工具。该量表中包含了15个职业价值因子，可归纳为三个维度，分别是：

（1）内在价值维度，指与职业本身性质有关的因素，包括：

- 智力激发：工作目的/意义在于提供独立思考、学习与分析事理的机会。

● 利他主义：工作目的/意义在于直接为大众的幸福和利益尽一份力。

● 美的追求：工作目的/意义在于努力使这个世界更美好，且能得到美的享受。

● 创造发明：工作目的/意义在于能让个人发明新事物，设计新产品或发展新观念。

● 独立自主：工作目的/意义在于允许个人以自己的方式或步调来进行，不受太多限制。

● 成就满足：工作目的/意义在于能看到自己努力工作的具体成果，不断完成自己想要做的事，并因此获得精神上的满足。

● 管理权力：工作目的/意义在于能赋予个人权力来谋划工作、分配工作且管理属下。

（2）外在价值维度，指与工作内容无关的外部因素，包括：

● 工作环境：工作目的/意义在于追求比较舒适、轻松、自由、优越的工作条件和环境。

● 上司关系：工作目的/意义在于能与主管平等且融洽地相处，获得赏识。

● 同事关系：工作目的/意义在于能与志同道合的伙伴一起愉快地工作。

● 多样变化：工作目的/意义在于能尝试不同的工作内容，多彩多姿、富有变化。

（3）外在报酬维度，指在职业活动中能获得的因素，包括：

● 声望地位：工作目的/意义在于能提高个人身份或名望，所从事的工作在人们的心目中有较高的社会地位，自己受到他人的推崇和尊重。

● 经济报酬：工作目的/意义在于能获得优厚的报酬收入，使个人有能力购置所想要的东西，生活较为富足。

● 安全稳定：工作目的/意义在于能提供安定生活的保障，即使经济不景气也不受影响。

● 生活方式：工作目的/意义在于能选择自己的生活方式，并实现自己的理想。

2. 职业价值观的澄清方式

职业价值观对个体职业选择很重要；在校大学生因为生活经验、工作经验不足，求职前往往不是很清楚自己的职业价值观，可通过以下方式进行澄清。

（1）测量量表。测量量表是比较便捷的初步了解自己职业价值观的方式，目前应用较多的是职业锚测试。不过，职业锚测试是麻省理工学院斯隆商学院沙因教授追踪该学院 MBA 毕业生得到的量表，在校生缺乏工作经验，使用时可能存在一些偏差。

（2）重要程度排序法。选择一个相对系统完整的价值观词汇表来筛选排序，如可采用舒伯的工作价值观量表，按以下步骤来操作：

1）认真阅读15项职业价值因子，安静地思考几分钟，理解这些价值的含义，感受自己对这些价值观选择的意愿程度；

2）从以上15项价值里面选出对自己最重要的8项；

3）从选出的8项中删掉2项，假如你删除了，意味着你永远无法再获得这项价值，请反复体验这个感受；

4）从剩余的6项中再删掉2项；

5）在剩余的4项中再删掉1项，留下3项；

6）最后对这3项进行排序，得出的结果就比较接近你最核心的职业价值观；

7）尝试用自己的语言清晰表达一下这3项职业价值观，在自己的经历经验中挖掘事例；

8）写下自己在整个过程中的觉察和感悟。

（3）在经验中反思和感受。人生的很多重大决定往往不是理性决策的结果，而是凭借直觉完成的，情感是重大决策的重要影响因素。而情感是必须靠感受才能真实体验到的，所以反思与感受是很重要的职业价值观探索方式。

确定职业目标，除了了解自己的职业兴趣、职业技能特长和职业价值观外，还需要了解职业世界，在对内、对外了解的基础上，逐渐清楚自己的职业期待，清楚自己的职业期待对应聘者的素质能力要求。

1.2 探索职业与职场

职业是指人们在社会生活中所从事的以获得物质报酬作为自己主要生活来源并能满足自己精神需求，在社会分工中具有专门技能的工作。在我国，它是对特征相同或相似的一类工作的统称，以《中华人民共和国职业分类大典》为标准。一项具体的职业，由具体的岗位、岗位所属的行业与职能要求及所在组织的性质等多方面的内容构成。因此，了解职业，需要了解行业、组织、职能和职位等一系列的信息。

1.2.1 了解行业

行业是指从事国民经济中同性质的生产或其他经济社会活动的经营单位或者个体的组织结构体系的详细划分。按照我国国家统计局的划分：行业分为门类、大类、中类和小类四个层次，其中门类有 20 个，大类有 97 个，中类有 473 个，小类有 1 382 个。其中 20 个门类包括：农、林、牧、渔业，采矿业，制造业，电力、热力、燃气及水生产和供应业，建筑业，等等。

有些专业自带了行业属性，如通信专业、机械相关的专业、土木工程专业、电力相关专业等，分别对应的典型就业行业是通信行业、制造业、建筑业、电力行业等。也有很多专业本身是不带行业属性的，如人力资源管理、会计、营销、行政管理等专业，在各个行业中都有就业机会。即便是有行业属性的专业，在就业选择时也不一定在属性行业就业，如通信专业的毕业生，在很多行业门类下都有可能有就业机会。

1. 如何选择行业

探索职业目标时，首先要选择在什么行业就业。一个发展趋势好的行业会加持一个人的职业发展，如 20 年前选择互联网行业的毕业生，大部分人随着互联网行业的迅速发展获得了个人的职业加速发展。

然而，大部分同学很难准确预测行业发展。不过，可以做到的是通过搜集行业信息，了解哪些行业大概率是向好发展的。根据目前经济发展形势，以下行业都在快速发展中：互联网相关的信息技术、人工智能、大模型等；新能源相关的新能源技术、新能源汽车等；高科技相关的高端装备制造、新材料、节能环保等；生物相关的生物医学、生物农业等；关于人的医疗、养老、文化、教育、数字创业等。

还有一个了解行业发展趋势的思路是通过学习《中华人民共和国国民经济和社会发展第十四个五年规划和 2035 年远景目标纲要》等文件，了解国家接下来要大力发展哪些领域、哪些产业。“十四五”规划有十九篇内容，对国家要重点建设的重点领域、重点产业进行了介绍。如第三篇第八章提到，培育先进制造业集群，推动集成电路、航空航天、船舶与海洋工程装备、机器人、先进轨道交通装备、先进电力装备、工程机械、高端数控机床、医药及医疗设备等产业创新发展。第九章提到，聚焦新一代信息技术、生物技术、新能源、新材料、高端装备、新能源汽车、绿色环保以及航空航天、海洋装备等战略性新兴产业，加快关键核心技术创新应用，增强要素保障能力，培育壮大产业发展新动能。推动生物技术和信息技术融合创新，加快发展生物医药、生物育种、生物材料、生物能源等产业，做大做强生物经济。深化北斗系统推广应用，推动北斗产业高质量发展。在类脑智能、量子信息、基因技术、未来网络、深海空天开发、氢能与储能等前沿科技和产业变革领域，组织实施未来产业孵化与加速计划，谋划布局一批未来产业。第十章提到，加快发展健康、养老、托育、文化、旅游、体育、物业等服务业。不同专业的同学可以在“十四五”规划中重点查看跟自己专业相关的篇章。

各行业还有行业的宏观规划，如《“十四五”智能制造发展规划》《石化化工行业稳增长工作方案》《“十四五”循环经济发展规划》等，都有助于了解相关专业对应的行业的发展趋势与社会的需求。

同时，可以在地方的“十四五”规划中了解自己想就业省份的重点发展行业。如《北京市国民经济和社会发展第十四个五年规划和二〇三五年远景目标纲要》第七篇第四章提到北京在产业发展上的重点任务：第一，大力发展智能制造高端制造，大力发展新一代信息技术产业，做大做强医药健康产业，加快发展新能源智能网联汽车产业，打造绿色智慧能源产业，战略布局未来产业；第二，全面提升金融业核心竞争力，全力服务国家金融管理中心功能，增强金融服务实体经济能力；第三，加快推动科技服务业与创新链联动发展；等等。希望在北京就业的毕业生可以在相应的章节中找到跟自己专业相关的内容，来支持自己的就业行业选择。

2. 了解行业的哪些信息

为了确定目标职业、开展就业准备，可以按照以下的提纲来搜集行业信息：

- 这个行业提供的价值是什么？
- 这个行业的上游供应商、下游消费者分别是谁？
- 这个行业的产业链都有哪些环节？每个环节的关键因素是什么？
- 这个行业的盈利模式是什么？行业的平均薪酬如何？
- 这个行业的龙头企业是谁？还有哪些企业？市场占比情况如何？
- 这个行业的竞争情况如何？
- 这个行业是否存在人才短缺？在哪个细分领域？短缺什么人才？
- 这个行业有什么新技术？新技术对行业发展会产生什么影响？
- 这个行业有什么风险存在？有没有限制性政策？

通过对以上信息的了解，我们不但可以清楚行业发展情况，了解自己专业在行业中的地位，对后续面试过程也是重要的信息准备。

3. 了解行业的渠道

（1）行业调研数据库。券商或经济咨询机构编制的各行业研究报告专业性强、视角高、有深度和广度，是快速了解行业发展全貌的非常好的信息来源。可以参考的行业研究网站有：艾瑞咨询、巨量算数、36 氪研究院、洞见研报、前瞻产业研究院等。

（2）垂直行业网站。不少行业都有垂直网站，可以集中了解具体行业的发展动态。如中国信通院提供互联网、通信、手机市场等相关数据和分析报告；第一财经研究院发布宏观经济、区域经济、企业全球化、可持续发展、数字经济等领域的系列重要研究成果；中国汽车工业协会网站提供汽车行业的发展情况。

（3）行业标杆企业。标杆企业对行业发展趋势和变化有更敏锐的洞察力，了解标杆企业可以促进对行业形成更具体的认知。可以关注标杆企业的各种自媒体账号，能了解到行业常识、工作流程、经营模式、产品案例等内容。

（4）行业会议、业内人士。通过行业会议接触行业内部人士，或通过行业内部人士的自媒体联系到他，通过与业内人士的交流更深入了解行业。

1.2.2　了解组织（用人单位）

提到就业，很多同学想到的是企业。其实，接纳毕业生就业的组织类型有多种，毕业生首先要了解可就业的组织类型。

1. 组织的类型

（1）政府。广义的政府指行使国家权力的所有机关，包括国家的立法、司法与行政机关。其中立法机关负责制定法律，行政机关负责执行法律，司法机关负责运用法律审判案件。狭义的政府仅仅指国家的行政机关。

（2）事业单位。事业单位是指国家为了社会公益目的，由国家机关举办或者其他组织利用国有资产举办的，从事教育、科技、文化、卫生等活动的社会服务组织。

（3）科研院所。科研院所包括各科研类研究院、研究所，如中科院系统下的数学与系统科学研究院、自动化研究所、计算技术研究所等，招聘对象以研究生为主。有的研究所是事业编制，有的研究所新招聘的毕业生都是企业编制。

（4）企业。企业是市场经济的主要参与者，通过提供商品和服务来满足社会需求。从单位性质上，企业可以分为国有企业、外资公司、民营企业；从规模上，企业可以分为大企业、中小企业等。

（5）部队。部队是军队中团及团以上建制单位的通称，目前面向毕业生的招聘包括直招军官和军队文职的招录。

（6）其他组织。包括慈善机构、环保组织等非政府组织（NGO），律师协会、会计师协会、医生协会等企业组织，报社、电视台、广播电台和网络媒体等媒体组织，等等。

2. 组织认知的主要内容

对毕业生来说，不论是职业目标定位、还是求职材料准备，都需要对目标组织有一定了解。鉴于绝大部分毕业生都会在企业中就业，这里以企业为例，介绍了解一家企业应该了解哪些内容：

● 企业的性质是什么？

● 企业的主营业务是什么？是面向个体消费者还是面向组织机构？处于什么行业？行业的发展情况如何？

● 企业在行业中处于上游、中游还是下游？这个位置有哪些风险？企业在行业中的地位如何？行业中还有哪些企业？

● 企业服务对象的细分领域是什么？服务对象有哪些特点？

● 企业当前的经营状况如何？

● 企业的竞争优势是什么？有什么劣势？面临怎样的机会和威胁？

● 企业的文化、价值观、用人理念、发展目标是什么？

● 企业的组织结构是怎样的？核心部门有哪些？

● 企业的平均薪酬如何？薪酬的增长情况如何？

● 企业招聘毕业生的规模大概是多少？集中在哪些专业上？招聘流程是怎样的？

通过以上信息，可以了解一家企业的全貌，以便定位出最符合自己职业发展期待、符合自己职业价值观的企业。

3. 组织认知的信息渠道

接下来了解一下获得组织信息的主要渠道，以企业为例，常用渠道有：

（1）企业官网、公司招聘启事。这是了解一家企业最直接、最简单的一种方式，通过企业官网或企业发布的招聘启事，可以了解：企业性质、企业发展历程、业务介绍、重大事件、企业文化、用人理念、价值观、企业管理架构、企业财务状况等。招聘启事一般还会介绍薪资、福利、职业发展机会等情况。

（2）公司财报。如果是上市公司，企业每年度会披露年度经营报告，可以通过经营报告了解企业业务运营状况、行业和公司发展情况、企业经营的财务数据。如果不是上市公司，也可以查看企业所在行业上市公司的财报，了解行业发展情况、竞争对手情况等。

（3）天眼查、国家企业信用信息公示系统、企查查等。天眼查、国家企业信用信息公示系统、企查查等网站可以查询公司注册资本、股权结构、公司年报、知识产权、经营状况及经营风险等信息。国家企业信用信息公示系统还可以查询企业相关的处罚信息、经营异常和失信信息。

（4）生涯人物访谈。找到一个在该企业或在该行业工作的学长或亲戚朋友咨询企业情况，可以有效、全面、深入地获得内部信息，更有针对性地支持职业决策。

（5）实习、参观。实习是能最全面了解企业的一种方式，但是耗时较长，能否获得实习机会可能也存在不确定性；短期参观相比实习，难度低、耗时短，但信息了解的深度和全面程度大大降低，不过也能够近距离地接触企业员工，感受员工的工作状态、工作氛围、企业文化等。

（6）自媒体。自媒体时代，更容易找到想要了解的企业员工的自媒体或该领域大咖的自媒体，如知乎、微信公众号、视频号、B 站、微博等，可以关注他们的动态，侧面了解企业信息，也可以提问，也许能获得高质量的问题解答。

1.2.3 职能和职位

职能和职位有什么区别？先看几个例子：通信行业有个职位——客户经理，从客户经理的工作职责看，这个职位的职能是销售；制药业有个职位——医药代表，医药代表的职能也是销售；银行业有个职位——理财顾问，职能是理财产品的销售。职能指的是职位在组织当中的功能和作用，同样的职能在不同行业不同组织对应的职位名称可能千差万别。

企业的常见职能可以分为研发、生产服务、市场营销、通用职能四大类。研发职能是以研究、开发和创造为中心，如硬件工程师、算法工程师、课程研发等，都属于产品或服务的研发。生产服务职能是以生产服务为核心，如供应链工程师、物料管理、质量管理等。市场营销职能是以面对客户为主，如销售、内容运营、宣传公关、品牌策划等。通用职能是以对内为主，包括行政、人力资源管理、财务、法务等维持企业内部运转的岗位。这是一般企业的职能划分，但是政府机关、事业单位、部队等组织的职能分类是不同的。

开展职业探索，首先要了解职业和职位的关系是什么。一系列类似的职位组成了职业，如教师。探索职业要了解的是一个职能在某个具体的行业、具体的组织中对应职位的情况，大学教师、中小学教师及培训机构的教师的情况差异就非常大。了解职位情况通常需要了解以下几个方面：

- 这个职位典型的工作一天是什么样的？
- 这个职位工作的重点是什么？考核标准是什么？如何评估？
- 从事这个职位的优秀从业者都有什么知识？什么能力？什么资源？
- 从事这个职位的薪酬水平如何？收入的阶梯如何？
- 从事这份工作的成就和挑战是什么？
- 这个职位未来的晋升通道有哪些？
- 这个职位未来三年的职业发展方向是什么？

了解一个职位的可行方式类似了解企业的方式：企业官网、招聘启事、听企业宣讲会、访谈学长或亲戚朋友、自媒体平台、实习等。在这里主要介绍一个高效的探索方式，即通过教育部学生服务与素质发展中心搭建的一个全国大学生的职业信息库学职平台（https://xz.chsi.com.cn，见图 1－1）来了解职业信息。

图 1－1　学职平台

这个平台既可以通过首页上方的专业洞察栏目，从自己的专业搜索专业就业去向，进而了解就业去向职业的详细信息，也可以通过职业探索栏目，直接搜索职业。如系统集成工程师这个职业，平台上提供了该职业的基本信息、知识技能、职业发展等 3 个大模块，职业定义、任务职责、工作环境、知识背景、大学课程、职业技能、从业资格、常用工具、发展前景、薪酬待遇、职业道德等 11 个小模块的职业展示，详细地介绍了这个职业的情况。登录学职平台后，还可以查询职业人物的情况：企业的一位计算机硬件工程师，他所学的专业、学历，何时进入这家企业，他一天的工作内容是怎样的，主要的任务职责、能力要求，以及他给在校大学生的建议等等，相当于一个非常完整的生涯人物访谈报告。

1.3　职业目标定位

1.3.1　了解职业备选

了解职业时，不太可能做大范围职业选项的信息搜集，常用的方式是从一个小的职业选项范围开始探索，可以参考以下几种方式：

（1）从历年毕业生就业去向看。可以通过向学院了解、向学长咨询等方式，了解往年毕业生主流去向的行业、企业，就业信息记录比较齐全的学院可能还会有岗位信息。即便没有岗位信息，也可以通过查询这些企业以往的招聘启事，了解这些企业对本专业毕业生的招聘岗位。在这个数据基础上，还可以进一步搜集毕业生就业去向的同类型企业、同类型职业拓展进备选职业。

（2）通过学职平台了解。可以通过学职平台首页上方的专业洞察栏目按专业搜索，如搜索土木工程专业，能看到专业的基本介绍、开设这个专业的院校及对该院校该专业的评价情况、开设课程、考研方向、就业方向、就业三年毕业生薪酬等。

（3）学校就业中心网站或社会招聘网站。搜索本校就业中心网站招聘本专业的招聘信息是了解本专业毕业生可能就业去向的一个有效方式，或是参加几次现场的招聘活动，搜集本专业的招聘岗位和岗位的招聘需求。如果要进一步扩大职业备选，可以通过社会招聘网站比如智联招聘、前程无忧、猎聘等查询，拓展相关专业的招聘需求信息。

（4）生涯人物访谈。前文提到过这个方法，可以通过访谈比较资深的相关行业内人士，了解本专业在相关行业的就业机会。

（5）实习实践。走进一家企业，经过一个较长时间段的沉浸式信息搜集，了解本专业在企业内、行业内可能的就业机会。同时认识资深职场人士，向他们寻求职业方向的建议。

（6）研究自己感兴趣领域待解决的问题。对自己感兴趣的领域发展现状进行调查，了解行业存在的问题，也是一个拓展职业备选的方式。如有个学交通运输的学生，在实习时调查交通行业发展现状，发现智慧交通还停留在数字化的水平，要实现智能化还有技术洼地，他立志要为这个问题的解决贡献自己的力量，于是他调研了有哪些企业、哪些岗位是跟解决相关技术问题相关的，这些企业、这些岗位就成了他的备选职业选项。

（7）新兴职业。了解社会新需求，拓展职业视野也是了解职业备选的一个方式。2022 年修订的《职业分类大典》将我国职业归为 8 个大类、79 个中类、450 个小类、1 639 个细类（职业），净增了 158 个新职业，首次标识了 97 个数字职业。新职业代表了新需求，新需求也是社会发展的新变化，可以通过了解新职业拓展社会认知，了解社会需求的变化。

1.3.2　职业目标探索

确定了小范围备选职业选项后，就可以从各备选项的探索开始，逐渐明了自己的职业目标。

备选职业的确定过程与自我认知、职业认知可以交错进行：可能在了解备选职业的过程中，就已根据自己的兴趣、职业价值观等排除了一些职业；或是根据职业认知的情况，排除了一些行业、企业；又或者在认知职业的过程中，发现了一些有兴趣的职业方向加到了备选职业中。

1. 对备选职业选项进行初步的信息搜集

如果备选选项数量较多，可先按照优先级分顺序：首先，如果没有倾向性，就把比较熟悉的职业选项先挑出来，先对这波了解的信息较多的选项进行自我匹配；其次，如果不熟悉的职业选项居多，可按行业、单位性质、职业的职能类型进行分类，先去了解跟专业相关性最高的行业、企业，最想去的某个单位性质的职业选项。具体重点关注下列内容：

(1) 行业发展趋势。一个发展趋势向上的行业会加速个人的职业发展，所以尽可能选择顺应未来发展趋势的、发展预期良好的行业。除了前文介绍行业时提到的国家重点支持的、新技术驱动的、消费驱动的、人口结构变化驱动的行业外，其他行业的发展趋势怎么判断？任何一个行业都有发展的四阶段生命周期：初创期、成长期、成熟期、衰退期，如图 1－2 所示。

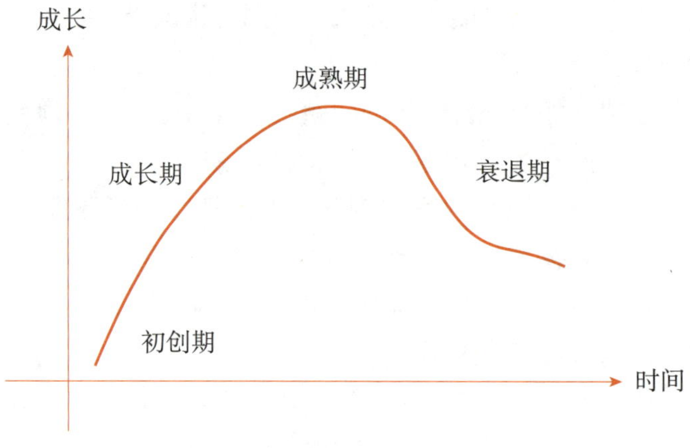

图 1－2　行业发展的生命周期图

处于初创期的行业，产品需求规模小、发展前景不清晰，存在高风险，企业存活率低；处于成长期的行业，产品已被接受，业务开始拓展，市场在加速增长，资金充足、职业发展机会多、用人需求增加，是进入行业的最佳时间，进入门槛低、职业成长性高；处于成熟期的行业，各方面都较稳定，虽然市场饱和、竞争激烈，也是可以选择的；处于衰退期的行业，由于技术升级或消费偏好变化，市场需求逐渐减少直至消亡，用人需求逐渐减少，不建议选择。

（2）企业匹配性。通过企业信息筛选备选职业选项，可以通过以下几个维度来考虑：

考虑企业在产业链上的位置。我们选择发展趋势向好的行业，但是并不是所有在这个行业中的企业都同等地享受了行业发展带来的机遇，所以要考虑企业在行业产业链条上的位置，尽可能选择其中的核心企业。

考虑备选职业在企业中的位置。尽可能选择企业中创造价值的核心部门。

考虑企业的单位性质。不同单位性质的企业或组织在选人用人上有自己不同的特点，如在国有企业工作，稳定、风险小，但是通常薪酬一般、晋升周期长；不同行业、不同规模的民营企业差异很大，民营企业不稳定、风险高、压力大的情况普遍存在，但通常能力锻炼快、能力更容易被认可；外企总体来说制度完备、培训体系健全、能力被认可度高、薪酬水平高于行业均值。可以根据不同单位性质企业的特点排除那些不符合期待的企业类型。

不同规模的企业选人用人也各有特点，大企业风险低、平台大，但是晋升不容易、竞争激烈；小企业风险高、资源少，但是能力锻炼全面、晋升竞争小。根据自己的职业期待选择不同规模的企业。

地域信息是最容易搜集的信息，可以先通过地域排除那些特别不愿意去的地域的企业。

2. 从自身匹配度考虑进行筛选

职业目标＝对职业的期待＋能力胜任，所以在初步了解了备选职业的相关信息，并通过行业信息、企业信息进行了初步的选项删除后，要通过明了自己的职业期待、明确自己的能力特长，对剩下的备选职业选项再进行筛选。

前文介绍了自我认知的三个重要维度：职业兴趣、技能特长、职业价值观。能力/技能胜任情况是企业选人最核心的评价标准，所以首先从自己的技能特长出发，筛选掉那些明显不胜任的备选职业选项。以下以四个备选职业选项为例：

（1）市场开发岗。

岗位描述：

- 负责开展国外市场调研与开拓工作；
- 收集与分析市场信息数据；
- 与外方客户建立长期互相关系；
- 熟悉公司现有业务的运作流程，配合完成现有合同的执行；
- 协助直属领导进行业务信息的上传下达，确保沟通渠道通畅。

任职资格：

- 身体健康，热爱海外工程、贸易行业，愿意拥有国际化的工作平台，有长期致力于海外工作的意愿；

- 具备优秀的跨学科自我学习能力和信息收集、分析能力；
- 具备优秀的人际交往能力、组织协调能力、执行力，表达能力良好；
- 具备良好的英语沟通表达能力，具备用英语作为主要工作语言的能力，大学英语六级考试500分以上。

（2）采购工程师。

岗位描述：

- 制定产品采购策略，通过甄选优质资源、保障优质供应，实现对全球健康产业链的掌控；
- 洞悉产业链发展方向、竞合态势，通过供需资源匹配，支撑公司产品开发与发货，提升产品的可采购性和供应连续性；
- 筹划主导重大采购项目谈判，作为供应商管理负责人，对供应商进行端到端管理，保障项目成功交付，助力公司战略目标达成。

任职资格：

- 专业要求：理工类（电子、电气、自动化、通信、仪器仪表、机械工程、材料、计算机、数学、化学、物理等）、法学类（通过法律职业资格考试优先）、合同商务或其他相关专业；
- 全日制本科及以上学历，良好的英语（或小语种）应用能力；
- 具备优秀的组织、协调、沟通能力，较强的主动性和团队合作精神；
- 乐于挑战，能够适应全球各地工作。

（3）品质管理工程师。

岗位描述：

- 根据公司内外部标准，制定品质管控流程，推动产品品质达到客户要求；
- 质量管理体系建立、运营、维护、监督、审核、持续改进；
- 制定品质目标，考核并推动品质改进；
- 公司产品和材料的品质把控：检查管理，性能测试，结果分析，改善推进；
- 新产品、新材料的测试、评价与认证；
- 对供应商进行品质审核、品质管理、品质问题纠正与预防。

任职资格：

- 本科、硕士应届毕业生；
- 电子、机械、材料、物理、自动化、光学、化学、数学等相关专业；
- 专业基础扎实，成绩优秀，无不及格科目；

- 正直、诚信、有激情、专注，具备良好的团队精神、沟通和表达能力；
- 有较好的英语能力，英语四级及以上。

（4）材料工程师——手机。

岗位描述：

- 参与产品相关的金属/无机非金属/高分子材料预研、合成、聚合仿真计算；
- 负责行业新材料及其表面处理工艺趋势调研与分析。

任职资格：

- 硕士研究生及以上学历，金属/无机非金属材料工程或高分子材料与工程、材料化学专业；
- 熟练运用SEM、XRD、红外、拉曼、核磁等测试分析技术，使用minitable JMP工具进行数据分析，设计实验；
- 具备一定的材料配方/合成仿真计算能力。

以上四个备选职业中，从备选1的市场开发岗到备选4的材料工程师，从市场职能岗位到研发类岗位，对专业技能的要求从低到高，对通用技能和自我管理技能的要求从高到低；不同类型的岗位对技能的要求不同，所以首先可以从技能要求的倾向性上删除掉那些明显不符合自己技能特长的备选选项。

同一职业类型的筛选中，可以考虑的能力评价指标有：先筛选掉那些核心需求的能力是你最不喜欢、不擅长能力的职业选项，然后看你最优势的能力特长在哪个职业备选里是核心、能发挥最大优势的，你最喜欢用的能力特长在哪个职业备选里，你的经验跟哪个职业备选的岗位职责有相关性，等等。大部分应届毕业生可能都很难完全符合招聘岗位的能力要求，所以如果职业备选里有你喜欢学习、应用的能力，即便当下不具备也可以保留，在之后尽快学习、培养。

职业兴趣可以作为辅助验证要素，如从霍兰德职业兴趣代码看，备选1市场开发岗，职业兴趣是E型企业型倾向的岗位，备选2采购工程师是E型C型（经营型、事务型）倾向的岗位，备选3品质管理工程师是C型R型（事务型、现实型）倾向的岗位，备选4材料工程师是I型R型（研究型、现实型）倾向的岗位。虽然并非职业兴趣类型不匹配就不能选择，但建议尽量选择职业兴趣类型匹配的职业，在培养提升相关能力方面会更具优势。

通过职业价值观明确自己的职业期待，包括职业发展、能力成长、薪酬待遇、工作生活平衡、安全稳定、成就感等，筛选掉那些明显不符合期待的备选选项。同时要考虑自己的价值观是否与企业的价值观、企业文化匹配，如华为的“狼性文化”，你是否愿意在高竞争的环境下工作？有些企业较为强调等级制度，你是否能接受严格的上下级关系？

经过能力胜任情况的筛选、价值观符合情况的筛选，最终从备选选项中确定几个作为自己的求职目标职业。有一个说法是“选择大于努力”。经过了选择过程中的信息搜集、自我认知及分析和比较，确定一个适合自己的、能发挥自己所长的、符合社会发展趋势的职业发展方向的概率大大提高了。当然，即便如此，可能你对职业发展方向还无法坚定选择，因为此时职业发展方向依然停留在理论层面，需要在实际中去验证和反馈；求职过程中，还需要不断验证可行性、验证前期信息的准确性、补充新的信息，根据验证情况对目标职业进行确认或调整。

1.3.3 职业目标分析

了解了职能和职位，接下来要深入了解当求职目标确定在某几个具体岗位时，应该如何全面了解这个岗位的信息。

1. 搜集岗位基本信息

首先需要对目标岗位进行尽量全面的信息搜集，可参考以下维度进行：

● 岗位的基本信息：包括岗位的具体名称、岗位的主要工作职责、岗位在组织机构中的位置、岗位的汇报上级、工作中的内外部联系、工作环境、工作时间等。如果可能的话，了解这个岗位典型的工作一天的安排。

● 任职资格：包括岗位的年龄要求、学历要求、专业要求、性别倾向、经验要求、专业知识要求、软件工具等技能要求、资格及认证要求等。

● 岗位的特质要求：即岗位对工作者的职业兴趣的要求、性格特征的要求、价值观的要求等。

● 待遇及发展：包括岗位的薪酬情况、福利情况、职业发展路线等。

2. 分析岗位的胜任力模型

根据岗位的工作内容、任职资格等，接下来分析该岗位的核心能力素质要求，即要具备什么样的能力要求才能进入这个目标职业。

从企业招聘需求角度和长远职业发展角度看可以把能力分为专业技能、通用技能和自我管理技能三个维度。下面看一个具体招聘岗位对三种技能的需求。

假如你的某一个求职目标是前文提到的采购工程师，该岗位是华为2024年招聘应届毕业生的一个岗位，职责是：

（1）制定产品采购策略，通过甄选优质资源、保障优质供应，实现对全球健康产业链的掌控；

（2）洞悉产业链发展方向、竞合态势，通过供需资源匹配，支撑公司产品开发与发货，提升产品的可采购性和供应连续性；

（3）筹划主导重大采购项目谈判，作为供应商管理负责人，对供应商进行端到端管理，保障项目成功交付，助力公司战略目标达成。

该岗位的任职资格要求是：

（1）专业要求：理工类（电子、电气、自动化、通信、仪器仪表、机械工程、材料、计算机、数学、化学、物理等）、法学类（通过法律职业资格考试优先）、合同商务或其他相关专业；

（2）全日制本科及以上学历，良好的英语（或小语种）应用能力；

（3）具备优秀的组织、协调、沟通能力，较强的主动性，良好的团队合作精神；

（4）乐于挑战，能够适应全球各地工作。

根据上述岗位职责与任职资格，可以分析出怎样的能力素质需求？

按照三种技能的划分方式，专业技能上：首先要求所学专业是理工类（电子、电气、自动化、通信、仪器仪表、机械工程、材料、计算机、数学、化学、物理等）、法学类（通过法律职业资格考试优先）、合同商务或其他相关专业，应聘者须具备以上某个专业的专业知识；其次是语言能力，英语或小语种均可；最后从工作内容中看，应具备采购、全球健康产业链的专业知识。

从通用技能看，要求具备优秀的组织协调能力、沟通能力、团队合作能力。

从自我管理技能看，要求较强的主动性、乐于挑战、能够适应全球各地工作。

如果想应聘这个采购工程师岗位，就需要用以上三类能力来衡量自己是否具备所需能力的大多数。如果具备，可以用哪些事例证明；如果还不够具备，有没有可能尽快弥补，应该采取什么行动；如果不能立刻弥补，这个能力缺口是不是岗位的核心能力要求。

了解目标岗位的能力要求是求职前第一步要做的基本功课。不同类型的岗位能力要求的侧重点不同，这个采购工程师岗位对通用能力的要求更高。如果是研发类的岗位，如上一节中提到的职业备选 4 材料工程师岗位，对专业能力的要求更高。在岗位胜任力的分析中，我们要把握岗位的核心能力要求，在后续的求职准备中，针对岗位的核心能力进行重点准备。

3. 岗位的工作内容与回报

明尼苏达工作适应理论认为，一个稳定的工作状态是你能胜任工作且工作提供的价值能满足你的需求。一个成功的求职也应如此：你能满足工作对能力的需求，工作提供的价值也能满足你的需求。可以从工作内容是否符合自己的兴趣和能力特长与岗位所能提供的待遇和发展是否能满足你的职业期待两个方面来考虑。

工作内容是否符合自己兴趣和能力特长需要详细了解工作职责、工作环境、典型的工作一天、任职要求。如采购工程师典型的工作一天是寻找符合资质的供应商、调查供应商资质、谈判价格，与数据、与人打交道各占一半，这样的工作内容是否符合你的兴趣？是不是你愿意从事且较为擅长的？自己是否适应总出差的生活？

分析岗位所提供的待遇和发展，要做一些调研工作，了解这个岗位大概的薪酬情况、薪酬的增长情况、培训情况、假期情况、工作压力情况、职业发展的可能路线、职业发展中可能遇到的困难等，确定这个岗位给予的回报是否符合自己的职业价值观。

通过岗位能力需求分析，评判自己是否能胜任岗位；通过了解工作内容和工作回报，确定这是不是你期待的工作。如果两个回答都是肯定的，这个岗位就可以作为有效求职目标，可以作为求职过程中的重点求职目标。

1.4 招聘方式特殊的几个职业类型

企业是应届生就职比例最高的用人单位，招聘方式是毕业生投递简历，企业组织笔试、面试，最终录用毕业生。还有几类组织的招聘方式与企业招聘不同，本节做一个简单介绍。

1.4.1 选调生和公务员

考录是进入公务员队伍的最主要渠道，通常分为国家公务员考试、地方公务员考试和选调生考试。

1. 选调生

选调生，是各省党委组织部门有计划地从高等院校选调品学兼优的应届大学本科及以上毕业生到基层工作，作为党政领导干部后备人选和县级以上党政机关高素质的工作人员人选进行重点培养的群体的简称。

选调生分为定向选调生和普通选调生两种，都属于公务员，都由组织部门统筹招录。两者的区别如下：定向选调生面向的是“双一流”高校，不同省份定向选调的学校范围有一定的差异，定向选调的标准要求也更宽泛一些；定向选调采取吸引人才、宽松招录原则，考试过程中，采取单独考试、单独招录的方式，题目相对容易、面试相对宽松。普通选调生招录一般与省考同时进行，人数多、竞争大，标准也更加严格，待遇上也有一些差异。

不同省份的选调生条件有所不同，通常包括党员、学生干部经历、校级及以上奖励等条件，各地的官方人才网站、政府网站、人事考试网，各高校的就业网站等都会发布选调生招录公告，有意向报考的同学可以查阅公告中的报名条件。

2. 公务员

公务员，是指依法履行公职、纳入国家行政编制、由国家财政负担工资福利的工作人员。公务员是干部队伍的重要组成部分，是社会主义事业的中坚力量，是人民的公仆。国家采取公开考试、严格考察、平等竞争、择优录取的办法招录公务员。公务员职位按职位的性质、特点和管理需要，划分为综合管理类、专业技术类和行政执法类等类别。

公务员考试分为国家公务员考试和地方公务员考试两类，国家公务员考试简称国考，是面向中央机关及其直属机构的招录考试，包括笔试和面试，笔试的公共科目是“行政职业能力测验”和“申论”，外交部、证监会、公安机关人民警察职位等还有专业科目笔试。国考最大的特点就是偏向应届生，大多数岗位对应届生身份有明确要求。国考报名时间通常在每年 10 月，考试时间通常为每年 11 月的第四个星期日或 12 月的第一个星期日，具体信息可以关注国家公务员局官网（http://www.scs.gov.cn）。

各省公务员考试是如今最为广泛的公务员录用途径。省考录用和报考都更加灵活，限制条件也更加多样化。各地省考一般都是每年一次，也有特例情况发生，如广东省公务员考试分为了广东省考、广州市考、深圳市考三个考试。

省考公务员考试科目为地方自定，一般分为笔试和面试，各省之间考试时间差异大，每年招考时间有一些变动。各省公务员招录通知要关注各省政府门户网站、人力资源和社会保障部门网站和人事考试机构网站。

3. 选调生与公务员的差异

选调生是公务员的一种，录用后直接为公务员编制。选调生是组织部门培养的后备干部，它提供了与公务员相似的职业路径，但又有其特殊的机会和优势。

选调生主要是培养党政领导干部后备人选和县级以上党政机关高素质的工作人员人选，除符合一股国家公务员的报名策件外，还要求政治素养好、有志于从事党政工作并有发展潜力，报名条件通常包括党员、学生干部、校级以上奖励等。而公务员招考的是非领导职务国家公务人员，符合国家公务员报考条件即可。

选调生是省委组织部的后备干部，放到基层锻炼，人事权归省委组织部，委托接收单位考评；选拔采取本人自愿报名、院校党组织推荐，组织（人事）部门考试考核相结合的办法。公务员是针对具体职能的职位，人事权一般归人事单位或上级人事机构；录用采取笔试、面试方式，报名不需要院校党组织推荐。

1.4.2 事业单位

事业单位指以政府职能、公益服务为主要宗旨的一些公益性单位、非公益性职能部门等，参与社会事务管理、履行管理和服务职能，主要从事教育、科技、文化、卫生等活动。

事业单位考试一般先由各用人单位报用人计划，由各地人事部门申核后，发布招考公告和招考计划，考试时间各地不一。招考公告和每个阶段的成绩以及相关公告发布在各级人事、人才网站，笔试和面试比重一般各占一半。部分地区根据参加考试的笔试情况会设最低分数，同时根据相关政策和当地的一些条例等，对烈士子女、因公牺牲警察子女、获奖运动员等有笔试加分的政策。

事业单位相关网站包括中国人事考试网（http://www.cpta.com.cn）、全国事业单位招聘网（https://www.qgsydw.com）。各个省份事业单位招聘信息一般发布在当地人力资源和社会保障部门网站上。以北京为例，要查看北京地区事业单位招聘信息，可以登录首都之窗（https://www.beijing.gov.cn）、北京本地宝（https://bj.bendibao.com/job/）等网站查询。

1.4.3 中小学教师

中小学教师招聘通常由各地教育部门或学校负责，具体的招聘信息会在官方网站、招聘网站、报纸等媒体上发布，招聘流程一般包括报名、资格审查、笔试、面试、体检、公示等环节，报名必备条件是具有中小学教师资格。

中小学教师资格须通过参加中小学教师资格考试获得，报名信息可关注中国教育考试网（http://www.neea.edu.cn）；一般每年组织两次报考，包括幼儿园教师资格考试、小学教师资格考试、初级中学教师资格考试、高级中学教师资格考试等。

具备教师资格的毕业生可申请中小学教师的招聘考试，考试类型包括：事业编制考试、事业单位 D 类考试、特岗教师、“三支一扶”教师、某些地区政府招聘教师、某些学校单独教师人才引进等。

东北大学秦皇岛分校的杨选进学长分享道：

> 教师招聘的渠道包括关注意向学校的微信公众号、抖音、快手；关注省、市的教师招聘或者应届生招聘的微信公众号；多和辅导员老师沟通，辅导员指导了很多届学生就业，在就业渠道方面有很多资源。
>
> 教师招聘分为私立学校招聘和公立学校招聘，笔试和面试的内容差不多。私立学校工资相比公立学校要高一些，考的人少一些、笔试面试的时候也相对容易一些，比较看重成绩；公立学校的教师则是比较稳定，考上后只要工作认真，基本不用担心被辞退。

1.4.4 国际组织实习

国际组织是具有国际性行为特征的组织，是两个及两个以上国家或其他国际法主体为实现共同的政治经济目的，依据其缔结的条约或其他正式法律文件建立的有一定规章制度的常设性机构。国际组织分为政府间国际组织和非政府间国际组织，前者如联合国、欧洲联盟、世界贸易组织等，后者如国际奥委会、国际红十字会等；也可分为区域性国际组织和全球性国际组织。

获取国际组织实习机会的方式包括：通过参加目标组织的专业考试进入人才储备库以获取候补机会，如联合国的青年专业人才考试（YPP）；也可以经由各方官网获取招聘信息自行申请，通过测试环节获取实习机会。

了解国际组织实习任职的相关网站有高校毕业生到国际组织实习任职信息服务平台（https://gj.ncss.cn）、联合国实习信息门户（https://www.un.org/zh/internship/）等。近年来，国家留学基金管理委员会设立并实施了国际组织实习项目，重点资助到主要的政府间国际组织和具有重要影响力的非政府间国际组织实习，实习人员可申请国家留学基金委与有关国际组织合作项目派出，也可通过单位或个人渠道联系国际组织岗位后申请国家留学基金资助派出。实习地点应为海外的国际组织总部及总部外机构办事处等。赴艰苦地区国际组织实习人员相应提供艰苦地区补贴，具体申请条件、选拔办法可参考《2025 年国际组织实习项目指南》，扫描二维码可见全文。

2025 年国际组织实习项目指南

1.4.5 直招军官和军队文职

直招军官和军队文职人员都是构成军队的重要人员，都面向社会招聘，但两者之间有很大不同。直招军官全称是“直接选拔招录军官”，是《现役军官管理暂行条例》《现役军官选拔补充暂行规定》及有关文件正式施行之后，最新明确的军官选拔补充来源之一，2021年首次直接选拔招录普通高等学校应届毕业生。军队文职人员是非现役人员，从事军民通用、非直接参与作战且社会化保障不宜承担的工作。

直招军官主要从“双一流”建设高校中的一流大学建设高校，或者“双一流”建设学科的理学、工学应届毕业生中选拔。根据工作需要，小语种专业、法律专业以及其他军队建设急需紧缺的专业，也可以适量从其他普通高等学校应届毕业生中选拔。年龄限制严格，一般本科生、硕士研究生、博士研究生年龄分别不超过24岁、29岁、34岁（截至毕业当年6月30日）。其中，工作急需的博士研究生，以及少数民族和曾经服过现役的毕业生，年龄可以放宽1岁。招录程序包括网上报名、考察筛选、体格检查和政治考核、专业考评、确定招录对象五个环节。

军队文职人员招考对象更为宽松，适合多数院校专业人员报考，但是具体岗位和招考条件各有不同，可以参考全军公布的招考计划，报考初级不超过35岁即可，更多年龄段的人员能够报考。招录环节包括公布招考信息、报名及初审、参加统一考试、确定入围名单、组织面试、确定预选对象、组织体格检查、组织政审考察、确定拟录用对象、办理录用手续、组织补录等环节。中央军委政治工作部通过军队人才网（http://81rc.81.cn）向社会公开发布全军公开招考文职人员信息，报名时间为4月中上旬左右。报考人员根据公布的招聘信息，在规定的报名时间内通过军队人才网统一报名。考试内容包括公共科目和1门相应专业科目，主要考核报考人员的综合素质和专业基础。

笔试合格人员在军队人才网公布、入围人员通过信息复审后参加面试，根据报考人员考试和面试总成绩由高到低确定预选对象，再由用人单位进行政治考核和综合考察，体检合格者在军队人才网同步对外公示。

1.4.6 自主创业及灵活就业

自主创业指劳动者主要依靠自己的资本、资源、信息、技术、经验以及其他因素自己创办实业，解决就业问题。如创立公司（含个体工商户）、在孵化机构中创业、电子商务创业等。为鼓励高校毕业生自主创业，国家和地方各级政府出台了许多优惠政策，涉及税收、创业培训、创业指导等诸多方面。

灵活就业指以个体劳动为主的一类职业，如作家、自由撰稿人、翻译工作者、中介服务工作者、某些艺术工作者、互联网营销工作者、公众号博主、电子竞技工作者等。

本章小结

本章从在校大学生的自我认知开始，提供了大学生开展职业准备过程中，通过探索职业进行职业目标定位的一系列的方法与步骤。本章推荐阅读中的四个案例是在校大学生开展职业探索及求职目标定位的经验分享，相信会对同学们有所启示。

课后思考与练习

1. 有关自我认知：

● 我的职业兴趣类型是：________；相匹配的职业/职能类型有：________（请列出 3—5 项）

● 我较为突出的素质能力有：__________；与其匹配的职业/职能类型有：__________（请列出 3—5 项）

● 我的职业价值观倾向是：__________（请列出 3—5 项舒伯职业价值因子）

2. 有关职业/职场探索：

● 你从几年级开始关注职业与职场？是什么原因引发你关注的？

● 你曾经通过哪些方式进行过职业信息的搜集？了解到了哪些信息？

● 你认为哪些职业信息对你职业选择的影响比较大？

3. 有关职业目标定位：

● 请尽可能详细地去了解本学院毕业生就业的主要去向，包括主要就业分布的行业、企业、岗位等。

● 请列出 3—5 个你的职业目标。

● 请尽可能了解达成这些职业目标的典型路径及个人需要的努力。

4. 有关应聘：

● 你认为最适合大学毕业生找工作的方式是哪种？为什么？

推荐阅读

材料1 了解行业、了解组织，匹配能力、找准目标

——本科毕业求职经历回顾

王振琦

山穷水复，柳暗花明

刚刚步入大学时，我和大部分同学一样将保研、卷绩点当作了第一目标，每天把大量时间投入到书本知识中去。第一学期结束，综合成绩如愿位列学院第十三名，获得了校综合三等奖学金。

然而，大一下学期的网课带来的生活突变让我非常不适应。大二返校后，我依旧无法全心投入到学习中去。大二上学期结束后，我的绩点从原来的3.9直接下降到了3.0。我心中无比失落，保研好像与我无缘了。

学业上的失利让我将更多精力和热情转移到学生工作与志愿服务当中去。我参加了学院学生会主席团竞选，还报名了家乡的志愿者。我发现，帮助他人带来的快乐一点儿也不比考高分带来的喜悦少，同时还可以在工作和实践中收获许多从书本上学习不到的知识与能力。经过认真思索，大二暑假我不再考虑升学，而决定本科毕业后直接就业。

设定目标初期，我并没有明确的职业规划，只是想着找一份足以谋生的工作，城市、薪资待遇、工作类型这些因素完全没有考虑过。那时的我很迷茫、不知道未来的方向在哪里。我利用寒、暑假时间参加了好几个实习，当过家教，在食品工厂做过技工，还在电视台做过融媒体实习，但这些工作都没有激起我太大的兴趣。

直到大三下学期的就业指导课上，我才正式审视起这个问题来。我跟随老师的精彩授课认真学习了系统化的职业生涯规划、就业信息搜集和职业初定位的方法。结合课程内容，对自己的性格特长进行了深入分析：我喜欢且擅长与人交流，表达能力、临场发挥能力较强，具有一定的数据收集、整理及分析能力，但性格比较急躁、不擅长研究或文字类工作。在进行清晰的自我认知后，我开始关注各大信息流网站的就业板块、了解各种行业的工作岗位以及需要的能力，最终发现：渠道扩展类工作与我的兴趣、特长等特质吻合度极高，自此开始了以此类工作为初步职业目标的就业准备。

潜心向学，勠力躬行

初步职业目标确立后，我第一时间便想找一份相关的实习，去亲身感受这份工作的日常。

我花了近一个月的时间自学了整套关于渠道扩展的专业知识，尝试利用这些知识分析了几款当时市面上很火的 APP，完成了小红书、蘑菇街、抖音等信息流软件的用户画像以及推广策划分析，还独自模拟完成了一款手游的设计、宣传、推广全套流程策划方案。在熟练掌握渠道工作的专业知识后，我便与社区的小卖铺合作，利用微信、QQ 等社交软件进行团购推广，帮助小卖部成功售完全部商品，也帮社区居民以实惠价格购买到了需要的生活物资。

看到小卖部老板紧皱的眉头因生意兴隆而舒展、小区居民因买到经济实惠的日常物资而兴高采烈时，我心中的成就感油然而生。良好的开局尝试，虽然只是牛刀小试，却验证了我职业选择的正确性，也坚定了我把这个领域作为职业选择的决心。

这个过程中，我也更清晰地认识到良好的沟通能力对于做好渠道扩展类工作的重要性，于是开始着重锻炼自己的口才。我购买了相关教辅材料，一边如饥似渴地学习知识，一边尝试进行模拟面试。每次面试结束后，我都仔细复盘、认真记录面试过程中出现的纰漏以及面试官对我不满意的地方，晚上对照学习笔记总结整理、思索改进方法。同时，我观看比较流行的求职综艺，把优秀前辈们幽默的回答方法、大方成熟的行为举止都记录下来，挑选适合我的部分融入到我的练习方案之中。我坚信，最优秀的临场反应，都源于日复一日的积累；所有的出口成章，都是长年累月的积淀。积跬步，千里能至；积小流，江海可成！

精准出击，夙愿终成

我尝试梳理了自己的求职目标标准。除了基本的职位情况，最先考虑的是城市因素。我来自内蒙古的一个偏远小城，那里生活安逸却少了一丝奋斗的激情；我从小便想要去大地方闯一闯，就把目标城市定为了北上广深这样的一线城市。其次考虑的则是企业类型。进入私企，工资中有一大部分来自绩效，努力工作虽然可以换来高回报，但付出的时间成本会很高，而我期望的生活不能只有工作，还希望有自己的生活及更多的可能性。因此，我希望能加入更加稳定的国企或央企。

随后，我预约了学校的职业咨询。在咨询老师推荐下，了解到中国二十二冶集团有限公司深圳分公司的招聘岗位需求和我的求职目标十分契合。于是我迅速完善简历，当天便完成了投递。非常幸运，第二天就收到了面试通知。面试中我自信稳重、表达流利、逻辑清晰，很快就顺利地拿到了 offer。我找到了人生的第一份正式工作，仅仅历时六天！

职业咨询的老师说“面试场上的精准一击，源于平时的百分努力”。回顾我的大学生活，无论是挫折还是成绩，每一步都在为今日的成果不断积累养分，如今，终于到了收获的好时节。

求职经验分享

求职的关键在于拥有清晰的职业目标以及正确的求职方法，清晰地认识自己永远是行动的前提条件。找工作的过程中，要多学、多听、多问，多元认知自我、多方寻求方法、多积极尝试，最终找到更适合自己的路！

机会永远会留给有准备的人，不论面试什么规模的公司，都要认真对待，精心准备，无论是外在的仪表谈吐，还是内在的知识储备，都要面面俱到。简历、笔试、面试，关关都难过，但只要积极准备、精心修正，一定会“关关难过关关过”！

最后，顺利就业只是人生之路的新起点，未来还有更长更远的路，需要我们去用双脚丈量！祝大家都能在这个过程中，不断求索，努力奋进，成为更好的自己！

（作者为东北大学秦皇岛分校本科毕业生）

材料 2　了解咨询行业，做好求职准备

——生涯人物访谈

被采访者：孙彦华，中央财经大学商学院 2007 届毕业生。

单位名称、职位：曾任和君咨询集团业务合伙人、某民营科技有限公司副总经理、某国有设计院企业管理部部长、中石化石油化工行业技术管理职务。

其他社会职务：中国科学院大学创业导师、中国青年创业导师、MBA 咨询联合会发起人/会长。

对大学生就业有哪些指导建议

关于大学生、研究生的就业问题，目前是政府、社会各方、学校、家长、毕业生都高度关注的核心问题，成了社会发展与和谐稳定的关键因素。

首先，做好就业定位与城市选择，是如愿就业的首要条件。

很多同学在大学专业选择时，没有更多地关注或考虑未来就业的方向或行业，对将来就业所在的城市，也没有太清晰的定位，总想等到大四毕业时再说，包括很多同学的家长，也无法在就业方面给予自家孩子独到、及时的建议，殊不知，等到大学即将毕业时，多数同学才体会到就业的难度之大，迷茫和焦虑常伴左右，无所适从感加剧。

就业定位是对自己未来想从事的工作、行业、专业及所在城市等，有系统的思考和客观的分析，并采取行之有效的方式和方法，确保自己的就业目标能够顺利实现。家在村镇的同学前往北上广深等一线城市上大学，想留在一线城市就业就要充分利用好应届生身份，考公务员、考事业编制、考军队文职等，获得户口和工作机会是双重目标。毕业时错过落户机会将成为在一线城市长期发展的纠结

性源泉，也是将来子女上学的羁绊。从小在一线城市长大的同学在就业的选择上会有较大的资源优势和雄厚的物质基础，再加上家庭能够提供多方面的支持，所以，找工作相对容易和轻松，更换工作的后顾之忧也会少很多。

其次，做好专业聚焦，是顺利就业和职场晋升的必要条件。

根据我最近几年辅导的同学案例，有不少同学在本科与研究生的专业聚焦上没有做延续性规划，导致就业机会锐减。如本科是教育学，研究生是金融学，即使有教师资格证，也难以在学校的就业岗位中胜出。近年来招聘规则每年都有更新，2023 年很多学校的事业编制是要求按最高学历报考，有研究生学历的不能以本科生学历报考，如果本科与研究生专业不能延续性聚焦，就会失去大量可以报考的职位。再如，本科为人力资源管理、营销管理、物流管理、工商管理等管理类专业，研究生是会计或财务管理，用研究生学历报考国家或市级公务员岗位时，就出现了报考失败情况，一般的会计、审计、财务管理岗位，是要求本科与研究生专业有延续性和同专业聚焦，不能有名称上的跨度。由此，建议同学们在本科和研究生报考专业时，提前研究好就业招聘的相关趋势和要求，避免学非所用、用非所学情况的出现。

工作之后的专业聚焦能够让自己在岗位工作中表现出较大专业优势和把握住晋升机会，实习的工作经历、正式工作的经历、转换单位的专业性衔接等，都是为自己职业生涯铺平道路的战略性规划。

最后，做好综合能力塑造，是获得更多就业机会的充分条件。

当下社会是人才过剩的卷心菜局面，打开招聘网站，点开招考链接，稍加统计，就会得出一个明显的结论或共识，研究生貌似已成职场的起步学历，2/3 的岗位要求是硕士，本科生的求职空间被大大压缩。竞争如此激烈，凭借什么才能胜出？显然，学历和毕业证书只是敲门砖，并非裁决锤。

人力资源面试官招聘时往往综合考量应聘者的专业能力、沟通协调、语言表达、逻辑思维、文案写作、灵活应变、眼界与格局等。对于同等学历或同学校候选人，企业总想通过大量的面试，从中发现可培养和栽培的苗子选手，希望通过几年的培养和锻炼，为企业储备中坚力量或管理人才。由此可知，就业过程中，除了硬件如学历、学校、专业的比拼，还有软实力的 PK。知识的学习，可以几个月速成，但是素质、修养、眼界、底蕴等，非一日之功，更难速成，需要同学们的长期耕耘与修炼，才能潜移默化地形成个人独有的品格与风采，从而在就业时遇到人事伯乐的赏识与认可，斩获更多的工作机会。如，面试中，经常会遇到这样的问题：你的爱好是什么？你最难忘的事情是？你对某热点事件的理解？这些问题，没有标准答案，却是面试官甄别人才的法宝问题，通过应聘者的问答，从中识别其底层思维逻辑、个人偏好、思想深度、个人经历等。

对于大学生来说，进入咨询行业有哪些常见的途径

咨询行业常常被称为万金油，咨询行业包含管理咨询公司、工程咨询公司、会计师事务所、律师事务所、投行/投研机构、IT咨询、人力资源咨询、文化咨询、广告咨询等，凡是输出智力、管理工具、管理思想、管理方案等为企业、机构、政府等提供咨询服务的公司，皆可称之为咨询行业公司。进入咨询行业的途径通常有三：

一是内部人推荐。咨询公司对专业和经验要求较高，一般多数是研究生学历，中层及以上职位人员，内部推荐的面试成功率比较高，讲究熟人组织，寻求志同道合者居多。

二是外部招聘。对外招聘的职位，多数是实习生和咨询师岗位，除了面试外，还有咨询案例或工作成果提供，或是命题式交作业方式，考查候选人在问题识别、思想洞见、创新思维、文案撰写、语言表达等方面的能力，咨询工作的要求相对较高，即要有专业胜任能力，还要有客户驾驭能力，无论是面对客户的董事长、总经理，还是中层管理人员，在做项目期间均要有融会贯通和创新拓展能力。

三是实习生转正。咨询公司在项目较多时，经常采用实习生招聘方式，补充项目人力资源，本科生和研究生在专业课程结束后，要利用暑假或寒假期间，多为自己创造实习机会，体验不同的工作场景，应用不同的专业能力，尝试不同的工作状态，为毕业之后的工作聚焦和定位奠定实践基础，避免就业过程中走弯路。只有做自己喜欢的工作，才能有持续的发展。

（采访者为中央财经大学MBA在读生）

材料3　不仅仅是工作稳定，更需要忙碌与奉献

——选调生学长给学弟学妹的一封信

梁楷华

我是2020届市场营销专业的一名毕业生，某日中午突然收到了老师发来的“作业”，让我写一篇关于选调生的工作体会，这让我感到既激动又惶恐。经过周末两天的思考，我回忆了自己的求学生涯，感触良多，决定趁此机会对自己的过往进行一次总结，希望能给学弟学妹们以启示！

由于疫情影响，我2020年12月才考录到某基层单位工作。回顾一年多的基层生活，我逐渐褪去了大学生的青涩，更加地贴近基层并逐渐热爱上这片土地。下面从四个方面分享。

基层公务员的日常

选调生更多时候代表的是一种责任。在基层一线干活，日常我们所做的事情不会只负责一项业务，因为“上面千条线，下面一根针”，特别是年轻干部往往是多重身份责任叠加。以我自身举例，我身上就肩负了多重角色，团委副书记、党建办副主任、工会副主席、支书助理，每一种角色都代表着责任，代表着需要兼顾团委、党建、工会工作，其中的材料、汇报总结、各种报表都需要进行填写，同时还需要兼顾包村工作（包村：村内中心工作推进需要镇干部下自己所包的村进行协助。如疫情防控排查时，逐户询问是否有外出经历；乡村风貌提升工作时，下村打扫清洁卫生；村干部不熟悉电脑时，还需要协助开展相关的材料书写、报表的填写、台账的收集等）。其间可能还需要兼顾新闻信息写稿、宣传拍摄剪辑工作。加班写稿、准备材料迎接上级检查都是家常便饭。工资报酬方面，基层公务员每月到手的工资根据地方财政的财力发放，全广西范围内3 000—5 000 元不等，年综合收入大概 6 万—8 万元。经济发达的城市工资相对会高一些，加班的补贴是不得随意发放的。

对报考选调生公务员的一点建议

在报考之前，大家要慎重考虑，可以多问问以往报考过的学长学姐。现如今的公务员，并非像过去“一张报纸、一杯茶”就是一天的生活了，基层工作任务时常会压得人没有喘息的机会。以我自身举例，一个星期五个工作日，可能有 3—4 天是需要加班到晚上 9—10 点不等，偶尔周末还需要上班。因此，做好公务员的工作一定要有一颗做人民公仆的心，要有为人民服务的奉献精神。

我在大学时的遗憾

从大一开始参加各种社团、学生会；大二留任干部、担任班长；大三加入新财子学院，奔波各种比赛、实践作业；大四跑遍各种面试场合，获得多个 offer，到最后考录选调参加工作。虽然我的大学生活过得比较充实，但回头看了一下，发现自己想要的太多，太折腾，不会给自己做减法。个人建议大学期间社团参加一两个就好，多多参加自己专业的学术性比赛，多抽出时间看书。我在大学期间最大的遗憾就是没有与图书馆做朋友，走上社会后很少有时间进行阅读。要充分利用珍贵的大学时光，培养自己的良好阅读习惯，不断构建自己的知识体系，让自己在走出社会之前尽可能地提升竞争价值，相信现如今大家面临的迷茫、不知所措，从书中都可以找到答案。

工作体会

坚定的理想信念，让青春更出彩。“上面千条线，下面一根针”是基层工作最直接的体现，深入村坡开展疫情防控排查、防返贫监测、安全生产、处理各种纠纷矛盾、村集体经济发展、党建发展等等工作，都需要我们一步一个脚印实实在在去干，才能够让最广大人民群众受益，才能让国家的方针政策传达到基层的“最后一公里”。防返贫监测时，深入农户家中促膝长谈；防疫检查时，见过凌晨五点半的日出；熬夜写材料时，见过深夜一点的星空；乡村风貌提升时，徒手拆过废弃的猪牛栏。中途也多次想过放弃，但每每想起在大学时大声喊出的入党誓言，加入选调生队伍时的义无反顾，便再也不想当那懦弱的“逃兵”。脚踏实地干事，让青春更无悔。基层的工作是繁杂琐碎的，需要我们一件一件地干，一条一条地捋。我短短一年便经历了党政、宣传、党建等业务工作，从中不断收获到领导的认可、村民的笑容，浮躁的心便慢慢变得沉稳，明白了耐得住寂寞方能行稳致远。基层的工作生活没有城市的高端大气，却有着展露拳脚的广阔天地；基层的工作生活没有城市的灯红酒绿，却有着香甜可口的有机蔬菜；基层的工作生活没有城市的高薪，却有着羡慕不来的烟火气。志存高远的同时脚踏实地，把大学所学的知识应用在祖国的大地上，才能让我们的青春更无悔。

母校嘱托时常在耳边响起：到祖国最需要的地方去！扎根基层！让奋斗成为青春最亮丽的底色！当前世界正面临着百年未有之大变局，我国处于中华民族伟大复兴的关键时期，又岂敢放慢脚步，既然选择了远方，便只顾风雨兼程。

（作者为广西财经学院本科毕业生）

材料 4　不忘初心，在实践中梦想成真

——数学专业本科毕业应聘中学教师

杨选进

选择适合的赛道，持之以恒前行

我出生在贵州一个贫困的小山村，有限的教育资源让我十分珍惜受教育的机会。狭小的木房、简陋的房间、手拉式灯光、没有任何娱乐设施和观影设备的家庭，那时的我觉得最有趣的事情就是去村委会看放映的红色电影以及到邻居家看电视。破烂的课桌、坑洼不平的操场、简陋的娱乐设施、上学路上断断续续狭窄的泥巴路，那时的我想象不出来乡镇、县城的学校会是怎么样的。

小学二年级，我转到镇上的小学。我羡慕别的同学能够穿好看的衣服，羡慕他们有良好的娱乐设备，羡慕他们放学回家可以走在平整的水泥路上，羡慕他们回家就能看好玩的动画片和儿童节目。想到自己在村里读书的小学和贫寒的家境，浅薄的知识面使我立下了决心，未来要成为一名人民教师，改变自己的命运，去遇见更多优秀的人，去改变自己和更多贫困孩子的命运。

小升初那年，我遇见了“小树林·大树班”大学生支教团。在一个多月的支

教时间里，我看到了这些大哥哥大姐姐们的爱心，看到他们尽自己所能传授我们知识和技能，带我们“畅游”他们的大学生活和大城市的风光。彼时的我更加坚定了要当一名教师的想法，也种下了“志愿服务也能帮助大家”的种子。

中学六年，我积极向老师咨询教师相关的问题，老师也鼓励我当班委，鼓励我上台讲话。其间我也参与了学校组织的一些公益活动。因家庭贫困，也接收到社会爱心人士的贫困助学，社会的帮助让我更加坚定从教的信念。

大一刚入学，我就申请成为班级宣传委员、学院体育部干事以及学校学生工作站干事，因为我知道教师以后要多和学生打交道。大一上学期我报考了普通话考试，因为教师任教和教资认定的时候都是有普通话要求的。同时，在与学长学姐们的交流过程中，我对学院各专业的升学和就业情况有了基本的了解，便毫不犹豫地选择了数学与应用数学专业，仍坚定以后从教的想法，但是在考研和就业之间有所徘徊。这一年，我积极报名学校的志愿活动，参加了团校党校的培训，成了一名入党积极分子；放寒假时，组织身边朋友开展活动，并在疫情暴发后的几个月建立了 2 支志愿团队，开展志愿活动，责任心在活动中得到增强，组织力在实践中得到提升，获得了“优秀团员”的称号。

大二上学期，专业分流后我继续申请成为班级团支部书记，兼职担任了考研机构的校园代理。工作的原因让我对本专业考研的情况也有了进一步了解，我决定先准备考研，提升自己的学历后再就业。同时，我也带着几位学弟学妹打挑战杯比赛，获得了省级二等奖；和学长学姐们搞创新，设计了一个实用型专利；积极向党组织靠拢，成了一名预备党员，获得了“优秀团干部”的荣誉称号。

大三，我报考了教师资格证考试，这是成为教师必不可少的证书。我也积极参与社会志愿组织举办的线上公益支教活动，给休学的高中生上课，让他们在休学的同时也能享受到优质的教学，保障了他们休学期间的学业。与此同时，我也在精心准备考研，每天早上 6 点半起来，晚上 9 点半回去，让自己时刻保持学习的状态。在校外，我又创建了 2 支学生春晖服务社社团，组织大学生返家乡建设家乡，获得了“优秀团干部标兵”的荣誉称号。

大四上学期，我报考了计算机二级，这个证书对从教没有太多的帮助，但是对于处理班级数据、规范班级管理、制作上课 PPT 而言，是一个很好的学习机会。10 月被评为“中国大学生自强之星”。12 月因疫情的原因，我们整个寝室考研都不是特别理想，我也不例外，这时候我没有去选择二战，而是选择了就业。大四寒假期间我开始整理个人经历，重新复习和研究高中数学知识，研究相关知识的教学。大四下学期，2 月下旬我开始整理河北省、贵州省的教师招聘信息，准备参加教师招聘。

寒暑假实习经历

青春应当多探索，多实践。疫情最严重的2020年，大一暑假，我在家乡团县委微信公众号上看到了团中央主办的“扬帆计划”，就立刻报名了，然后在众多岗位中自愿选择到乡镇党政办公室实习。这段实习经历培养了我应对突发情况能力、文案撰写能力和会议组织筹备能力，其他能力也得到了一定的锻炼。

大二寒假，我受邀到贵州恒玖教育科技有限公司（培训机构）担任教务主任，并兼职高中数学培训教师。以前从未接触过教学行政工作的我开始学习师生课表的制作、教师培训的安排、教学计划的统筹等，教学的新方向也让我学会了很多，成长了很多。

受疫情的影响，大二下的第一个月进行线上授课。在当地高中报名的第一天，我送培训班学生去报名，遇到了原来的班主任兼学校团委书记曾老师。为了找一个良好的线上学习环境，我提出想在学校实习；曾老师引荐我去见年级主任，年级主任答应了，于是我在高中开始了为期一个月的实习。实习期间，年级的数学老师都在帮我，我也积极听课、向老师们学习，还在他们的指导下上了8节数学课、收获良多。

正式就业

大四上学期末，考研失利的我选择了就业，2023年寒假期间复习高中数学知识和相应的教学、为春招做准备。

大四下学期初，我浏览了学校就业公众号上发布的春招信息，发现并没有中小学学校来校招聘，但是在年级群中看到辅导员发布了几条与教师招聘相关的信息。于是我开始去网上查找教师招聘的微信公众号、搜集教师招聘信息，同时辅导员也提供了许多教师招聘的网站和微信公众号。3月初，我首先去了石家庄高新区国杰学校参加笔试，看到学校的那一瞬间我是挺失望的，因为校园太小了、还没有我们学校东操场大；但是不能白来啊，就继续参与笔试。笔试考学科知识和教育学相关知识，有过准备的我高分通过并进入面试。面试题目是试课、说课和讲题随机抽取一种进行准备，我抽到的是讲题。面试结束我就坐火车返回学校。一天后，面试成绩出来，有过教学经验的我依旧高分通过，接下来就是等待通知。

在此期间我也在思考，自己有哪些优势？如果学校综合排名也通过了，我要不要去？深入思考后，我发现自己最大的优势就是有情怀：个人经历里面最优的部分是志愿服务，所以如果选择学校的话，应该去目前没有建立或者刚刚建立青年志愿者协会、学生会的学校，这样我的特长和优势才能发挥。我的第二项优势是“双一流”高校毕业生；当然，这可能是优势也可能不是。此外，这所学校虽然小，却是在河北省省会、在市开发区，该有的都有，加上是新建学校，相比其他学校，在这里我能够有更多机会施展自己的才华，也能够快速地成长，而且私立学校工资也不低，所以打算就在这所学校就业了。

等待期间我又投了几所高中学校，以线上的形式参加了一所高中的面试且高分通过。这时候国杰学校的具体通知还没出、新通过的学校马上要我过去报到。要开始做选择了，心里有些焦虑，还是打算先去刚刚通过的学校看看。准备去刚通过学校的时候，我收到了国杰学校的二面通知。结合学校地址、办学理念、工资、学校近几年的办学情况以及个人的情怀，我选择了去国杰学校。到了学校又参加了二面，现场出结果，交流很融洽，二面我直接通过。通过与董事长的交流，我更加了解了学校，发现自己来这所学校是十分合适的，之后学校给我安排了一周的试岗，安排两次授课，两次授课校领导和学科老师都来听课，在学校高中数学老师的指导下，两次试课我都完美通过，进入三个月的教师试用期。

回顾自己的大学及求职经历，特别想对学弟学妹们说：大学和高中的区别很大！希望你们能尽快适应大学生活、及时调整自己的学习生活状态。同时，希望大家别太安逸了：大学生活是多姿多彩的，不要局限于校内，要敢于去校外参加比赛和实践，积极寻找对自己有用的青年交流平台，在实践和交流中不断提升自我，成就自我。

（作者为东北大学秦皇岛分校本科毕业生）

第 2 章

明晰就业形势政策　理性开展职业决策

由预想进行于实行，由希望变为成功，原是人生事业展进的正道。

——丰子恺

选择就像是人位于一个岔路口，走哪条路都要靠他自己的决策，命运不是机遇，而是选择。

——阿尔文·普兰丁格

学习目标

本章主要介绍高校毕业生面临的就业形势、现行的就业政策、毕业生的就业去向，帮助毕业生了解高校毕业生就业现状，并帮助毕业生理性看待就业、科学进行职业选择。

第 1 章中，通过开展自我认知和职业/职场探索，同学们大致了解了个体的职业兴趣、职业技能特长与职业价值观，了解了行业与组织、不同性质组织的招聘及用人需求特点和求职过程中需要了解的行业、组织信息，进而开展了职业目标定位，了解了针对应届生的主要求职方式和几类典型职业，接下来要依据当前的就业形势与相关政策，开展理性的职业决策。

2.1　高校毕业生就业形势

当前及较长的一段时间内，我国高校毕业生面临的就业形势都较为复杂。一方面，国际环境依然严峻、国内经济尚未完全恢复，一些经营主体困难较多，高校毕业生等青年群体面临较大就业压力。另一方面，国家和各省（区、市）高度重视高校毕业生就业工作，出台了一系列稳就业、促就业的优惠政策，各地区、各有关部门认真贯彻落实党中央、国务院决策部署，采取一系列有力有效举措，推动经济和就业回升向好。具体来说，以下因素都会对高校毕业生就业产生影响。

2.1.1　社会吸纳毕业生能力下降

当前我国经济发展面临需求收缩、供给冲击、预期转弱三重压力，经济发展增幅放缓、下行压力增大。疫情对就业的影响仍在持续，部分行业和企业生产经营还未恢复到疫情前水平，各行各业都受到了一定冲击。部分行业发展遇困和政策监管加强，特别是教育、互联网、地产、金融等一些原本毕业生招聘规模较大的行业招聘需求下降，社会总体吸纳就业的能力在下降。

国际形势仍存在很多不稳定因素：世界经济下行压力也在增加，大国博弈更趋复杂、竞合关系持续深化，给我国经济增长带来了更多不确定性，就业市场用人需求不确定性增加，导致毕业生就业形势严峻。

2.1.2　高校毕业生人数持续增加

我国自 1999 年高校开始扩招以来，高校毕业生人数持续增加，2004 年高校毕业生人数仅为 280 万，2024 年已增至 1 179 万（见图 2 - 1）。单看本科毕业生的人数，2003 年本科毕业生人数仅 124 万，2024 年本科毕业生人数共 520.51 万（包括普通本科生 444.6 万、专科起点本科生 71.77 万、职业本科生 4.14 万），增加幅度高于全国毕业生总人数增加的幅度，说明我国高等教育已经从精英教育

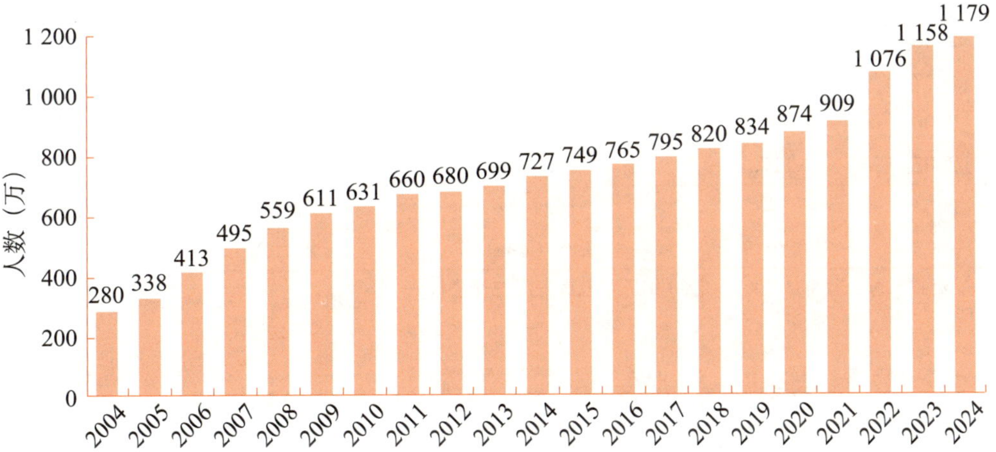

图 2 - 1　2004—2024 年高校毕业生总人数

转换为大众化教育。加上往年未就业毕业生和受国际形势影响回国就业的海外留学生，毕业生规模再创新高。与此同时，高质量就业岗位的数量并没有达到相应增幅，导致高质量就业岗位的竞争愈加激烈。

受疫情和复杂国际形势的影响，毕业生出国留学的意愿度下降、难度增加，出国留学的比例大幅下降，加之国内经济、就业形势的压力，导致国内升学的竞争增大。虽然录取硕士研究生的人数近几年持续增加，但是录取率下降趋势明显，国内升学的竞争也愈加激烈。

2003—2023 年硕士研究生报考及录取的情况如表 2-1 所示。

表 2-1　2003—2023 年硕士研究生报考及录取情况表

年份	报名人数（万）	报名增长率	录取人数（万）	录取率
2023	474	3.72%	114.84	4.07%
2022	457	21.22%	110.35	5.03%
2021	377	10.56%	105.07	6.08%
2020	341	17.59%	99.05	22.09%
2019	290	21.85%	81.13	6.40%
2018	238	18.41%	76.25	5.58%
2017	201	13.56%	72.22	22.45%
2016	177	7.27%	58.98	3.36%
2015	165	−4.07%	57.06	3.99%
2014	172	−2.27%	54.87	1.44%
2013	176	6.28%	54.09	3.76%
2012	165.6	9.60%	52.13	5.40%
2011	151.1	7.47%	49.46	4.26%
2010	140.6	12.84%	47.44	5.66%
2009	124.6	3.83%	44.90	16.11%
2008	120	−6.40%	38.67	7.24%
2007	128.2	0.79%	36.06	5.44%
2006	127.2	8.53%	34.2	10.32%
2005	117.2	24.02%	31	13.55%
2004	94.5	18.27%	27.30	23.98%
2003	79.9	28.04%	22.02	34.02%

资料来源：教育部 2002—2023 年历年教育发展统计公报。

2.1.3　毕业生就业结构性矛盾突出

经济发展速度放缓、产业结构调整、地域间的经济发展不平衡等因素加剧了毕业生就业的结构性矛盾，毕业生“就业难”与企业“招人难”并存。

第一，不同专业、行业和地区间用人需求差异较大。从学科专业结构上看，与国民经济发展主流行业需求结合紧密的工科专业如电子、信息、计算机、自动化、集成电路等，社会需求量比较大、就业形势较好；一些基础理论及哲学、历史、艺术等人文类专业，社会需求面窄、专业需求增幅不大，就业形势不乐观。在地域需求上，西部、东北老工业基地等，高素质人才需求量大但供给不足；而东部等发达地区是高校毕业生就业的热门地域，就业供给相对过剩。在行业分布上，随着产业结构的调整和转型升级，传统的就业岗位逐渐减少，而新兴产业和高新技术领域的人才需求不断增长。

第二，毕业生对就业地域、行业、单位类型、薪酬等方面的求职期望与社会实际需求之间也存在矛盾。如互联网行业的招聘规模缩小，原来希望进入互联网大厂的信息类专业毕业生可能无法达成期待，但整个社会对信息类专业毕业生的需求非常广泛，尤其是智能制造领域的需求更大。由于两个行业间的薪酬差异，造成了供给与需求间的结构性矛盾。

第三，“就业难”与“招人难”并存的另一原因是毕业生就业能力有欠缺，高校人才培养与企业需求契合度弱，毕业生就业能力与企业需求间还存在差距，存在高校在人才培养上不够接地气、与企业需求联动不足的现象。

第四，受近期互联网行业裁员频发的影响，毕业生择业时更加求稳求优，报考公务员，选择事业单位、国有企业的比例大大增加；然而这部分性质的单位用人需求是有限的，更大量的用人需求来自民营企业。这对矛盾在近期毕业生择业中愈加明显。

第五，有业不就的“慢就业”“缓就业”人数持续保持高位。一方面，受疫情与国际形势的影响，毕业生申请出国留学的意愿度和成功率双降，本科毕业生国内升学竞争激烈，企业高质量就业岗位对高学历的要求导致二战甚至三战考研人数居高不下；另一方面，由于就业形势不明朗、职业规划不清晰、就业期待值过高、就业能力与岗位需求不匹配及毕业生生存需求逐渐弱化等原因，一些应届生就业意愿不强。

2.1.4　国家出台系列优惠政策稳就业、促就业

就业是民生之本，国家和各级政府一直都高度重视高校毕业生就业工作，每年都出台促进高校毕业生就业创业的优惠政策。2025 年 4 月 2 日，全国高校毕业生等青年就业创业工作视频会议在北京举行。会议指出，高校毕业生是党和国家

宝贵的人才资源，高校毕业生等青年就业创业工作关系千家万户。要深入学习贯彻习近平总书记重要指示精神，贯彻落实党中央和国务院决策部署，坚持把高校毕业生等青年群体就业作为重中之重，确保青年就业水平总体平稳。

2.2　高校毕业生就业相关政策

就业政策是指政府和社会群体为了解决现实社会中劳动者就业问题制定和推行的一系列方案及采取的措施，包括就业过程中的法律法规、就业过程中的管理规定、就业促进政策、地方的人才引进政策、基层就业的优惠政策等。我国针对高校毕业生，制定了一系列政策，同学们准备求职时应有所了解。

2.2.1　大学生就业相关的主要法律法规

与高校毕业生求职相关的法律法规主要有《中华人民共和国劳动法》《中华人民共和国劳动合同法》《中华人民共和国高等教育法》《中华人民共和国就业促进法》等。

劳动法是为了保护劳动者的合法权益、调整劳动关系、建立和维护适应社会主义市场经济的劳动制度、促进经济发展和社会进步，根据宪法而制定颁布的我国最重要的劳动法律法规之一。现行版本是 2018 年 12 月修订的，主要内容包括劳动权利、劳动合同、劳动报酬、工作时间和休息休假、社会保险和福利等。

劳动合同法是调整中华人民共和国境内的企业、个体经济组织、民办非企业单位等组织与劳动者建立劳动关系，订立、履行、变更、解除或者终止劳动合同的法律规范，是规范劳动关系的一部重要法律。劳动合同法在明确劳动合同双方当事人的权利和义务的前提下，注重对劳动者合法权益的保护，被誉为劳动者的“保护伞”。

高等教育法是中国高等教育领域的基础性法律，该法律是为了发展高等教育事业，实施科教兴国战略，促进社会主义物质文明和精神文明建设，根据宪法和教育法制定的法规。主要内容包括高等教育的性质、目的、原则、管理机构、教育内容、质量评估、师资培养、学生管理、学位授予等。

就业促进法是建立促进就业长效机制的法律保障，进一步丰富了我国劳动保障法律体系。该法规定了用人单位和劳动者的权利义务，规范了劳动市场的秩序，加强了对就业的管理和服务，为促进就业提供了有力的保障。

以上各法都从不同层面对大学生就业提供了法律支持。

2.2.2　大学生就业相关的管理规定

1. 毕业去向登记制度

根据《国务院办公厅关于进一步做好高校毕业生等青年就业创业工作的通知》(国办发〔2022〕13 号)，从 2023 年起不再发放《全国普通高等学校本专科毕业生就业报到证》和《全国毕业研究生就业报到证》，取消就业报到证补办、改派手续，不再将就业报到证作为办理高校毕业生招聘录用、落户、档案接收转递等手续的必需材料。

根据《教育部办公厅关于建立高校毕业生毕业去向登记制度的通知》(教学厅〔2023〕5 号)，建立高校毕业生毕业去向登记制度，作为高校为毕业生办理离校手续的必要环节。通知要求高校毕业生要及时完成毕业去向登记，实行定向招生就业办法的高校毕业生须严格按照定向协议就业并登记去向信息。高校毕业生离校前要及时注册使用全国高校毕业生毕业去向登记系统（https://dj.ncss.cn）或省级高校毕业生毕业去向登记系统登记个人毕业去向信息；离校时统一使用全国登记系统对毕业去向信息进行确认，确保信息真实准确。

教育部办公厅关于建立高校毕业生毕业去向登记制度的通知

高校毕业生户籍可以迁往就业创业地（超大城市按现有规定执行），也可迁往入学前户籍所在地。高校毕业生可通过中国高等教育学生信息网（https://www.chsi.com.cn）查询和验证高校毕业生学历、学位信息。毕业生本人授权同意后，户籍和档案接收管理部门可通过全国高校毕业生毕业去向登记系统查询核验毕业生离校时相应去向登记信息。

2. 就业管理相关文件资料

(1) 就业推荐表。毕业生就业推荐表是由毕业生所在省、自治区、直辖市就业主管部门统一印制，由学校正式向用人单位推荐毕业生的书面材料，具有较高的权威性和可信度。以北京地区为例：《北京地区普通高校毕业生就业推荐表》由北京市教委制定、北京高校毕业生就业指导中心统一印制，通过北京地区各高校发放。发放对象是具有派遣资格的非定向毕业生以及仅限定就业区域但无具体定向单位的定向生，如少数民族骨干计划毕业生。

就业推荐表是毕业生具有就业资格的证明文件，只有国家计划内招收的毕业生才有资格领取毕业生就业推荐表，委培生、有具体定向单位的定向生、非国家计划内招收的毕业生没有就业推荐表。

就业推荐表是毕业生申请人事接收函、报考公务员等的必备资料，是学校向用人单位推荐毕业生的正式书面材料，内容需要经过毕业生所在高校审核并加盖公章。按照北京市人力资源和社会保障局的规定：用人单位申报毕业生接收函，就业推荐表是必须要提交的申报材料之一；毕业生如果报考国家公务员，也必须提交就业推荐表。

（2）接收函。接收函一般分为两种，一种是由用人单位上级主管部门开具的同意该用人单位接收该毕业生的证明材料：落实到中央各部委直属单位的，应以用人单位人事部门及部委人事部门盖章为准，常见的是人力资源社会保障部开具的毕业生接收函等；落实在生源地所在省、自治区、直辖市所属单位的，以用人单位人事部门盖章为准；跨省落实就业单位的，以接收省、自治区、直辖市、计划单列市的人事部门或主管毕业生就业部门盖章为准。另一种是用人单位开具的证明接收该毕业生到单位工作的正式的书面证明材料，常见的有用人单位要求学校先在就业协议书上盖章而开具的接收证明及用人单位开具的为毕业生办理就业手续的证明等。

（3）就业协议书。就业协议书是《全国普通高等学校毕业生就业协议书》的简称，通常称为三方协议，由用人单位、毕业生及其毕业高校三方共同签订，是毕业生和用人单位在正式确立劳动人事关系前，经双向选择在规定期限内就确立就业关系、明确双方权利和义务而达成的书面协议，是用人单位确认毕业生相关信息真实可靠以及接收毕业生的重要凭据，也是高校进行毕业生就业管理、编制就业方案以及毕业生办理就业落户手续等有关事项的重要依据。

依据教育部高校学生司有关通知，各省级高校就业工作主管部门牵头负责，可以结合本地情况对就业协议书内容和形式进行修订和完善。就业协议书明确了毕业生、用人单位、学校三方在毕业生就业工作中的权利和义务，即：毕业生按照就业协议书的内容，毕业后在规定时间内到用人单位报到；用人单位在毕业生毕业后，做好各项接收工作，安排毕业生就业；学校按照就业协议书内容，审核并列入建议就业方案，报国家教育主管部门备案，并根据就业协议书内容，办理就业手续和户口、档案迁移手续。

就业协议书具有法律约束力。就业协议书是毕业生在就业阶段通过与用人单位平等协商自愿签订的确定单位愿意接收、学生愿意去此单位工作、学校经审核同意的协议。就业协议书一经签订，对三方当事人都有法律约束力，需要当事人严格遵守。

（4）劳动合同。劳动合同是在用人单位正式接收毕业生后签订的，签订劳动合同后，三方协议的作用就结束了。依照劳动合同法订立的劳动合同对用人单位与劳动者双方具有约束力，一般应载明劳动合同期限、工作内容和工作地点、工作时间和休息休假、劳动报酬和劳动保险、劳动保护、劳动条件和职业危害防护、劳动合同终止、违反劳动合同的责任等条款。

（5）档案。毕业生档案是学生个人经历的记录，也是人事管理和服务的依据，由高考档案和在校学习期间的材料两部分组成。在校材料包括学业成绩、毕业生登记表、体检表、奖惩情况、学位授予证明及党团组织材料等。档案是某些类型用人单位选拔、聘用毕业生的重要依据，在考研、公务员招考、职称评审、入党、办理退休时都可能用到。毕业生一定要高度重视，妥善处理档案。

高校会根据毕业生去向情况（就业、升学、出国、自主创业等）在学生离校后将档案通过邮政特快专递（EMS）发出：已就业者，学校会将档案发往工作单位或工作单位所委托的档案托管机构；外校升学者，档案发往升学高校；本校继续升学者，档案继续留存学校；毕业后暂时未就业者，学校会将档案发回户籍所在地的公共就业和人才服务机构。毕业生就业或升学报到后应协助用人单位或就学部门做好档案接收工作，主动了解本人档案是否按时成功移交。

2.2.3　国家和地方出台的就业促进政策

国家每年都出台促进高校毕业生就业工作的政策与管理办法，在拓展就业岗位、强化就业服务、加强未就业群体帮扶等层面具体、细化、丰富就业工作举措。

2023 年 4 月《国务院办公厅关于优化调整稳就业政策措施全力促发展惠民生的通知》（国办发〔2023〕11 号）明确提出拓宽渠道促进高校毕业生等青年就业创业，包括鼓励企业吸纳就业，对企业招用毕业年度或离校 2 年内未就业高校毕业生、登记失业的 16 至 24 岁青年，签订 1 年以上劳动合同者，可发放一次性吸纳就业补贴；鼓励引导基层就业；支持国有企业扩大招聘规模；稳定机关事业单位岗位规模等。

2024 年 11 月，教育部印发《关于做好 2025 届全国普通高校毕业生就业创业工作的通知》，部署各地各高校深入贯彻落实党中央、国务院决策部署，实施“2025 届全国普通高校毕业生就业创业促进和服务体系建设行动”，全力促进高校毕业生高质量充分就业。

2024 年 11 月，中共中央办公厅、国务院办公厅印发《关于加快构建普通高等学校毕业生高质量就业服务体系的意见》，对构建高质量就业服务体系促进高校毕业生高质量充分就业有关工作作出部署。2025 年 4 月，人力资源社会保障部、教育部、财政部印发《关于做好 2025 年高校毕业生等青年就业工作的通知》，在多渠道挖掘就业岗位、全力支持提升就业能力、着力强化就业服务保障、加力营造就业良好环境等方面提出了具体举措。

国家大学生就业服务平台（https://www.ncss.cn）首页上 2025 年高校毕业生就业创业“政策地图”页面集成了国家和各个省（区、市）的就业创业优惠政策。面向高校毕业生就业具体工作上的就业创业政策有：职业培训补贴政策、职业技能鉴定补贴政策、社会保险补贴政策、一次性求职创业补贴政策、创业担保贷款及贴息政策、一次性创业补贴政策、税收优惠政策、学费补偿和助学贷款代偿及学费减免政策、国家助学贷款免息及本金延期偿还政策等。各省市都制定了毕业生就业的优惠政策，可登录网站查询具体条件和办理流程。

2.2.4 地方人才引进政策

毕业生要实现就业，除了要遵守地方教育行政部门和学校的就业政策规定外，还要符合接收单位所在地的人事接收政策规定。国家要求省会及省会以下城市要放开对接收毕业生的户籍限制；北京、上海等直辖市作为毕业生择业热点地区，在毕业生接收方面具有相对较高的要求。

1. 北京市引进非北京生源毕业生政策

应届毕业生在北京市落实户口主要有三种渠道：人力资源社会保障部渠道、北京市人力资源和社会保障局渠道、中组部及国家公务员渠道。人力资源社会保障部渠道主要面向的是在京央企和部属高校；北京市人力资源和社会保障局渠道主要面向的是北京市属国有企业、市属事业单位、民营企业等；中组部及国家公务员渠道主要面向的是国家公务员及党、团、群、工会、妇联、残联、贸促会等中组部指标。

2021 年 7 月，北京市人力资源和社会保障局发布《北京市引进毕业生管理办法》，建立由市人力资源和社会保障局、主管单位、用人单位组成的三级管理体系；对引进毕业生的用人单位条件、引进毕业生的范围及要求、实行计划单列的引进项目、创业毕业生可申请引进的条件、落户期限等进行了规定。《管理办法》规定应届毕业生的引进范围如下：列入国家统一招生计划、不属于定向和委托培养、就读最高学历期间未与任何单位存在劳动（录用、聘用）关系、按时取得学历学位的非北京常住户口应届毕业生；原则上要求毕业生本科不超过 26 周岁、硕士研究生不超过 30 周岁、博士研究生不超过 35 周岁；所学专业应符合用人单位主营业务发展需要、与岗位匹配度高。

北京市引进毕业生管理办法

2. 上海市引进非上海生源毕业生政策

上海市每年都会制定“非上海生源应届普通高校毕业生进沪就业工作的通知”，对非上海生源应届普通高校毕业生申请落户要求、手续流程等进行详细介绍。如 2025 年非上海生源应届普通高校毕业生（以下简称“非上海生源毕业生”）进沪就业申请办理落户的要求如下：

用人单位是非上海生源毕业生进沪就业申请落户的申请主体。符合下列条件之一的用人单位，直接录用非上海生源毕业生的，可为录用人员申请本市户籍：本市行政区域内的党政机关；在本市登记的事业单位、社会团体、基金会、社会服务机构（民办非企业单位）；符合本市产业发展方向、合法合规、信誉良好、注册资金达到人民币 100 万元（含）以上的企业。不符合上述条件的用人单位如确需引进非上海生源毕业生的，须在 2025 年 5 月 30 日前由其政府主管部门、所在区政府或市级以上开发园区主管机构的人力资源工作部门，以正式公文形式向上海市高校招生和就业工作联席会议办公室提出申请（由上海市学生事务中心受理）。

非上海生源毕业生符合以下条件，可由用人单位为其申请办理本市户籍：遵守法律法规及学校规章制度。列入普通高校国家统一招生计划，不属于定向和委托培养，完成学业并于 2025 年取得相应的毕业证书和学位证书。在校期间未与任何用人单位存在劳动关系或人事聘用关系，未缴纳社会保险。与符合前文规定申请条件的用人单位签订劳动或聘用合同期为一年及以上的就业协议。中介机构的派遣人员不予受理。

更详细的申请条件、申请办法可以登录上海学生就业创业服务网（http://www.firstjob.shec.edu.cn）进行查询。

关于做好 2025 年非上海生源应届普通高校毕业生进沪就业工作的通知

3. 其他省（区、市）的人才引进政策

为了更好地吸引毕业生，很多省（区、市）都制定了人才引进的优惠政策。

广州规定硕士研究生缴纳 1 个月社保便可直接落户；各区还为新引进入户人才发放补贴，如黄埔区的标准为博士研究生 5 万元、硕士研究生 3 万元；广州应届高校毕业生到基层就业补贴标准是按每人 3 000 元标准给予一次性补贴。

杭州对来杭工作的全球本科及以上学历应届毕业生（含毕业 5 年内的回国留学

人员、外国人才）发放生活补贴。其中本科 1 万元、硕士 3 万元、博士 10 万元；应届大学毕业生在富阳区、临安区、桐庐县、淳安县、建德市等西部区、县（市）工作满 3 年后，再给予本科 1 万元、硕士 3 万元、博士 10 万元的一次性生活补贴。

来南京面试的外地应届生有 1 000 元补贴；凭毕业证书可直接落户，非全日制研究生和全日制一样；租房补贴上扶持力度也有所加大，年限从 2 年改为 3 年，即毕业 3 年内在南京工作都能获得与学历相对应的租房补贴。

其他省（区、市）人才引进优惠政策可查询当地人力资源和社会保障部门网站。

2.2.5 基层就业项目

为缓解大学生就业难问题，近几年国家出台了一系列优惠政策鼓励高校毕业生积极参加社会主义新农村建设、城市社区建设和应征入伍。

中央各有关部门主要组织实施了几个引导高校毕业生到基层就业的专门项目，包括：团中央、教育部、财政部、人事部等部门从 2003 年起组织实施的“大学生志愿服务西部计划”；中组部、人事部、教育部等八部门从 2006 年开始组织实施的“三支一扶”（支教、支农、支医和扶贫）计划；教育部、财政部、人事部、中央编办等部门从 2006 年开始组织实施的“农村义务教育阶段学校教师特设岗位计划”；中组部、教育部、财政部、人力资源社会保障部等部门从 2008 年起组织实施的“选聘高校毕业生到村任职工作”。

1. 大学生志愿服务西部计划

大学生志愿服务西部计划（以下简称“西部计划”）是由团中央、教育部共同组织实施的，财政部、人事部给予相关政策、资金支持。从 2003 年开始，通过公开招募、自愿报名、组织选拔、集中派遣的方式，每年招募一定数量的普通高等学校应届毕业生，到西部贫困县的乡镇从事为期 1—2 年的志愿服务工作。从 2009 年开始，西部计划服务期由 1—2 年调整为 1—3 年。招募的志愿者的服务内容分为基础教育、服务三农、医疗卫生、基层青年工作、基层社会管理、服务新疆、服务西藏 7 个专项。

一般每年 4 月底 5 月初，普通高等学校应届毕业生或在读研究生可以通过“西部志愿汇”微信公众号和西部计划官方网站（https://xibu.youth.cn）进行报名。

2025—2026 年度大学生志愿服务西部计划实施方案

2. “三支一扶”计划

“三支一扶”是支教、支农、支医、帮扶乡村振兴（原扶贫）的简称：支教计划是指到师资紧缺的基层义务教育学校从事支教服务；支农计划主要是到乡镇或农技服务部门从事支农服务；支医计划是到乡镇卫生院从事支医服务；帮扶乡村振兴计划是到乡镇从事帮扶乡村振兴开发项目服务。2006 年，中组部、人事部、教育部等八部门下发《关于组织开展高校毕业生到农村基层从事支教、支农、支医和扶贫工作的通知》，以公开招募、自愿报名、组织选拔、统一派遣的方式招募高校毕业生，主要安排到乡镇从事“三支一扶”工作；服务期限一般为 2—3 年，工作期满后自主择业，择业期间享受一定的政策优惠。招募对象主要为全国普通高校应届毕业生。

各地一般在每年 3—6 月发布招募公告，不同省份对报名条件有不同的要求，如北京的“三支一扶”主要是支农，是要求本地生源的毕业生才可以报名。“三支一扶”报名具体可关注相应省份的人力资源和社会保障部门官网，也可以关注中国人力资源市场网（https://chrm.mohrss.gov.cn/）上的高校毕业生“三支一扶”计划专栏。

2024 年，中央财政支持招募“三支一扶”人员 3.44 万名，鼓励有条件的地方结合实际适当扩大招募规模。紧贴全面推进乡村振兴重点工作需要，积极拓展水利基础设施建设与运行管理、农技推广、林草生态保护修复、医疗卫生、乡村建设等服务岗位。招募计划继续向乡村振兴重点帮扶县、脱贫县、易地扶贫搬迁大型和特大型集中安置区所在县倾斜，向革命老区、民族地区、边疆地区等艰苦边远地区倾斜，对国家乡村振兴重点帮扶县实行计划单列。

3. 农村义务教育阶段学校教师特设岗位计划

2006 年，教育部、财政部、人事部、中央编办下发《关于实施农村义务教育阶段学校教师特设岗位计划的通知》（教师〔2006〕2 号），联合启动实施农村义务教育阶段学校教师特设岗位计划，公开招募高校毕业生到西部“两基”攻坚县县以下农村义务教育阶段学校任教，引导和鼓励高校毕业生从事农村教育工作，创新农村学校教师的补充机制，逐步解决农村学校师资总量不足和结构不合理等问题，提高农村教师队伍的整体素质。

这个计划目前仍在实施，一般是由各省份单独进行招聘，报名条件、优惠政策等也有所差异，招聘公告会发布在各省份教育部门、人力资源和社会保障部门以及教育考试院等官网。

4. 选聘高校毕业生到村任职工作

2008 年，中组部、教育部、财政部、人力资源和社会保障部出台了《关于选聘高校毕业生到村任职工作的意见（试行）》（组通字〔2008〕18 号）。2012 年，中组部、中央编办、教育部、财政部、人力资源社会保障部、国家公务员局联合印发《关于进一步加强大学生村官工作的意见》。该项目计划选聘 10 万名高校毕业生到农村担任村党委组织书记助理、村委会主任助理等职务。从 2010 年开始，扩大选聘规模，逐步实现"一村一名大学生村官"计划的目标。选聘的高校毕业生在村工作期限一般为 2—3 年。

不同地区对大学生村官有不同的政策规定，北京市等省份的大学生村官与选调生并轨，有些省份仍然在选聘大学生村官，还请关注当地的具体政策。

5. 大学生应征入伍

大学生应征入伍是指部队每年从在校大学生和大学毕业生中招收义务兵，入伍的大学生，高校保留学籍或入学资格，退役后 2 年内允许复学或入学。应征入伍服义务兵役的高校毕业生，除享有优先报名应征、优先体检政审、优先审批定兵、优先安排使用的"四优先"政策，家庭享受军属待遇外，还享受优先选拔使用、学费补偿和国家助学贷款代偿以及退役后复学升学、就业服务等政策。

高校学生应征入伍服现役退役，达到报考条件后，3 年内参加全国硕士研究生招生考试的考生，初试总分加 10 分，同等条件下优先录取。在服役期间获得三等战功、二等功以上奖励或者二级以上表彰，符合全国硕士研究生招生考试报考条件者，可申请免试（指初试）攻读硕士研究生。各个省份、高校一般也会制定相应的鼓励政策，可以关注各高校学生工作部/党委武装部等国防教育板块的相关通知。

鉴于大部分同学对于大学毕业生入伍情况并不了解，下面看一下广西财经学院国际教育学院 2021 届会计学专业本科生李旭倬学长入伍后的感受分享。李旭倬性格沉稳、为人热情，有强烈的军人情结，在校期间经常参加锻炼，对军事类信息特别感兴趣，最喜欢军事题材影片，有从军报国的志向。2021 年 7 月本科毕业后顺利应征入伍，服役于中国人民解放军驻港部队。

> 我大学期间曾担任班级宣传委员、学生会干事，获评优秀学生干部。2021 年临近毕业之际，我积极响应国家号召、应征入伍，从青春校园踏入热血军营，成为光荣的中国人民解放军一员，现服役于中国人民解放军驻港部队。经历刻苦训练，终于蜕变为坚强战士。
>
> 当兵以来，我最大的感受是开始了一段从未设想过的道路，完全是新的体验，与过去的生活有一种割裂感。但这并不是坏事，恰恰是一次与过去的

自己彻底告别的机会。这一过程里会有很多苦，但不会后悔，咬牙坚持，不断进取，完成任务，不辱使命。几个月好似几年甚至更久，我已变得有些认不出自己了：从一名大学生转换身份成为中国人民解放军的一员，从手无缚鸡之力变成精干能抗，精神从萎靡不振到活力满满，不禁感慨原来已成长至此。在过去 23 年里，我从未想过自己能跑完三千米；如今从跑不完至跑到优秀，不得不说意志力更坚定，忍耐力更强，一切都有了长足的进步。

过去我有很多东西都不敢去尝试、去突破。如今，更多的是对一切挑战的从容与自信。我坚信世上没有能难倒人的事。不退缩，不言放弃，感谢当初的自己选择了这么一条与众不同的道路，是新生也是突破，在未来也将把理想与信念化作动力，不断前行，决胜疆场。

2.3　各类就业去向与就业流程

2.3.1　高校毕业生毕业去向

我国高校毕业生的毕业去向有升学、非政策性就业、政策性就业、灵活就业、自主创业、未就业几种情况。

1. 升学

升学分为国内升学和出国留学两类，各有利弊，可以根据自身情况进行评估选择。从录取方式上看，国内升学竞争越来越激烈，考研往往需要提前一年时间准备，万一没有达到报考院校的分数，即使能够调剂，录取院校的选择也比较有限。海外院校的研究生课程采用申请制，没有统一的入学考试。虽然申请制对平时学习、科研、实习等经验积累的要求较高，申请过程也很复杂，但不是以绝对分数作为唯一衡量标准，且可以同时申请多所高校。

从就业竞争力来说，国内硕士学位尤其是“双一流”高校硕士学位，在就业市场上认可程度是很高的，国内一些高水平的科研机构和企业可能更倾向于聘用国内硕士研究生。留学硕士，尤其是学制仅一年者，企业认可度在下降。当然，那些在世界上享有很高的声誉和排名靠前的大学，能够提供优质的教育资源、师资和研究设施及更广泛的学术选择和专业发展机会，在开拓视野、提升外语水平、接触更多元化的文化上优势明显。

从经济成本来说，国内升学的费用相对较低，对于经济条件有限的学生来说更可行。出国留学的费用跟所去的国家和学校有关，往往需要支付数倍于国内的学费、生活费和其他费用，对许多家庭来说是一个沉重的负担。

从时间成本来说，国内的硕士培养至少需要两年，有些更是长达三年。而国外的硕士学制一般为一年到两年，如英国的授课型硕士一年就可以毕业。

2. 非政策性就业

非政策性就业即传统的就业方式，如在企业就业、考取公务员或事业单位、直招军官、军队文职、其他社会组织就业等。

企业就业，具体来说，包括进入国有企业就业、民营企业就业、外企就业。

国有企业是国家出资的国有独资企业、国有资本控股企业，包括中央直接控制的央企和地方性国企。狭义的央企是“中央管理企业”的简称，指国务院国有资产监督管理委员会根据国务院授权履行出资人职责，领导班子由中央直接管理或委托中央组织部、国务院国资委或其他中央部委（协会）管理的国有独资或国有控股企业；全国仅 98 家，如十大军工集团、中石油中石化、三大运营商、工农中建四大银行以及水电煤气邮等单位。广义的央企包含国务院、财政部、农业农村部、工信部等部门所管理的央企，共有 131 家。地方性国企指隶属于省市、地市、县区国资委管理的大小国有企业，约 46 万家。各省（区、市）国有企业名录可以在当地国有资产监督管理委员会网站查询到。

民营企业指所有的非公有制企业，除“国有独资”“国有控股”的外，均属民营企业。截至 2024 年 9 月底，我国民营企业有 5 500 多万户。民营企业是我国经济发展活力和竞争力的重要组成部分，是吸纳高校毕业生的最主要力量。2024 年 10 月全国工商联发布 2024 中国民营企业 500 强榜单，京东、阿里巴巴、恒力排前三，可通过这个榜单了解各个行业龙头的民营企业；但字节跳动等知名民营企业未参与调查。

外企是外商投资企业的简称，是指依照中国法律在中国境内设立的，由中国投资者与外国投资者共同投资或由外国投资者单独投资的企业。

公务员、事业单位、直招军官、军队文职等，第 1 章已经做了较为详细的介绍。其他社会组织包括非营利组织、慈善机构、学术机构、社区组织等。

3. 政策性就业

包括选调生、西部计划、“三支一扶”计划、大学生村官、特岗教师、应征入伍等。西部计划、“三支一扶”计划、大学生村官、特岗教师、应征入伍等，前一节已做了较为详细的介绍。

4. 灵活就业

灵活就业是指劳动力市场中动态性、非固定和非规范性的就业形式，亦指非正规就业。一般来说，其劳动合同关系是临时的，工作岗位通常是不确定的，也可能被多个雇主雇用。典型的灵活就业如自由职业，跟随平台经济发展起来的外卖骑手、民宿管家、外卖运营师等。

5. 自主创业

自主创业是指劳动者主要依靠自己的资本、资源、信息、技术、经验以及其他因素自己创办实业、自己开辟工作环境、解决就业问题的一种就业方式。

6. 未就业

毕业去向为未就业的一般有以下几种情况：拟继续考取国内硕士研究生而选择暂不就业，一般称为二战考研；拟继续申请国外硕士研究生而选择暂不就业；拟继续考取编制而暂不就业；拟空缺一年用来学习、旅游等而暂不就业；没有找到满意的工作而暂不就业。

2.3.2　就业流程

狭义的就业流程指就业手续的办理程序，广义的就业流程指学生就业选择的全过程。如果毕业去向是就业，完整的就业流程包括收集职业信息、自我分析、确立职业目标、准备求职材料、参加招聘活动、线上线下等方式投递简历、参加笔试、参加面试、体检、签订协议、报到入职等环节。

这里主要介绍就业手续的办理程序。就业手续的办理程序在不同的省份、不同的高校会有所不同，各个高校在就业信息网、就业微信公众号都会发布本校就业手续的办理方式，就业前一定要认真学习了解。下面以北京市为例，简单介绍不同毕业去向涉及的就业手续。

根据国务院办公厅和教育部有关文件要求，2023 年起教育部门建立高校毕业生毕业去向登记制度，作为高校毕业生离校手续的必要环节，毕业生应当按照毕业去向登记制度的要求，及时完成毕业去向登记工作。目前北京市高校一般采取两种方式进行毕业生去向登记：一种为通过全国高校毕业生毕业去向登记系统填报；另一种为通过学校自己的就业管理系统填报，再由学校统一将毕业去向数据导入全国高校毕业生毕业去向登记系统。

各个毕业去向的流程如图 2－2 所示。

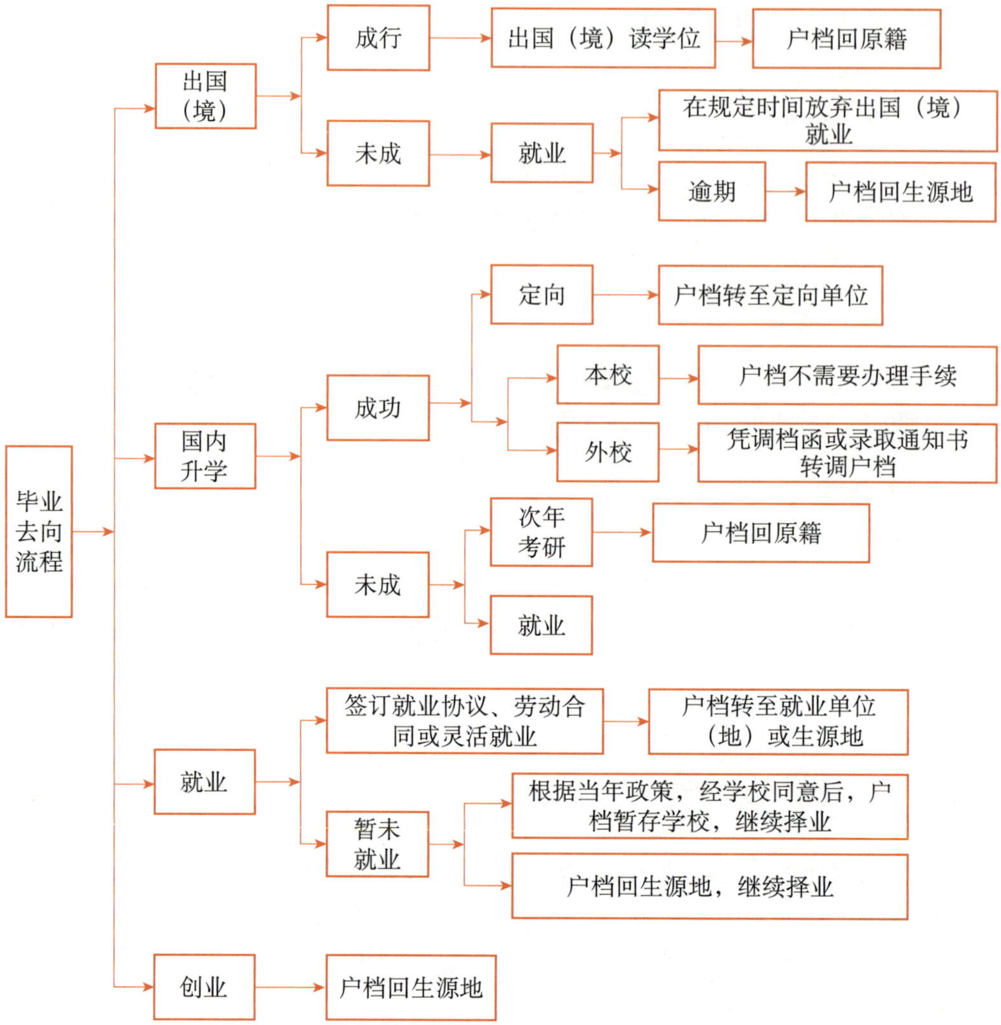

图 2-2　毕业去向的流程图

部分考取非全日制研究生的毕业生，录取学校不接收户档，参照定向录取流程。

了解以上信息，有助于同学们理性开展职业决策、选择适合自己的求职目标。

2.4　做出理性的职业决策

了解了国家推出的各类支持大学生就业的政策和可供应届毕业生选择的各类

就职单位，结合第 1 章自我认知的内容及有关职业、岗位及用人单位对毕业生的能力期待的介绍，同学们可以尝试做出理性的职业决策了。

2.4.1　应届生就业中的各种选择

毕业生在求职过程中、在就业选择过程中面临各种各样的选择，包括对职业发展方向的选择、对单位性质的选择、对企业规模的选择、对行业的选择、对地域的选择等。

1. 职业发展方向的选择

毕业生有三种职业发展方向选择：学术型方向、专业型方向、社会型方向。

学术型方向需要继续攻读硕士和博士，毕业后在科研院所或者高校从事教学和科研工作。这类岗位对专业能力的要求非常高，对科研工作的兴趣、对抽象思维能力、对创新能力都有较高的要求。

专业型方向指本科或者硕士毕业时，掌握了特定专业领域非常专业的工作技能，成为一名这个领域的专业人士。如算法工程师、机械工程师、飞行器设计工程师、材料工程师、金融分析师、会计、中小学教师、律师等。这类岗位是专业相关的应用型岗位，需要良好的专业能力，同时对问题解决能力、组织协调能力等都有一定的要求。

社会型方向指进入对专业、学历限制不高的岗位，如企业中的行政、销售类岗位，或是政府部门的公务员等。对专业、学历要求不高，不是说岗位的要求低，而是这类岗位对个体综合能力的要求高于对专业能力的要求，而个体综合能力跟专业、学历的相关性不高。

对职业发展方向的选择不应是到面临就业时才想到的选择，而是在就读过程中、在学业规划过程中就应该做出的选择。本科生如果要选择学术型方向，应该从低年级就开始准备升学、接触科研工作；如果要选择专业型或社会型方向，那从低年级就开始实习实践。不同的职业发展道路，在读期间的规划会有不同，就业时再考虑这个问题就太晚了。

2. 单位性质的选择

毕业生可以从国央企、民营企业、外资企业、政府机关、事业单位等各种组织中做出选择。每种选择都有其独特的优势和劣势，需要毕业生根据自身的情况和职业期待来权衡。

通常在国央企就业具有较高的稳定性，虽然企业间、岗位间工作压力差异较大，但总体工作压力小于民营企业，员工不需要担心突如其来的工作变动或失业的风险。国央企的平台大，作为国家的重要经济支柱，与国家政策和发展目标密切相连，可以提供的资源多、成长机会多，职业成就感更强。然而，由于其庞大的体制和历史沿革，国央企往往在制度上不够灵活，这可能导致创新和变革的步伐较慢；此外，论资排辈现象在一些国央企中仍然严重，可能会限制毕业生的职业发展和晋升机会。

民营企业的优势在于其灵活性和对个人能力的重视。在民营企业中，员工的工作能力、工作努力、工作成果更容易被认可和奖励，这种环境对于那些有抱负、愿意接受挑战的毕业生是非常有利的。但是民营企业往往面临更高的经营风险，员工的职位安全风险高、工作压力大。

外资企业通常以其先进的管理经验、国际化的视野和较高的薪酬福利而受到毕业生的青睐。但是，不同外资企业之间也存在差异，不同国家的外资企业，企业文化、管理风格和发展机会等都可能不同。近几年来，外资企业的薪酬福利优势也逐渐消失。

政府机关和事业单位的工作更为稳定，不同地域的待遇有差异，但基本上可以保证在当地拥有中等收入水平。政府机关的职业发展路径也比较明确，有明确的晋升机制和晋升通道。事业单位的工作更注重专业性和技术性，待遇和福利也相对较好，但晋升机制可能没有政府机关那么明确。

3. 企业规模的选择

大企业的优势是抗风险能力比较强，内部管理相对规范，员工考核、职位晋升、部门合作、工作流程等都有对应的制度；通常都有比较好的资源和学习机会，能够让你接触到各种优质的项目和不同类型的合作机会，成长的速度更快；大企业的薪酬通常相较于小企业更具优势。劣势是大企业入职门槛通常较高，对求职者的学历和专业能力有严格的要求；大企业员工的工作量、工作难度通常更大，员工往往需要承担更大的压力；大企业通常形式上的事情更多，内部沟通成本比较高。

小企业的优势是入职门槛相对较低、人际关系相对简单，管理层级不明显、扁平化管理较多，直线沟通多、沟通效率较高，通常有更多机会学习到公司的整个运作流程，晋升机会总体要比大企业多一些。然而，小企业抗风险能力比较差，尤其是初创公司，职业安全性低。小企业通常内部管理不规范，员工承担的工作可能多而杂、薪酬大概率不太高。在小企业工作的职业发展空间与企业发展密切相关，可能爆发式发展，也有可能职业发展空间受限。

4. 行业的选择

行业发展会加持个人的职业发展，不同行业中的相同岗位，可能在职业回报、职业发展路线等上差异很大，所以行业选择也是职业选择中的重要内容。

发展速度快的行业，通常也是就业的热门行业，平均薪酬高、专业成长性好、职业发展空间大，但是同时竞争更激烈、优秀人才更扎堆、工作时间更长、工作压力更大、被淘汰的风险更高，可能对持续学习的要求也非常高。所以如果你做好了准备，掌握了相应的技能，或感兴趣于此，不妨努力争取，但是最好不要盲目跟风。

对行业的选择，除了考虑行业的发展周期外，了解行业的发展情况，结合自己的兴趣、能力和专业等，找到自己的长周期能力与行业发展的契合点更为重要。不一定是找处于风口的行业，而是寻找让自己的能力成长最快、能力结构不断升级的平台。

5. 地域的选择

地域选择也是就业选择中非常重要的一项因素。许多毕业生就业时会面临在一线城市就业还是在小城市或生源地就业的艰难选择。

在一线城市就业的优势明显，包括就业机会相对较多，尤其是在一些高薪行业和热门领域；同时也意味着求职间及就职后的竞争激烈，毕业生需要面对来自全国各地甚至全世界的优秀人才，竞争压力大。此外，一线城市的生活成本也相对较高，尤其是北京、上海、深圳这样的城市，房价高，城市大、通勤时间长等，会导致生活压力比较大。

在小城市或生源地就业，优势劣势恰好相反：小城市就业机会不多、优秀企业少，可供选择的机会有限，可能在专业成长上会受到限制。但在小城市或生源地就业，房价低、生活成本低，通勤方便，生活节奏相对较慢，竞争压力也较小，生活更为安逸，脱颖而出的可能性更高。毕业生可以更加轻松地适应工作环境，有更多的时间和精力去发展和提升自己的能力。

地域的选择也不限于前述维度，如还有选择东部沿海城市还是对人才需求更大的西部城市，选择振兴东北老工业基地还是选择长三角珠三江这类经济更有活力的地区等考虑。地域的选择也是一种生活状态的选择，各有利弊，没有好坏，就看怎么取舍。

2.4.2　开展职业决策的观念与标准

开展职业决策，先得明确对你而言什么是好工作：好工作的标准是什么？你是如何看待工作的？明确了这一点，再考虑用什么工具和方法做决策。

1. 职业决策的基本观念

进行职业决策时，如果抱持了一些不理性的观念，则很难做出理性决策，因此需要发现那些在做决策时的错误观念并克服。常见的不理性观念包括：

（1）想要一个有确定结果的职业决策。所有职业选择的结果都是未知的，职业选择是一个风险决策，选择就意味着承担某种风险。理性进行职业决策，并不是要确定性的答案，而是要尽量降低风险，并为可能的风险做好防范预案。要做到这一点，需要在决策前尽量搜集关于自我认知、职业选项的信息，分析每个选项背后可能的风险以及风险产生的可能性有多大，判断哪种风险自己可以承担，并提前做好行动方案来降低遇到风险的可能性。

（2）期待找到一个最匹配的职业选项。在职业决策中，有一种不理性观念是执着于最优的决策，还有一种不理性观念是找到最匹配的职业选项。事实上有很大一部分人可能对很多职业都还算匹配，但是很难找到最匹配，“最”这个字在选择时就是一个伪命题。如果你已经面临选择了，对两个相对来说还比较了解的职业选择，你并没有产生强烈的倾向性，大概率你的能力倾向、兴趣倾向对这两个职业选项来说都是比较均衡的，也许两个都是还可以的选择。

（3）放大职业选项带来的当下好处，低估未来收益。从行为学上来看，人们总是倾向于低估在未来才能兑现的好处，人们都不愿意用当前的痛苦，如更辛苦的工作、更低的薪酬、更大的工作压力等，来换取未来的某样东西，即使未来的好处其实更加丰厚。人们本能地不相信未来的好处能够兑现，所以会在当前对它们打很大的折扣。同时在选择时人们还有“损失厌恶”的倾向，美梦很模糊，但噩梦却很清晰。所以在职业决策时可能对现状和逃避风险存有偏向性，更需要在做出职业决策时厘清正确的思维方式，用理性化思考工具来辅助信息分析。

（4）在职业生涯的第一步期待太多。不要期待职业生涯发展初期获得很多价值，对职业生涯初期的期望要更现实一些。第一阶段的职业生涯是一个学习和探索的过程，应该是以体验、尝试、能力提升为主。这时的目的并不是为了找到一份期待中的完美工作，而是要找出你擅长什么不擅长什么、喜欢做什么不喜欢做什么。所以对第一份职业的选择要尽量避免对薪酬、工作生活平衡等有过多的关注，这些价值也许是在职业发展中后期要考虑的，在初期，在感兴趣的领域积累经验、提升能力、开拓视野、验证自我认知更为重要。

很多同学在第一份职业选择时会特别慎重，想要想清楚所有面对职业发展时的疑惑。如我是不是完全胜任这个工作？万一我遇到中年危机该怎么办？这个行业的发展趋势如何？这份工作能帮助我实现长期的职业生涯目标吗？万一我不喜欢这个工作怎么办？这些问题并不是单纯靠思考就能想明白的，职业决策也并不是想清楚了再做选择，边做决策边行动，边行动边思考，这些问题也许走着走着答案就自动出来了。

世界上没有完美的选择，对职业选择来说更是这样。所以我们可能也不能把所有期待都放在职业上，有一些价值我们也可以向工作之外寻找，让职业只满足最重要的期待，在职业之外构建一个更丰富多彩的生活，生活丰富了，角色就多了，获得平衡和满足的可能性就更大，机会就更多。

2. 开展职业决策的参照标准

有一个段子说：好工作就是“钱多事少离家近，位高权重责任轻，睡觉睡到自然醒，数钱数到手抽筋”。先不论是否真有这样的工作存在，即便是你真正拥有了这样一份工作，对你来说是否就是好工作呢？

世上没有十全十美的工作，任何一个工作可能都是取舍和平衡的结果，所以每个人在取舍和平衡时的标准不同，最终判断好工作的标准也是不同的。前文介绍的职业价值观，就是用以判断好工作的一种有效工具。

参照舒伯职业价值因子相关内容，毕业生选择职业时，对于同事关系、上司关系这种维度，很难获得支持做决策的信息；而对于管理权力、多样变化等价值维度，在初期的职业选择中也难以满足，可以用职业发展空间来代替；对于利他主义、美的追求等可纳入职业兴趣的考虑维度，对于智力激发、创造发明等维度可纳入职业能力的考虑维度。因此，应届毕业生判断好工作的标准中，比较有价值的判断维度主要有：职业兴趣和职业能力、职业发展空间、成就感、声望地位、经济报酬、安全稳定、生活方式。

（1）职业兴趣和职业能力。一份好工作应该是符合个人职业兴趣和优势特长的，当人们从事自己感兴趣、能发挥出自己的特长的工作时，就会不知不觉高度投入到工作中，创造出超出预期的业绩，同时职业能力得以持续成长。反之，如果从事自己不感兴趣、不喜欢、不擅长的工作，工作不但不容易有成效，还会成为一个沉重的负担。

（2）职业发展空间。职业发展空间既包括职务晋升的可能性，也包括专业能力、综合素质成长的可能性，还包括资源积累的可能性。良好的职业发展空间可以提供更多的机会和资源，有助于实现自我价值和职业目标。很多毕业生会把职业发展空间作为评价一份工作好坏的重要标准，但是这个标准很难在真正做选择时得到清晰的确认，是一个重要但是很难衡量的标准。

（3）成就感。成就感指一个人做完一件事情或者做一件事情时，为自己所做的事情感到愉快或成功的感觉，即愿望与现实达到平衡产生的一种心理感受。不同的人有不同的成就感来源，不同的人对成就感的需要程度也不同。

（4）声望地位。对声望地位的考量主要来自两方面。首先是职业带来的资源不同：同样是普通职员，在初创小公司和在世界500强显然不同；同样是做公务员，在街道办事处和在国家部委也完全不同。大平台上的职业自带了附加价值，在视野提升、能力成长等方面比较有保障。再就是社会地位：有些职业在人们心目中有较高的社会地位，容易得到他人的重视与尊敬。

（5）经济报酬。经济报酬是毕业生在职业选择时普遍都很关注的，关注的程度不同：有人将其作为最重要的标准，有人会与其他因素一起做个平衡。要注意：高薪一定意味着要付出代价，如高风险、高责任、高任职资格、高工作压力等。

（6）安全稳定。并不是所有毕业生选择职业时都有安全稳定的需求，但是疫情之后，有这类需求的毕业生比例增加了，所以考公考编、选择国央企成了主流选择。安全稳定的期待一般是：没有裁员的风险、企业倒闭的风险不高、没有中年危机、对员工的容忍度高、企业的规则感强等。

（7）生活方式。毕业生的职业选择中，一般对生活方式的考虑集中在工作加班多不多、假期有没有保障、工作压力大不大、出差多不多等工作和生活平衡的维度上。

2.4.3 职业决策的常用方法和工具

广义的职业决策指的是探索职业目标、做出选择并为职业目标的实现积极行动的过程。狭义的职业决策指的是在几个职业选项中做出选择。下面主要针对狭义的职业决策，介绍在现有几个职业选项中，如何利用工具或方法进行信息分析从而支持最终的决定。常用的职业决策工具包括正式工具和非正式工具，正式工具如SWOT分析法、生涯决策平衡单，非正式的工具有最好故事与最坏故事法、机会最大化法等。下面介绍其中常用的几个。

1. 职业选项间的理智排序法——生涯决策平衡单

在多个职业选项间进行选择时，毕业生经常会出现的问题是拿一个选项的利比其他选项的弊，同时又拿其他选项的利比这个选项的弊，不同选项间的利弊相互纠缠，导致无法做出选择。

生涯决策平衡单是把不同的职业选项在同一个评价标准下进行量化评价的辅

助工具，使用方法如下：

决策者先找出自己最在意的几个职业选择考虑维度，数量不能太多，至多不超过 8 个。可以从物质层面、精神层面、对重要他人物质层面、对重要他人精神层面的影响等四个方面来选择维度。如物质层面的，收入、职业晋升机会等；精神层面的，成就感、兴趣满足等；对重要他人物质层面和精神层面的影响方面的，如给家庭经济带来的影响、给重要他人的陪伴等。

明确了这几个评价维度后，根据自己认定的重要程度给各个维度赋权重，权重从 1 到 10，不能出现相同的权重，之后将评价维度、权重、职业选项填入表 2 - 2 中。

表 2 - 2　生涯决策平衡单

评价维度	维度权重（1—10）	职业选项一		职业选项二	
		得分（1—10）		加权分数	
考虑因素 1					
考虑因素 2					
考虑因素 3					
考虑因素 4					
……					
得分					

然后根据对各个职业选项的了解为每一个选项打分；打分的过程中，进一步明确每个评价维度的深层含义及对每个职业选项的了解是否足以支持做决策，最后加权计算分数总和。

用生涯决策平衡单辅助进行职业决策的过程是个先走脑后走心的过程。用同一个评价标准进行系统的理性思考，尽可能地采集职业选项信息，对各项信息进行统一的量化评价。然而，职业选择并非一个能完全靠指标衡量的完全理智过程，即便通过这个方法得出两个职业选项的最终得分有较大差异也不一定意味着高分选项就是最终的选择，还需要用感性对理性思考的过程进行反思。如看到职业选项的量化结果后感受是如何的？是松了一口气还是不接纳这个结果、想再做一次？就像抛硬币也是一种做决策的方式一样，抛硬币的价值不在于抛出什么结果上，而在于看到抛的结果后的心情上。

很多时候决策人内心的想法早就有了，生涯决策平衡单的作用只是在这个过程中唤起他内心的答案或是确认内心的答案。

2. 最好故事与最坏故事法

当用生涯决策平衡单无法做出职业选择时，还可尝试最好故事与最坏故事法，具体应用是这样的：对你无法做出决策的两个职业选项进行思考，如果你选择了职业选项一，5 年后你发展得非常好，那会是一种什么情况？如果发展得非常不好，又会是一种什么情况？然后针对职业选项二自我问答一遍。对两个职业选项的最好发展状况和最坏发展状况，你更喜欢哪个最好的发展状况，更能承受哪个最坏的发展状况？据此做出最终选择。

3. 机会最大化法

如果用了上述方法还是做不了决定，可能意味着这几个职业选项各方面的客观条件是差不太多的，那就看看哪个职业选项是可以走回头路的，哪个职业选项对能力提升最大，哪个职业选项职业转化的可能性最大。如技术方向的职业选项和管理方向的职业选项，做了技术的可以转管理，但是从事了管理很难转到技术。如果想不清楚职业选择，就可以先从技术做起，当对工作有更清晰的自我认知和职业认识后，再重新进行职业选择。

本章小结

现实生活中很少有完全充足而确定的信息和数据可供我们做出决策，尤其是职业决策，不可预测性更高，决策者需要在有限的信息和时间内做出决定。同学们可以通过多角度思考、评估风险和不确定性、使用科学的决策分析工具等方法辅助，在基本满意的选项中寻求有限最优的选项。

课后思考与练习

1. 对高校毕业生的就业形势，你都有哪些了解？通过哪些渠道了解的？感受如何？

2. 对你期待就业的地域，了解一下人才引进的优惠政策。

3. 你了解各类就业去向吗？针对你所学的专业，根据你自身的特质，哪类就业方向是你的首选？请详细列出分析依据。具体内容参照以下几个方面：

（1）你希望选择的职业方向是：

（2）你希望选择的单位性质是：

（3）你希望选择的行业是：

（4）你希望就业的地域是：

（5）列出你选择职业最看重的三个因素：

推荐阅读

材料 1　多维学习、找准定位、科学决策

——本科毕业入职京东的成长经历

王文博

我的大学成长经历

如果用一句话概括我的大学生活，那就是“当我左脚踏进大学的时候，我的右脚就开始踏出了”。我是目标感很强的人：因为刚入大学就明确毕业后直接参加工作，所以除了学习专业课程外，我很大程度上专心于社会实践经验的学习。

专业课程知识的学习是我大学生活的基础；按时上下课，积极回答老师问题，帮助老师营造良好的课堂氛围，是我大学的乐趣之一。通过努力学习，我积累了坚实的专业知识，为我的求职打下了基础。大学前三年，我获得五次奖学金、学习成绩保持在专业 20%左右。在学好本专业知识基础上，我还自学了很多通用能力的课程，如计算机二级 Office 高级应用、人力资源管理等。通过 Office 课程学习，我积累了良好的 Word、Excel、PPT 制作经验；通过对人力资源管理课程的学习，我系统了解了人力资源六大模块工作内容，并考取了相关证书。我还自学了会计基础等非本专业课程，认真阅读了理财类宝典《富爸爸穷爸爸》，这些帮助我了解了基础的财会知识。以上无论是专业课程还是自学的技能类课程，都使我工作的专业性得到了极大的提升。

在学好本专业课程及积累技能类本领的基础上，我还参加了一系列社会实践活动和学生工作，这体现了我读大学的核心目标——“踏出校门，走向社会”。因为目标明确，我从大一就开始“了解社会”了，无论是最初的发传单、贴广告，还是后来的推销商品，都使我的脸皮一点点变厚，当然也不断地提升我的能力。大一寒假，我只身去北京协和医院做了两个月的保安，体验了北漂生活，这意味着我迈出了走向社会的第一步。在那两个月里，我见识到人情的冷暖，体会到生命的可贵（我负责的是白血病病房），同时很大程度上提高了我与人沟通的能力。从那以后，我就开始独立策划活动了。大二做过中国移动秦皇岛分公司校园推广负责人，招募并组织团队在学校激活中国移动新生卡，3 天累计开卡 200 余张，充值 3 000 余元。大二暑假在北戴河必胜客欢乐餐厅兼职，学习店铺运营管理方法，同时学会独立生活。大三组织策划中国邮政毕业季“寄包裹”活动，招募团队成员 30 余人次，三天内为学长学姐办理包裹邮寄累计金额 7 万元，同时还联合其他创业团队，开展新生棉被售卖活动，三天营业额破 7 万元。

我走过很多弯路，也失败过很多次，但每次受挫后都坚强爬起，都让我充满

了成就感。我学习到了如何做人做事、成为一个被别人信赖的人。尤其是大三担任大学生创新创业协会创业部部长，面对部门初创，与伙伴一起搭建部门架构体系，招募、培训新干事。这种实践性学习给我带来的改变和进步更大。

坦白讲，“学习”是一个很宽泛的概念，我认为最佳的学习对象就是身边的每一个人。学习每个人身上的长处、学习每一个人的亮点，见贤思齐才可以不断完善自己、使自己快速成长。

其实新生入学时，大家都很迷茫，彼此的学习能力差异不大。但大学三年过去，找工作时差距逐步显现，而这种差距显著地影响到了求职过程。不夸张地讲，受益于我对大学的规划和丰富的经历，我的简历有很多可写的内容。简历中，我的专业课程成绩突出，学生工作、社会实践活动丰富，在简历筛选阶段，我的简历的通过率是非常高的。

当然，大学成长经历不仅仅影响简历的筛选阶段，它也是求职成功与否的决定性因素。用人单位会以学生在校期间的表现情况来判断是否录取，那些虚度光阴、四年碌碌无为的人，求职之路一定会比较艰难。

个人求职经历

在我看来，找工作就好比找女友，选择和努力是必不可少的两个环节。如何结合自身情况和企业状况确认目标企业并朝着它努力靠近是我在求职中感受颇深的两个点。以下将简单地分享我的求职历程。

● 确认目标。有人说，选择比努力更重要，错误的选择，越努力越窘迫。早在大三我就开始思考以后要进什么企业做什么工作了。在学长学姐的建议下，我选择加入互联网企业。我研究了互联网企业的企业文化、薪酬水平、面试难易、职业发展通道等情况，并把 BAT、京东作为了目标企业池。通过对照自身，发觉自己更倾向于京东，所以从大三开始就已经把京东作为终极目标了。

● 尝试靠近。确认目标之后，我的求职之路开始了。从大三下学期开始，我就开始看面经，准备腾讯、京东的暑期实习生面试了。由于当时准备不充足，两场面试都失败了，当时最大的感觉就是“技不如人”，能力还达不到企业要求。从北京回来后我认真反思，并将策略修改为“先易后难”——先去面试简单的岗位学习经验，再去尝试其他岗位。实践证明，我的能力并非不行，大三时，我参加了三家公司面试，成功地通过了两家。最终我选择了企业规模、培训制度更优的用友。我从 2017 年 6 月 17 日开始在用友的人力资源部实习，主要负责招聘模块，其间还自学了人力其他模块的工作内容，了解了企业运营的基本流程。当然，在这期间我也不断地关注我最初的梦想——京东。在朋友的介绍下，我得到了京东招聘岗实习生的面试机会，最终通过我在用友的工作经验、在校期间的良好表现、面试表现出来的态度与能力，得到了面试官的青睐，成功加入京东，成为一名实习生。

● 修正目标。在加入京东做招聘岗实习生三个月后，我逐渐发现“职能类”并非自己想要从事的工作。从部门编制和工作内容两个方面出发，我对未来职业规划进行了大调整。当初自己选择从事 HR 工作更多的是因为我的学长学姐在做，专业比较对口等。在真正了解现实情况与工作内容后，深深地感觉这并非自己想做一辈子的事业，我更想承担一定的业绩压力，做“偏业务性工作”。于是从大四秋招开始，我就在转向寻求运营类工作了。为保底起见，不仅在京东内部寻求正式岗工作机会，也看了很多外部机会，面试过苏宁、碧桂园、恒大、万科等公司，并有幸得到了其中 3 家 HR 的入职邀请。在公司内部，我参加了京东正式岗的秋季招聘，专业岗、管培生项目都有参加，经过近 10 场面试，最终拿到京东采购经理岗校招 offer，并最终如愿转岗到京东传统优势部门 3C 业务部工作。

经验分享

在此，借用雷军的公开信体来回答这个问题：“你是谁，你为什么而奋斗？”有点类似于哲学三大终极问题：我是谁？我从哪里来？我到哪里去？我认为找工作并非难事，难处在于职业选择和职业确定。找工作真正困难的是如何正确认识自己，认识你想去的企业，认识你想做的工作。每个企业、每个岗位都有自己的节奏和状态，如何做选择，要想回答这个问题，就必须要知道自己的优势是什么，劣势是什么，自己未来想要过什么样的生活，自己想从未来工作中得到什么。

记得大三时我十分迷惑，不知道自己以后做什么工作、更不知道自己以后去怎样一家公司。很长的一段时间内，我整个人是慌乱的，不断地做“无用功”，我想这也是很多学弟学妹苦恼的事情。以下是我当时的心路历程：因为不喜欢清闲养老的生活，所以我想过“苦日子”，做那种又苦又收入高的工作，这是我找工作的首要标准。除此之外，我希望自己能够得到很快的成长和锻炼、职业发展通道顺畅，这是我找工作的次要标准。最后我给自己列了一个最不能接受的标准——公司发展前景不明朗或传统落后产业。在这样一个 X 轴、Y 轴、Z 轴三维立体模型下，我很快明确了自己的目标池，确定了想去的公司。

确定目标公司后，继续思考自己想去的岗位。每个人都有自己的优势与不足。找工作时，是选择可充分发挥自身优势的工作，还是寻一个直面不足但能锻炼自己岗位？不同的人有不同的选择，我的建议是，选择自己能做的，观望自己想做的。在实际工作中我们会发现，一份工作的现实情况可能和自己脑海中的印象反差极大，只有当你真正去融入一个企业，接触到一份工作的时候，你才能真正了解到其真实情况，你才会知道自己到底适不适合、喜不喜欢这份工作，所以建议学弟学妹多去尝试，不要仅仅停留在书本，停留在想象阶段。

另外，强烈建议找工作时咨询学长学姐的建议，顺便还可寻求内推机会。有时你百思不得其解的问题，前人已经替你想过；你苦苦追求的岗位，可能部门内学长学姐打声招呼就可以得到宝贵的面试机会。

综上，找工作前，一定要知道自己是谁（自己的优势与劣势）？你为什么而奋斗（自己想要从工作中得到什么，最不能接受什么）？必要时可以咨询辅导员或者学长学姐。越早确认方向，越早开始行动，就越有可能找到心仪的工作，时刻记得“早起的鸟儿有虫吃”！

（作者为东北大学秦皇岛分校本科毕业生）

材料 2　考研不顺利，是二战还是就业？

——一位北航同学的纠结与抉择

北航生涯教育教学团队

“成绩出了，没过线。但是感觉长长地舒了一口气，不知道是何原因。感谢身边的朋友家人们对我一直以来的信任与支持，哪怕我已经不再相信我自己。这次终于没法再逃避人生中重要的课题了。江湖路远，我们有缘再会。”这是 2022 年 2 月 23 日的一条朋友圈，来自之前选修职业生涯规划课的一位女生小辛。笔者点评道：“这段话让人感慨良多啊！”

当天夜里，小辛回复：“多谢老师关心！今天从家赶往学校，这会刚到宿舍才得空回复消息。我报考的是电子信息工程学院，总分比往年分数线差十来分。其实我考研的目标并不是很明确，只是想能够继续留下来参与社团工作（所以依然选择了本科专业），本科期间我在社团投入了很多心血，陪伴着社团从零开始发展壮大，同伴们曾给了我很多支持和鼓励，可我却戛然而止，心里既为自己无法再继续下去感到很失落，也感觉让大家失望了。虽然去年上了职业生涯规划课，但对自己未来的规划不甚明晰，因为准备考研而错过了秋招的黄金时间，现在面对春招束手无策，挺纠结的。如果还想继续回到社团就得再考一年，可为了社团学生工作二战实在有待三思……在找工作方面，我在寒假时开始了解不同行业的招聘情况，现在我在准备简历，打算投递对技术要求不那么严苛的互联网产品、运营相关岗位。我感觉非常焦虑，可否请老师指点一二？再次感谢老师的关心和帮助。”

笔者回复：“……开学后再约时间面谈。这里提醒几点：(1) 社团学生工作是阶段性活动还是长久事业？你马上本科毕业了，建议以长久事业为目标安排事情。(2) 二战的不确定性可以说非常大，万一未能如愿，你能接受后果吗？(3) 春招并非没有机会，我发几篇文章你看一下，关键是自己要找到未来的方向。其实你们这一代人工作机会非常多，关键是找准方向，发挥自己的才能并实现人生价值。推荐的几篇文章，都是北航本科毕业直接就业的，有的还是考研失利去春招的。关键是要合理定位。”

小辛回复：“谢谢老师的挂念，这段时间我的求职重心放在了非技术开发岗上，并且找现阶段正在从事产品类工作的学姐（公众号里那位）还有同学了解了工作情况。同时我在自己写公众号文章的过程中，觉得自己在文字表达方面的能力还不错，并且我仍然有一些依托学生工作的创作想法正在实现，我打算将这些创作组合成我的作品集，或许在求职时能够派上用场。与此同时，我也知道这些东西并不是那么精致。我想去的目标企业有我重度使用的一些产品，我非常认同该企业所倡导的价值观。不知这条路能否走通，也不知是否又是我一意孤行……如果我失败了，那又该怎么办？虽然学过了很多理论，包括舒伯职业价值因子、能力模型等，但我很难实际运用起来……现在更像是无头苍蝇到处乱撞，被困在自己的思维陷阱里……”

笔者回复：“推荐两篇文章，你觉得有问题咱们可以进一步讨论。‘我想去的目标企业有我重度使用的一些产品，我非常认同该企业所倡导的价值观’这一点非常重要，但要在求职过程中自然真实地呈现，这就需要所谓的‘技巧’。”

由于正好在给 MBA 上人力资源管理课，那个周末专门介绍招聘管理和薪酬管理，就邀请小辛旁听。小辛认真听了一整天的课后给笔者发信息：“非常感谢老师提供的机会，我感觉收获很大。最重要的收获是以全新的视角，从企业的角度来看待招聘、薪酬等要素，明白要分析不同企业的特点、用人需求，尤其是胜任力冰山模型水面之下的内容，我进一步理解了人岗匹配的内涵。同时，我第一次了解到薪酬定级这些概念，了解到薪酬体现出的内部公平性和外部竞争性，也开始了解该从哪些方面着手来提升自己的‘身价’（执行力、沟通能力、创新能力、知识的广度和深度），我深感‘追风口’这件事不确定性之大，也相信老师所说的努力提高自身竞争力，市场会给出匹配的薪酬，对未来长远的职业发展有了一些模糊的概念。非常感谢老师！愿您在忙碌的一天后吃好睡好休息好！”

收到信息后，笔者回复：“有关‘努力提高自身竞争力，市场会给出匹配的薪酬’，《“喜欢”、“擅长”、“现实”又有“发展”的工作难找，如何取舍真的很难！——硕士毕业工作两年职业困惑求解答》的分析较为透彻，你再体会一下吧！”

小辛回复：“苏老师，我读完很受启发！在市场经济的体系里，我们也不能只埋头拉车却不抬头看路，要充分调研需求，把自己感兴趣的事情与需求进行适配以得到回馈！”

一个月后，笔者收到了小辛发来的微信：“老师，我今天去公司签了三方，工作的事基本上定下来了。我拿到了两个录用通知，一个是通信公司，另一个是心理健康行业的科技公司，都在北京。最后基本没有犹豫，决定去科技公司的运营岗位。非常感谢老师在我艰难迷茫的求职过程中给予我帮助和指导，为我拨开了迷雾，让我能够有底气勇敢做出自己的选择。”

笔者回复：“祝贺祝贺！做了决定了就全力以赴、尽快提升自己的能力，即使将来情势有变也不必后悔。另外，放弃通信公司还是很需要勇气的！”

小辛回复：“我选的心理健康行业的科技公司，主要面向处于压力、焦虑等的人群。我是其产品的老用户了，参加了第 21 期行动营计划，我感觉这一点给我加分不少。另外正好公司负责答疑视频工作的老师离职了，而我恰好有视频剪辑相关的经验。CEO 和运营主管联合面试，之后被录用。运营主管说我是公司招的第一个应届本科生。”

工作一周之后，小辛又给笔者发来感受：“累并充实着、幸福着，这两天都凌晨才下班。尽管我做的只是很基础的工作，但我能感受到设计、打磨、维护一款产品的复杂和不易。真正开始做事情和想象做某件事情，是有很大不同的。”

希望小辛学姐的经历对纠结于考研与就业的同学们有启示！

材料 3　一次展望人生前景的勇敢“投资”

——“冷门”专业本科毕业成为管培生的经历

祁高杰

我是青岛农业大学 2019 级动物科学专业本科毕业生。动科专业主要培养在畜牧兽医及其相关领域从事教学、科研、生产、管理、经营、推广工作的高素质复合型专业人才。从动科专业毕业后，我就职于中粮家佳康（河南）有限公司，任生产管培生一职。

在动物科学专业层面，要学习的内容绝不只是书本上的知识，更包括实践技术，因为我们的客户群体并非一串数字或代码，而是有血有肉的复杂的生命。2020 年夏天的一个夜晚，我看着满天的星星，想象着历史上人类群星闪耀的时刻，给自己的人生制定了第一个“五年计划”，希望通过不断努力，搭乘祖国高速发展的经济列车，实现人生价值。

2021—2022 年——不断实习，深入了解行业

故事的开始源于“捡漏”。

那是 2021 年 6 月的一天，广西扬翔股份有限公司来青岛农业大学招夏令营学员，全校名额只有 2 位，恰好他们的开营时间和许多同学创新创业类项目的试验时间冲突，所以许多报名的人都悻悻离去，本校只有我一人入选，剩下一位则是在中国农业大学进行交流学习的大三学姐。从一定角度来说，那时我也是“万一挑一”的幸运儿，这份幸运可能对于很多人来说没有太大用处，甚至无聊，但对我来说却是我一切人生计划的开始。这对于消息闭塞的我来说是实施人生计划的一次机会。当这个机会能让我获得名誉或者经验的时候，我意识到这是提升自己的垫脚石，是我建功立业的开始，于是在 2021 年 7 月 1 日，我第一次深入了解这个行业，站在社会发展角度去了解这个行业。

虽然夏令营只有短短的 7 天，但是我总体了解了这个行业发展的现状和前景，会上公司领导谈及猪肉价格市场变动情况和对未来行情的预测，结合近几年市场变化情况来看，这预测精准无误，这正好符合马歇尔《经济学原理》中对供需关系变化影响商品价值的描述——在短期内，需求对价值起着主要影响作用，而在长期内，生产成本即供给对价值起着主要影响作用。如果各养殖从业者能有先见，先把控成本再扩大规模而不是趁着猪价上涨盲目增产，即使是处于“猪周期”低谷都有非常可观的利润。

在此之后我于 2021 年 12 月 23 日和 2022 年 7 月 9 日先后两次进入山东扬翔农牧有限公司菏泽分公司实习，深入学习各养殖板块的技术要点和难点，同时积累职场经验，尝试着在心态上实现由“学生”到“社会人”的转变。

那段时间对我来说非常煎熬。可以引用《明朝那些事儿》后记中的一段话来形容：人生并非如某些人所说，很短暂，事实上，有时候，它很漫长，特别是对苦难中的人。可能因为是新人实习生的缘故，我很难融入单位的一些社交圈子，在工作的时候面临着不少的困难。即使在这样的情况下，我也坚守自己的初心，从基本的生产知识学起，之后不断进步。从扬翔走出来后我的心态更加沉稳，技能更加成熟，也为我日后去理想的公司实习打下了坚实的实践基础，让我能赢在起跑线上。

2022—2023 年——确定方向，争取目标公司的优质岗位

经历了之前的许多困难和痛苦，在面对相同类型的工作的恐惧中不断挣扎而仍然能战胜自己，勇敢地再一次去公司实习、“探路”，正是这份勇气和毅力，让我能在这条道路上坚定不移地走到现在。

2022 年 10 月 10 日，我进入中粮家佳康（河南）有限公司实习，现在回想起以前的人和事，我想学着“高人”的样子发出“轻舟已过万重山”的感慨，但是转念一想，将来我会遇到很多人，经历很多事，得到很多，也会失去很多，如果现在就发出那样的感慨，未免“少年不识愁滋味”而又“为赋新词强说愁”了些。

综合来看，中粮家佳康相对温和的就业环境和透明的制度条例，非常适合动科专业的学生去学习、成长。我记得那是2022年12月17日，因为一些原因我被外派到内蒙古赤峰市克什克腾旗（以下简称“克旗”）工作，那时疫情管控才刚放开，公司为了大家安全着想，决定派人开车载着我们去。于是我们一行人从河南永城出发，先南下渭南再沿高速北上赤峰，当车开过塞罕坝隧道的时候车窗上瞬间就结了一层厚厚的冰花，仅一山之隔气温相差之大令人咋舌，于是乎我拿起手机就发了个朋友圈并配文“一代人有一代人的长征”，现在想起那时的场景，一切都还历历在目。毕竟那是我第一次坐17个小时的车北上，通过地图打卡定位，我也算是完成了一次不是自驾也不是旅游的自驾游。

在克旗工作的那段时间，我第一次体会到一份让人满意的工作真的会给我们带来幸福感，也终于理解了抖音平台上名叫“疯狂下属”的网友为什么会在上班时间搜索“员工在哪一家公司工作的幸福感最高”。

那时我的领导是河南公司生产管理部的生产主管，他履历非常优秀，可以说一年一“职级”，有丰富的生产经验并且愿意倾听员工的声音，我当时特别渴望得到中粮家佳康2023年生产管培生的职位，所以在工作上非常投入，我的领导很信任我，平时都是以平级的身份相处，大小工作都会找我商量着安排，在工作后期他会出差去另一个地方，那会儿他会把克旗工作全权交接给我。不过我最满意的工作还是报物资，因为我会和大家商量着报我们都喜欢吃的蔬菜水果然后等综合部的同事给我们配送，这是在河南总部都没有的待遇。

最后，因为在克旗的出色表现，我得到了中粮家佳康2023年生产管培生的名额。

对我来说，中粮家佳康是一个综合评分非常突出的平台，背靠央企中粮集团，实力雄厚，储备干部的培养制度完善。这里没有太多人情世故和钩心斗角，只要你有能力有才华，你就能获得权利去让你的想法变成可行的现实，那种有人撑腰可以放手去按自己想法工作的日子，一下就击中了我的内心，让我后来坚定了想法，一毕业就入职中粮家佳康。

2023—2024年——坚持学习，提升自己

到了这个阶段，我想大多数人都会止步于此——我已经很成功了，拿到了满意的薪资，心仪的岗位。难道就止步于此了吗？不，在我们的一生中，至少要做成那么一两件事，人总是要有一点理想的。

我从来没有放弃自己在动物科学专业领域内“攀登”的想法，我想通过自己

的努力去高处看看，我想拥有属于自己的公司。在中粮，我下班后经常会花两个小时的时间学习生产管理部和兽医部的培训文件，我们俗称“SOP”，学习基础知识并运用到生产日常。

一开始我们生产成绩并不好，我一度认为是管理者在实际决策中“顾左右而言他”造成的。但是当我后来拥有一定的决策话语权的时候，我发现在实际决策中，我们很难不受他人的影响，我也会想着随大流，有时也会改变自己原有的想法。

一路走来一路成长，我们总说世界是一个巨大的“草台班子”，但如果有一天让你去搭一个“草台班子”的时候，你又如何应对呢？

2024 年至今——既然选择了远方，便只顾风雨兼程

我人生中第一个“五年计划”到此已基本结束，用时四年零三个月。未来的路还很长，我还会有第二个、第三个“五年计划”。

有人会说当今社会人中龙凤尚且举步维艰，我等又岂能一路顺遂？是的，但我从来不是一个愿意低头或者依靠别人的人，我希望成功并且愿意为之而努力。但我明白，依靠别人成功的，也会依靠别人而失败，要永远使自己有一片立足之地，哪怕只是动物科学这样一个很冷门的领域。

这是我的人生“投资”，一个对我来说非常伟大的规划。

（作者为青岛农业大学本科毕业生）

第3章

提升职业素质能力　科学管理求职过程

宜未雨而绸缪，毋临渴而掘井。

——《朱子家训》

先谋后事者昌，先事后谋者亡。

——《太公金匮》

学习目标

本章帮助毕业生了解用人单位招聘的底层逻辑，从企业招聘需求、招聘过程看学生应该提升的能力素质，帮助毕业生把握求职节奏，做好求职前的准备。

在开展自我认知、初步明确了职业目标的基础上，又了解了应届生的整体就业形势和相关政策、做出了与自身情况匹配的职业决策后，就需要进一步确定自己的求职目标，根据用人单位的要求针对性地提升自身的素质能力。同时，应届生求职往往不是一蹴而就的，可能是一个相对漫长的过程，同学们要学会科学管理求职过程。

为达成顺利获得工作 offer 的目标，首先要了解用人单位招聘的底层逻辑。

3.1　了解用人单位招聘的底层逻辑

在正式求职前，毕业生需要了解企业招聘流程，了解企业的招聘逻辑。

3.1.1　企业招聘的主要流程

大多数企业的招聘流程主要包括六个步骤。

1. 招聘需求分析

招聘需求分析包括确定岗位需求、制定招聘计划、确定岗位要求和职位描述等。企业招聘人员需要通过与业务部门的沟通，明确招聘目的和需求，制定合理的招聘计划。

招聘需求分析最核心的内容是通过分析招聘岗位的具体工作内容和岗位关键业绩，得出该岗位的胜任力模型。胜任力模型描绘了能够鉴别在这个岗位上绩效优异者与绩效一般者的动机、特质、技能和能力以及特定工作岗位或层级所要求的一组行为特征。招聘人员依据岗位胜任力模型获得招聘岗位的人才画像，即最适合招聘岗位的人应该是什么样子的。

人才画像通常包括两大部分内容，用冰山模型（见图 3－1）来展示，第一部分是冰山上的显性因素，如专业技能、学历背景、工作经验、性别、年龄等，这部分内容比较容易被评价和验证；第二部分是态度、综合能力（学习能力、抗压能力、沟通能力等）及价值观、动机等，这是冰山底下的隐性因素，不容易被评价和验证。从人才画像中得出的这些能力素质就是在招聘这个岗位时需重点考核应聘者的能力素质维度。

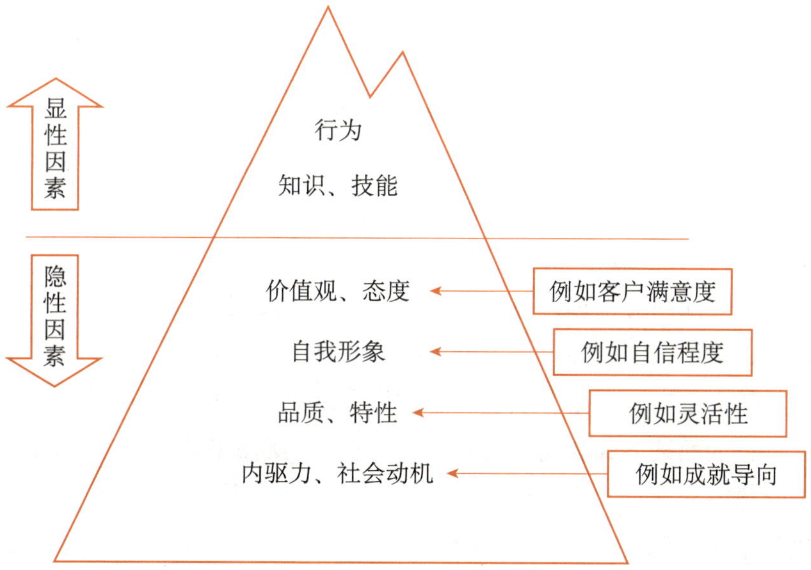

图 3－1 能力素质的冰山模型

2. 撰写招聘启事，发布招聘广告

企业 HR 根据招聘岗位的人才画像撰写该岗位的招聘启事，在启事中明确岗位职责和任职资格等；根据面向的招聘群体选择合适的广告发布渠道。常用的发

布渠道包括：企业官网，社会招聘网站，内部员工推荐，目标高校的就业信息网、就业微信公众号及毕业生微信群，社交媒体，等等。知名度高、招聘需求量大的企业多数会在秋招、春招等毕业生求职高峰到目标高校召开专场宣讲会或参加双选会。

3. 收取及筛选简历

很多企业会通过网申收集简历，也有企业会通过邮箱或线下双选会收集简历。一些大型企业在招聘季动辄收到上万份简历，所以简历初步筛选是一个很大的工作量，这个工作不可能全都由人工完成，往往通过学历、学校层次、专业、专业能力相关的关键词等进行自动筛选。通过筛选后的重点简历，企业招聘人员才会通过人工方式选择进入笔试或面试环节的候选人。

同学们可能听说过企业 HR 用 7 秒钟、15 秒钟看一份简历的说法，似乎有些夸张。事实上，招聘高峰期 HR 每天要筛选的求职简历量非常大，看简历的方式类似关键词搜索、10 秒钟内挑重点。因此，简历重点突出、关键词清晰很重要。撰写求职简历前一定要去了解对你要投递的岗位来说，什么是关键词、什么是重点，以便能在简历撰写时把握住这些关键词和重点，从而进行有针对性的突出，增加简历被筛中的可能性。

4. 笔试、面试设计及实施

通过简历筛选的候选人硬件条件基本符合招聘岗位的基本要求，还需要通过笔试、面试来进一步验证并深入了解。一般对专业能力要求高的企业和岗位会设置专业能力笔试，如软件开发岗、算法岗的招聘，可能还有上机操作的环节，对个性特征要求高的岗位还设有心理测评环节。

较短面试时间内对候选人进行准确甄选是有难度的，面试方式的选择、面试题目的设计、面试官的选择等都可能影响到面试的有效性。所以，企业 HR 会根据岗位的胜任力模型、根据考核应聘者的能力维度、根据不同面试方式的考察原理等设计合适的面试方式和面试流程，设计科学的面试题目、有效的面试评价方式，选择合适的面试官并进行培训。

面试评估是招聘工作中最重要的环节，一般面试至少有两轮：侧重面试专业能力和发展潜力的专业技术面试和侧重面试综合素质、价值观、求职动机等的 HR 面试。一般情况下，面试官通过事先确定的面试方式对候选人进行面试、评分。HR 需要根据面试评分情况对候选人进行评估与反馈，还要结合候选人的薪酬期待、优秀程度及候选人到岗的可行性、稳定性等因素综合考虑面试结果。

通过面试只能测评到能力素质冰山模型水面上和上下临界值的部分；要测评“水面下的冰山”，可以用心理测评部分性达到目标。

5. 候选人背景调查

如果招聘岗位特别重要，还可能会有候选人背景调查这个环节，如公务员录用过程中的政审环节，一般候选人背景调查包括验证候选人的资历、社会背景、诚信情况等。

6. offer 发放和入职管理

offer 发放和入职管理是招聘工作的最后一步，包括 offer 的发放、签约、入职前培训、入职后跟进等。

3.1.2　企业招聘的底层逻辑

根据以上招聘流程，毕业生需要了解的企业招聘底层逻辑是：

（1）企业在招聘前对要招聘的岗位需要什么样的人是有清晰预期的。

（2）这个清晰的预期在简历筛选环节主要聚焦在专业技能、通用技能与自我管理技能三方面；到面试环节，除了这三方面能力外，还包括求职动机、价值观、个性特征等的匹配。

（3）企业依据上述能力素质预期来筛选简历、设计面试方案、进行面试评分。

（4）企业招聘就是筛选出哪些应聘者跟招聘岗位的人才画像最为接近。

此外，由于企业要考虑稳定性和成本，在甄选过程中合适比优秀更重要。不论是简历筛选还是笔试面试都是有误差的，也无法测评一个人的所有能力素质。因此应聘过程中要尽最大可能去展示自己，但不可以成败论英雄。而且招聘是双向选择的过程，企业在选择适合的毕业生，毕业生也在选择适合自己的岗位、适合自己的企业。

3.1.3　大学毕业生应聘的底层逻辑

毕业生在应聘过程中，总是觉得企业 HR 是掌握自己生杀大权的人，应聘时往往过度紧张。其实，对企业 HR 来说，招聘也是一件难事：由于双方信息不对称，企业要想快速、准确、有效地判断一个人的技能，尤其是通用技能、自我管理技能、价值观等软性能力的难度非常高，“水面”下的很多素质都很难被准确测评。不少毕业生会参加面试培训班，通过面试训练大大提高了面试过程中的伪装性，增加了企业筛选合适候选人的难度。这也导致企业在招聘中更爱用更容易评价的硬性条件来评价候选人，比如更偏爱那些在与招聘岗位类似的岗位上有实习经验或有与岗位职责类似科研经历的候选人。

对毕业生来说，建议不要伪装，但要做充分的准备，通过提高应聘过程中的自我展示程度，帮助企业进行高效的甄选。企业希望雇用的是有能力胜任工作的人，而不仅仅是有过经验、胜任过工作的人；虽然二者有相关性，但并不完全是一回事。因此，毕业生在应聘过程中要明确以下几件事：

首先，理解企业招聘的底层逻辑和招聘过程中可能遇到的困难、困惑，做好自我经历的深度挖掘和岗位能力需求的匹配，在简历撰写与面试中清晰地、重点突出地展示出来，降低企业甄选的难度。

其次，认识到很多工作需要的技能是相通的。如果申请以前没有相关经验积累的岗位，一定要强调自己具备可以迁移到该岗位上应用的通用能力，如学习能力、组织能力、沟通协调能力、项目管理能力、创新能力、资源整合能力、演讲表达能力、书面写作能力等，方便企业判断与招聘岗位能力需求匹配的情况。不管是在简历撰写还是面试中，都不仅要展现自己的经验、成果，还要尽量充分挖掘经验中的能力，与经验一起表达出来。

再次，不一定要百分之百符合应聘岗位要求才去应聘，尤其是对本科生来说，绝大部分本科生在刚毕业时是达不到企业需求的，需要在未来工作中继续培养，因此企业更看重的是毕业生的基本素质，能力层面达到 70—80 分的匹配程度就可以尝试应聘。

最后，在介绍经验、展示能力时，尤其是面试过程中，可以多讲细节，配合部分感受的反馈，帮助企业判断你讲述内容的真实程度。

3.1.4 求职前的求职目标信息梳理

前文介绍了开展行业信息、企业信息、岗位信息等信息搜集的方式，确定了求职目标。简历撰写前，要根据应聘岗位相关的信息再做进一步的系统梳理。信息梳理的过程可以参考图 3－2 进行。

这个目标岗位的信息就是后续应聘过程的基础，求职简历撰写、面试准备过程要针对以上岗位信息有重点地展开，在后续应聘过程中，如有新的信息补充，可对以上信息更新完善。

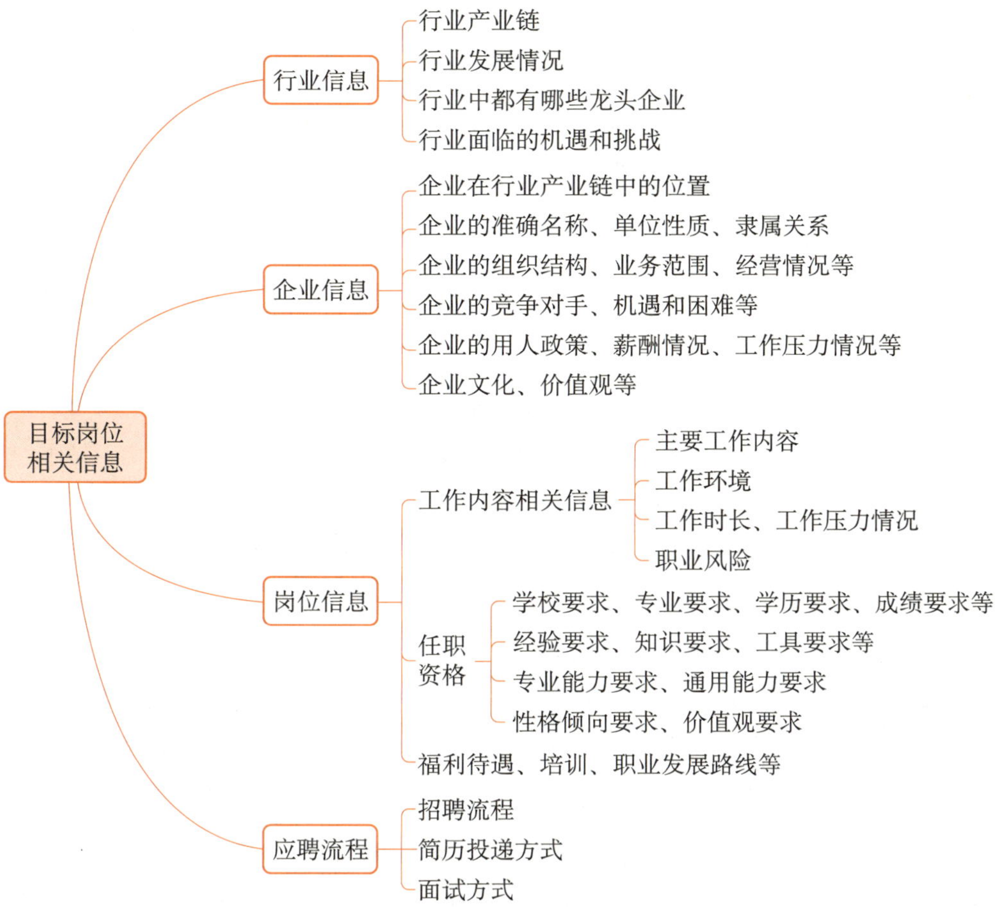

图 3-2　目标岗位信息梳理框架

3.2　针对性提升职业素质与专业技能

了解了用人单位招聘应届毕业生的底层逻辑，同学们面临的最重要的任务是针对性地提升自身职业素质与专业技能。鉴于大学的评价体系与职场的评价体系并不一致，了解职场对优秀员工的评价标准是同学们大学期间的重要任务之一。

3.2.1　大学生到职场人的素质能力转化逻辑

2014 年，一篇题为《大学生，你不失业谁失业?》的博文在网上被疯转，以下是摘录的部分内容：

> 上大学填报志愿时不知道自己的兴趣特长，大学毕业找工作了同样不知道自己的兴趣特长。自己都不认识自己，还有谁能认识你？
>
> 学技术不肯动手，学理论不肯动脑。等待你的除了失业还能是什么？
>
> 你说，你修完了计算机基础，但真实水平与小学生大体相当。你的竞争力在哪里？
>
> 你说，你修了两年英语，然而，你的水平还没有翻译软件水平高。有哪个用人单位需要你？
>
> 你说，你修了思想修养课，但你根本就没听。请直言，除了在课堂上睡觉的抗干扰能力得到提升外，你在思想修养和道德品质方面还有哪一点比高中生强？如此德行，人家怕你都来不及，还会用你吗？
>
> 你说，你修过阅读与写作，但你读的是手机，写的是微信。对语文水平，你自己都没信心，还指望人家对你有信心？
>
> 你说，你有专业，除了玩手机略显专业外，你能响亮说出自己还有什么专业特长吗？不论什么课，对你来讲都变成了手机操作课。拿笔的时间远没有拿手机的时间多，看黑板的时间远没有看手机的时间多，你让谁去相信你是一个有专业的人？

博文的作者贾少华是一所高等职业技术学院的院长，他描述的各种情况在普通高校及高职院校中普遍存在，值得同学们反思。博文中还犀利地指出了一些同学的消极心态："学无所成，怪学校；考试挂科，怪老师；犯错受罚，怪制度；人际孤独，怪同学；就业困难，怪时代……"希望同学们自我对照，有则改之，无则加勉。

也许有些同学感到委屈：我可一直是好学生，没有贾老师提到的这些问题啊！那么，接下来就要讨论另外一个问题了：大学中的好学生一定会成为职场的好员工吗？答案是"不一定"。虽然好学生和好员工有不少共同点，但成绩优秀的毕业生不一定能成为优秀的员工。其中的原因，我们可以通过以下对比了解一二。

首先，大学中几乎每门课都有清晰的教学大纲，试卷都有标准答案，学生只要把握大纲、跟随老师的授课节奏上好课就能成为一个好学生；如果考试又能取得优良成绩，就是优秀学生了。用人单位对员工的要求是什么呢？虽然单位大都有职位说明书，但很多内容都有一定的随机性。如多数职位说明书中有一项是"完成上级交办的其他工作"，这可能令一些职场新人很好奇："其他工作"包括哪些呢？在实际工作中，有可能是帮主管对其电脑进行软件升级及杀病毒，甚至有可能是帮他取一份客户寄来的快递！有一句流传很广的广告词：“（产品质量/服务）没有最好，只有更好！”麦当劳公司有两条员工守则：第一，顾客永远是对的；第二，如有例外，请参照第一条。这些“规则”常常令职场新人无所适从。因此，习惯于知道标准答案、擅长做选择题的优秀学生，在工作后可能会不知所措，无法顺利地成为优秀员工。

其次，大学里各门功课的成绩几乎都是以个人考试结果计分的，然而工作后，很多情况下要按工作团队进行业绩评估，这令职场新人很不适应。80 后进入职场后，有关“如何管理 80 后员工”的讨论成为人力资源管理领域的热门话题，原因之一就是 80 后员工大多是独生子女，从小被家里捧为“小太阳”，谦让、合作等品质先天不足。遗憾的是，大学教育也没有相应的机制帮助同学们补上这一课，因此他们进入工作岗位后立即“个性凸显”。随着大批 1990 年以后出生的年轻人进入职场，“如何管理 90 后员工”成为新的管理话题。近年来，“00 后整顿职场”的新闻又不时见诸媒体。

最后，大学期间的课程安排往往有很大的弹性，不会周一至周五从早到晚都排满课，加上近年来“必修课选逃，选修课必逃”风气的影响，不少同学以自己“自学能力强，晚上学习效率高”为理由，上课迟到甚至缺勤。大部分情况下，这种做法并不会影响期末考试成绩。然而，绝大部分用人单位的工作时间安排是固定的，这令大学四年已习惯晚睡晚起的新员工痛苦不堪，不少人迟到成为家常便饭且不以为然，认为自己把任务完成好就行了。可惜，大部分主管人员并不这么认为。很多企业将“不迟到、不早退”列为优秀员工的基本条件之一，这又令优秀学生与优秀员工之间产生了差距。

目前，大学评价学生最重要的标准仍然是学习成绩，大多数高校的科目仍然以学习理论知识为主，考试主要考核学生的理解能力、记忆力，而用人单位主要考察实践能力、人际能力、创新能力等。况且，有些学习成绩优秀的同学属于“考试型选手”，甚至有同学一学期不去上课，考试前两周天天去通宵教室，成绩也能达到优秀。所以，这些成绩优秀的同学与优秀员工的相关性就更弱了。

大学期间学习成绩一般甚至中等偏下的同学分几种情况。

一些同学是抱着“考上大学后就可以尽情地玩了”之类的态度进入大学的，进入大学后丧失了必要的学习动力，因此“必修课选逃，选修课必逃”；也有一些同学因为对所学专业没有兴趣，上课时看自己感兴趣的资料而没有专心听讲。以上两类同学往往抱着“60 分万岁”的心态，对学习成绩不是很看重。不过，他们的情况并不相同：前者会将很多时间用在打游戏等消耗性的“爱好”方面，大学几年下来，很可能除了成为“游戏高手”外，没有获得工作岗位所需的素质能力，即使拿到了毕业证，也很难找到一份满意的工作。而那些在自己感兴趣的领域投入了很多时间和精力的同学，能够获得与所学专业不同的素质能力，最终在社会上找到适合自己发展的道路。

有些同学因为家境贫寒，希望经济上尽早独立，上大学后就将大量的业余时间用于打工、兼职。这些同学往往很自立，有很强的主动性和责任感，较早地培养了较强的社会能力，毕业后会很快融入职场，成为优秀的员工。

因此，优秀的大学生不一定自然成为优秀的职场人，成绩平平的“普通”学生也不乏成为优秀职场人者，关键在于大学期间能否获得职场中优秀员工的素质与能力。

由优秀的大学生成长为成功的职场人，应该是同学们接受高等教育的重要目标之一。那么如何达到这个目标呢？同学们需要了解通过高等教育培养社会需要的人才的原理与方法。笔者构建的我国大学生就业能力开发模型（见图 3－3）列举了我国高校人才培养模式提升学生职业素质与就业能力的主要渠道。

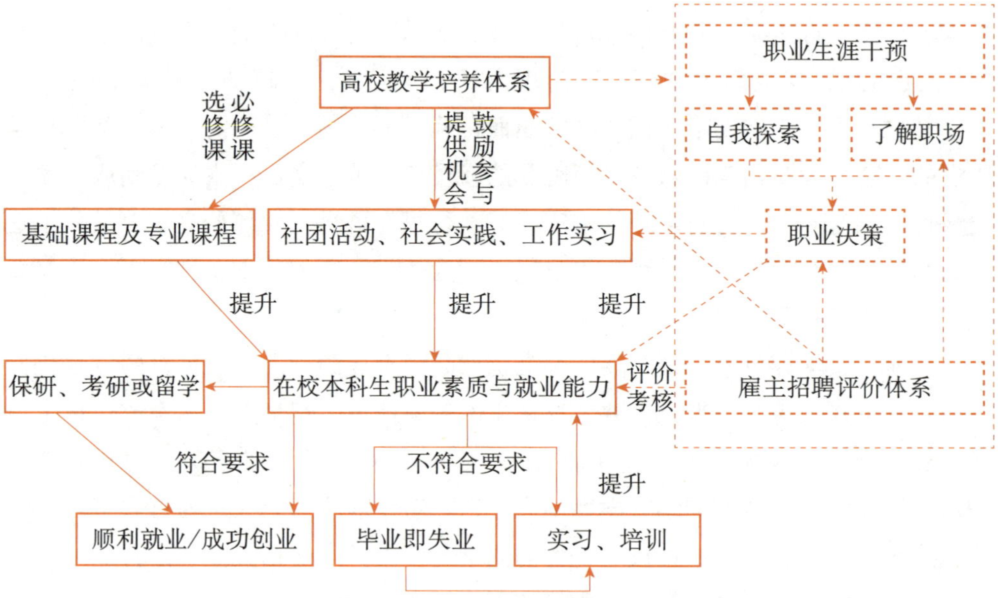

图 3－3　我国大学生就业能力开发模型

首先，高校提供了以讲授基础课程与专业课程为主的知识性教育，学生通过完成必修课和选修课，学习基础理论，掌握专业知识。由于传统教学模式以教师为中心设置教学内容，教学方式以“填鸭式”学科型教育为主，学生对课堂教学缺乏兴趣，培养出的毕业生普遍存在实践性、创新性不足等问题，难以满足经济社会发展的人才需求。

其次，学校通过鼓励学生参加社团活动、社会实践及实习工作，帮助学生提升职业素质与就业能力。高校对学生参加社会实践、生产实习等活动设有学分，一些学校还为学生参与这些活动提供机会。例如，有些高校在大三暑期由老师带队组织学生到专业对口的单位实习。然而，总体来看，学校和学生对这类活动的重视不够，学校布置的暑期社会实践、工作实习等活动对不少学生而言只是走过场，但这些活动恰恰是在校学生认识职业和职场、提升自身职业素质与就业能力的重要环节。

最后，通过职业生涯干预可以有效激发学生提升职业素质与能力的主动性，增强学生的就业能力。职业生涯干预是指通过职业生涯规划讲座、课程、个体咨询、团体辅导等方式，唤醒学生的生涯意识，帮助他们探索自我，认识职场，掌握职业决策的科学方法，根据人职匹配的原则确定职业目标并采取相应的行动，最终获取职业成功的一系列职业生涯辅导活动。目前，国内仅有少数高校对部分在校生开展了较为系统的职业生涯干预活动，绝大多数高校只是在学生临近毕业时提供一些与就业相关的讲座或培训。

图 3－3 右上方大虚线框中的内容是大学生就业能力开发模型的重点。其中，以毕业生的雇主招聘评价体系作为高校培养和提升大学生职业素质与就业能力的重要依据，是笔者在对国外各种就业能力开发模型进行对比研究的基础上，根据多年高校教学、学生就业辅导及人力资源管理实践经验提出的，十几年来在针对本科生和硕士生的教学、咨询、团体辅导中加以应用，很受学生欢迎。积极参加活动的同学，职业素质和就业能力明显提高，在求职过程中表现出色，一定程度上验证了其必要性和有效性。

事实上，高等教育的根本目的是培养符合经济社会发展需要的人才，高校的教学管理工作应重点考虑毕业生雇主的用人需求。同时，职业生涯干预活动是培养和提升大学生职业素质与就业能力的重要渠道。从短期看，可以将雇主招聘评价体系作为高校课程改革的一个重要参考依据，使学生在大学学习期间及早了解不同雇主的要求，确立职业目标，有针对性地提升个人的职业素质与就业能力；从长期看，促使大学生提早进行职业生涯规划，可为其未来的职业发展和人生规划打下坚实的基础。

现行高等教育体制下，如何通过学习和参加各项活动有效地提升自己的素质与能力呢？请同学们根据黑箱原理理解大学期间的个人成长原理（见图 3－4）。

图 3－4 中，左边列举的是同学们大学期间参与的各项主要活动。其中，学习、锻炼身体和实习/实践是学校有明确要求的，学校通过要求同学们参加课程

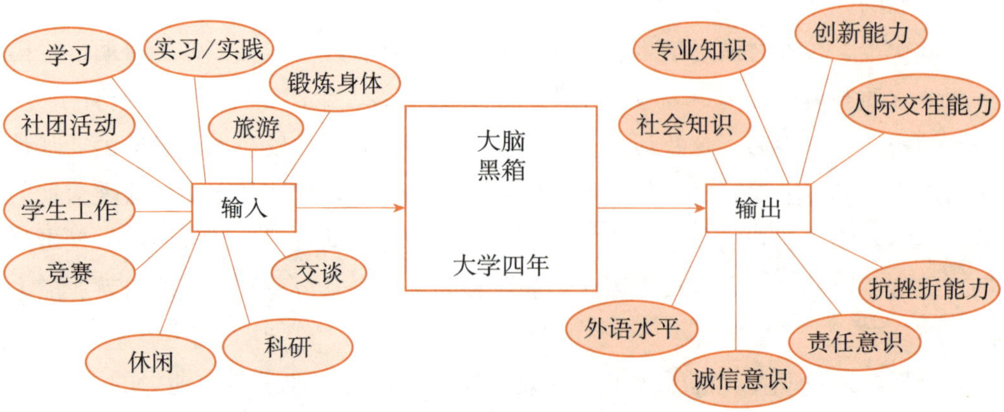

图 3-4 大学期间个人成长原理

学习、修得学分的方式来考核。通过这些课程和活动，同学们学习专业知识，培养和提升学习能力。然而，在目前的高等教育课程体系和主流教学方法下，仅仅达到学习的考核要求、获得相应的学分，并不能保证同学们获得必要的社会知识以及用人单位招聘员工时重点考核的诚信意识、责任意识、创新能力、人际交往能力、抗挫折能力等。

大学期间同学们有很多自由支配的时间，可用于课外学习及休闲活动。这些活动中，有些有助于提升同学们的能力，如看杂书有助于拓展知识面，旅游（特别是自助游）可以锻炼应变能力，与朋友交谈不仅可以锻炼口才，而且能够碰撞出思想的火花。有些活动对同学们提升能力的帮助则有限，如逛街、玩游戏等。同样是娱乐休闲活动，一些人际互动的活动在令人放松、得到休息的同时可以增进同学之间的感情、提升人际交往能力，绝大多数人机游戏则纯粹是在“杀时间”。因此，特别提醒同学们：对休闲娱乐活动也需要做出选择。

对于计划本科毕业后直接进入职场的同学，建议尽早了解职场的规则，尤其是自己心仪的单位及自己希望从事的职位对员工的要求；在大学期间，可以通过学习及参加各项活动，尤其是社会实践、实习、兼职工作，培养、提升自己的相关素质与能力。

同时，同学们要了解各种职位对任职者的要求，有的要求与个人的某些个性特征有关，不是靠自己短期内调整就能够达到的。如果认为自己难以达到某些苛刻的要求，最好及早忍痛割爱，寻找新的目标；实在割舍不下的，就应痛下决心，调整自己。

综上，由于大学中对学生的评价体系与职场中对员工的评价标准有很大差异，优秀的大学生毕业后不一定能够成为职场中的成功人士；相应地，学习成绩平平的大学生进入职场后也可能成为优秀员工。优秀的员工首先要符合岗位的素质、能力要求，同时有主动、负责、踏实认真的工作态度。大学时期是同学们进入职场前的最后一站，要充分利用大学提供的各种机会、平台提升自己。

3.2.2　在校生提升职业素质与专业能力的方法与渠道

2025 年，我国普通高校毕业生规模预计将达 1 222 万人；此前，我国高校毕业生规模连年屡创新高，同时受新冠疫情和经济下行压力增大等多方因素的影响，同期劳动力市场需求减少，就业形势面临着前所未有的严峻挑战。

多项研究表明，不少应届大学毕业生存在职业定位不清、对职场和职业了解不够、自身职业素质不高等问题，找工作时表现为职业意识缺乏、动手能力和实际操作能力差等。与此同时，由于家庭环境宽松，00 后求职者对薪酬待遇的要求普遍偏高。同学们并非为了追求高薪而提出高要求，而是认为自己生活上不能太委屈：如果找份工作养活不了自己，何必要接受呢？大不了等一等，反正家庭有足够的经济实力供养自己。因此往往不愿降低自己的生活水准来迁就“低工资”。

笔者曾在全国多个省（区、市）组织了针对用人单位的调查，在对用人单位进行访谈后发现，用人单位认为高校及大学生普遍存在以下问题：首先，大学生社会实践实习经历不够；其次，大学生中责任心不强、心理素质较差、沟通能力不强、创新能力弱、眼高手低、缺乏团队合作精神等问题普遍存在；再次，不少高校对大学生的培养脱离了企业需求，脱离了市场化的人才培养导向，造成大学生普遍过于理想化，对社会的认识不够；最后，部分高校专业设置不合理，课程多而不精，造成大学生的专业知识基础不扎实。

以上问题很大程度上与同学们进入大学后没有及早开展职业生涯规划有关。事实上，很多同学在顺利地获得大学毕业证书及学位证书的同时，并不能顺利地获得一份工作。要想解决这个问题，同学们必须及早了解用人单位需要什么样的员工，并通过学习、实践等活动提升自己，在毕业时达到用人单位的要求。

因此，大学生在确定了自己的职业目标后，除了完成书本知识的学习，还要根据用人单位的要求努力提高自己，毕业时成为用人单位能够接受的职场新人。要做到这一点，要先了解用人单位对职场新人有哪些具体要求。

先看两则招聘广告。

某互联网公司 Web 前端开发工程师

工作内容：

1. 负责桌面或移动端 H5 页面的开发及调试工作；

2. 结合业务打造满足用户需要、符合用户习惯的高性能产品；

3. 负责功能快速迭代。

任职要求：

1. 2022 年 10 月 1 日至 2023 年 9 月 30 日期间毕业，统招本科及以上学历；

2. 扎实的计算机基础，熟悉数据结构并能熟练使用相关知识解决问题；

3. HTML、CSS、JavaScript 基础扎实，熟悉 ES6、TypeScript 和面向对象编程；

4. 对前端开发有持续热情，有良好的团队协作能力，能独立完成开发工作，做事认真负责，追求高质量的代码交付；

5. 具有良好的沟通协作能力，优秀的分析问题和解决问题的能力；

6. 项目经验要求：熟悉前端工程化和模块化开发，掌握并能熟练应用至少一种前端开发框架进行页面以及组件开发，包括且不限于 React、Vue。

申能集团土地资源开发管培生

工作内容：

形势研判和战略规划、存量资管和项目开发、住房保障和对外开发、立项报批和公共关系、存量资管平台运营管理等。

任职要求：

1. 城市规划、建筑设计、土木工程、建筑管理、管理科学、房地产、经济学、新能源等专业优先；

2. 具备出色的逻辑思维能力、快速学习能力、沟通协调能力和抗压能力；

3. 对土地房屋的开发运营行业感兴趣，致力于成为相关领域骨干人才；

4. 具备复合背景优先。

对比招聘广告中的任职要求描述，很多同学可能有些茫然：怎么没有提学校牌子、学习成绩、奖学金、学生干部啊？怎样才能符合用人单位的要求呢？

针对企业 HR 的调研发现：筛选简历过程中，用人单位比较注重的内容依次是求职目标、专业能力及社会实践经历。一些同学求职简历没有写明求职目标，暗含的意思是："您看看我在贵公司能干点儿什么？"这样的求职简历往往会被忽略。当然，明确求职目标并不容易，前文职业决策部分做过详细分析。

事实上，用人单位在招聘员工时，往往将求职目标、成就动机作为考量应聘者的重要指标，因为目标明确、成就动机强又基本具备岗位所需素质能力的员工更能够取得优秀的业绩。学校牌子、学习成绩、奖学金、学生干部能说明什么？就读的大学是名校，能够说明这位同学高考成绩不错，大学期间所接受的教育比较规范、信息来源较多；学习成绩优秀、获得奖学金，说明善于考试；学生干部的经历往往与沟通能力、组织协调能力相关，但需要具体的事件予以支持。

如果在低年级就能明白这些“门道”、提早做准备，毕业时就会从容得多。因为用人单位对新员工的这些素质能力要求，大都可以通过参加实习实践等活动培养与提升，并非要在全职工作中获得。

有些同学希望毕业后到政府机关当公务员，或进入高校及研究机构成为学者、研究人员。这些用人单位对求职者的要求与企业雇主有很大的差异，同学们在学习期间所需培养、提升的素质与能力也有所不同，请提前关注。

综上所述，如果能够在进入大学后不久就进行职业生涯规划、确定自己的职业发展目标，大学期间就可以根据自己的职业目标及目标雇主招聘、选拔新员工的标准，及早进行相应素质与能力的培养和提升，以便在毕业求职时能够顺利地取得心仪雇主的青睐，得到宝贵的 offer。

此外，近来随着以 ChatGPT 为代表的强人工智能的开发与应用，诸如《ChatGPT 一出，这十大职业可能先丢饭碗》之类耸人听闻的文章不时见诸媒体，其中提到的不乏程序员、数据分析师等技术岗位，广告、记者等媒体工作者，法律助理等法律行业工作者，以及市场分析师、财务分析师、平面设计师、交易员等当前尚属于“多金”职业的岗位。不过，专家也分析了 AI 的短板：缺乏常识、推理能力、原创能力、自我意识及同理心等。因此，从长久的职业发展考虑，不仅要参考上述职业素质与就业能力指标，还须思考针对强人工智能替代人类一些岗位趋势而针对自身优势的发展规划。

工作经历缺乏、沟通能力和动手能力差是用人单位反馈的大学毕业生找工作难的主要原因。因此，大学生应尽早未雨绸缪，在校学习期间就设法积累工作经验，提高各方面的能力，以增强自己的就业竞争力。毕业后希望从事与自己所学专业相关的职业的同学们，在学好专业知识的同时，也需要培养、提升自己的通用技能。建议从以下三方面着手。

1. 培养和提高沟通能力

沟通能力是非常重要的一种通用技能，是用人单位在校园招聘初试中重点考核的基本素质与能力。沟通能力强的同学在面试中往往显得更自信，能够充分展示自己的才能，以赢得更多机会。目前高校课程设置中对学生沟通能力的培养和考核不足，很大程度上需要同学们利用实习实践等课外活动来培养和提高。

沟通能力的培养和提高有多种渠道：在日常生活与学习中，注意与家人、老师、同学乃至商家沟通；养成主动与人沟通的习惯，如课堂上争取主动发言，遇到熟人主动打招呼，甚至通过买东西讨价还价来提高沟通技巧。担任学生干部及承担社会工作的过程中，会有很多机会锻炼组织能力和沟通能力，因此，在大学期间主动争取承担一定的社会工作，通过担任班委及学生会干部为同学们服务、通过参加一些社团活动结识更多志趣相投的朋友，不仅可以提高沟通能力，还可以扩大视野、培养爱好、结交朋友、丰富自己的人生经历。

2. 培养、提升实践、动手能力

实践能力不足也是应届生找工作难的重要原因。可以在理论学习的基础上，通过案例分析、参加科研竞赛等对专业理论知识进行实际应用演练等活动来提升能力：工程专业的学生做实验、设计，计算机专业的学生进行编程训练，会计专业的学生练习做账，金融专业的学生分析股票走势，营销专业的学生进行市场调研、促销活动的策划与实施，等等。高校中也有一些实践环节的训练，如工科专业的实验课及生产实习、课程设计，工商管理专业通过社会调研、实践才能完成的作业。遗憾的是，有些同学将这些要求当成负担，草草应付了事。那些非常认真地按照要求完成各项实践任务、在实践中发现问题再向老师请教的同学，通过完成作业，真正掌握了方法、提高了实践动手能力，在求职面试中也会表现出应有的自信。

3. 增加实践阅历，积累工作经验

积累工作经验的方法有很多。多数高校要求学生大二暑期进行社会实践，大三暑期参加生产实习，这是积累工作经验的好机会，同学们千万不要“水”过去了。在专业课程的学习中完成老师布置的一些需要实践才能完成的作业、练习，以及在大四下学期的毕业论文撰写阶段找到机会参与指导教师承接的课题，都有助于积累非常实用的、与未来工作密切相关的实践经验。此外，一些同学利用寒暑假及黄金周做兼职，不仅能够赚些零用钱，同时锻炼了动手能力、提高了沟通能力，还积累工作经验、为求职简历添上浓重的一笔，可谓一石三鸟。

以上方法已通过成功就业的毕业生学长学姐们亲测有效，也有较强的操作性，建议同学们积极尝试。

总之，由优秀的在校大学生成长为优秀的员工，需要同学们在大学期间就注重培养用人单位需要的优秀员工的一些基本素质和能力。幸运的是，这些可迁移能力并非都需要进入工作岗位后才能习得，大部分可以在大学期间通过学习和实践来培养和提升。

3.3 科学管理求职过程

找工作本身也是一项工作，了解这项工作的主要内容、关键环节、关键考核

因素等有助于我们知己知彼，做好就业前的信息准备、心理准备，更顺利地完成求职过程。

3.3.1　全面了解求职渠道

获得充足的、高质量的就业信息是毕业生求职成功最重要的信息保障。第一，充足的、高质量的就业信息可以拓展毕业生的职业视野。不少毕业生在求职前并没有确定一个清晰的求职目标，而是在求职过程中去了解都有哪些可能的机会。充足而高质量的就业信息能帮助这些毕业生了解更多可能性，进而做出科学的职业选择。第二，充足的、高质量的就业信息促进学生有更多的简历投递，更多的简历投递可能有更多的面试机会，更多的面试机会能锻炼学生的求职能力，提升了最终获得更高质量就业的可能性。根据《2022 届北京高校毕业生就业状况报告》（普通本科院校）的数据，北京地区 2022 届高校毕业生在求职过程中平均投递简历 29.08 份，其中人文学科毕业生平均投递份数达到 39.86 份；分学历比较，硕士毕业生平均投递份数达到 35.40 份，本科毕业生平均投递 21.71 份。成功就业需要有一定数量的简历投递量做基础，充足的、高质量的就业信息确保了高数量的简历投递。同时，充足的、高质量的就业信息可以增加毕业生对就业的信心，缓解毕业生在求职过程中的焦虑。

求职过程中毕业生会用到哪些求职渠道？以北京地区为例，《2022 届北京高校毕业生就业状况报告》中对毕业生求职成功渠道的调查显示，毕业生成功求职最主要的信息还是来自校园渠道，40.43％的被调查毕业生选择了该渠道；其次是社会渠道，21.11％的毕业生选择了该渠道；企业自设渠道占到 20.50％。以下分别介绍一下几种就业信息获取渠道。

1. 校园渠道

一般包括本校的就业信息网、就业微信公众号、校园双选会、专场宣讲会等，其他高校的就业信息网、就业微信公众号等。

（1）本校的就业信息渠道。一般包括：本校的就业信息网、就业微信公众号、校园双选会、专场宣讲会、毕业生班级群、毕业生求职微信群、教师推荐等。其中本校的就业信息网、就业微信公众号是应届毕业生求职的首选渠道，因为在这里发布招聘信息的企业，资质是经过学校把关的，就业信息的质量有最基本的保证，尤其是在招聘高峰期在微信公众号上发布招聘信息的，应该是本校重点的就业单位；而且，应届生招聘往往是这些企业最重要的补充员工的渠道，本校也一定是这些企业最主要的目标高校之一。所以同学们成功应聘的可能性更高。

此外，企业还会参加学校组织的双选会或进校园召开专场宣讲会。双选会是学校组织的很多企业参加的招聘活动，有时是某个地域组团的双选活动或某个行业企业组团的双选活动，有时就是学校发起报名，有意愿的各类型企业参加的综合双选活动。双选会一般都会在召开之前发布都有哪些企业来参加、这些企业都要招聘哪些岗位等。

双选会的优点是参会企业多、招聘岗位多样，可以在现场海投简历，有些企业还可以现场进行简单的面试，所以大部分情况下毕业生可以有机会跟企业 HR 当面交流了解招聘企业情况。缺点是来的企业不一定适合自己，不一定和自己专业对口；参会学生较多、热门企业需要排队等待。所以参加双选会前，需要做一些信息搜索功课，对照学校发布的参会企业名单做初步的信息搜集，在事前的功课中先把企业按照自己的感兴趣程度分类，分为重点企业、兴趣企业、一般企业。对重点企业、兴趣企业做一些更深入的信息搜集，了解这些企业所属行业、主营业务、大概招聘哪些岗位等，对可能对口的企业、意愿度比较高的企业做重点标注。参加招聘会首先应尽早，越早就越有机会跟企业多沟通；其次是按重要程度安排自己投递简历的顺序；最后是对特别感兴趣的企业，想办法创造招聘会之外的接触机会，如帮助企业做一些服务工作等。

企业宣讲会是指企业到学校来召开的只有这一家企业的招聘活动，来学校组织宣讲活动的企业一般是招聘规模较大、有一定的实力、在行业里较为有影响力的企业，同时也是对学校毕业生招聘意愿度较高的企业，所以是值得毕业生特别关注的招聘信息。一般高校的就业信息网都有宣讲会信息发布的专栏，在信息发布时对招聘企业的介绍、招聘岗位的详细要求、薪酬待遇、职业发展等信息大概率会同步发布。企业在宣讲会现场也会非常详细地介绍企业情况、招聘岗位情况、企业的用人政策等，是一个非常好的、全面了解招聘企业的机会。

企业宣讲会的优点是可以和企业 HR 面对面交流，更全面、更直观地了解企业内部情况，有的企业还会让参加宣讲会的同学免笔试直通面试。缺点是好的高校宣讲会非常多，一天可能有十几二十场，对毕业生的体力、精力都是个重大考验。

就业中心、学院专业教师的推荐也是一条重要途径，且更为高效和具有针对性，所以在求职期，尽可能与学院负责就业的教师、与就业中心教师保持联系，或密切关注学院或就业中心组织的毕业生求职微信群。

（2）其他高校的就业信息渠道。提醒同学们注意：与自己专业类似的同地域高校的就业信息网、就业微信公众号等都是可用的资源。尤其是所学专业在本校不是强势专业的情况下，更要关注这个专业为强势专业的其他高校的就业信息网、就业微信公众号，借此获得更丰富的就业信息。希望异地求职的毕业生，也可关注该地域的高校就业信息网。如在北京读大学想回生源地兰州工作的同学，可关注兰州大学的就业信息网、就业微信公众号，当地招聘毕业生的企业应该大概率都会在兰州大学发布招聘信息、参加双选会、组织宣讲会等。

2. 企业自设渠道

企业官网、企业专设招聘渠道等是毕业生求职成功的第二大渠道，有一定应届生招聘规模的企业都有自己的招聘渠道，除了官网、专设招聘渠道外，也有小红书、B站、视频号等自媒体账号。这些招聘渠道不但是宣传企业、宣传企业招聘、宣传企业用人政策的渠道，毕业生申请应聘一般也都要通过这些企业自设招聘渠道的网申环节，网申通过之后才有可能进入下一步招聘环节。所以即便在其他渠道了解到招聘信息，最终也要在企业自设渠道里开始应聘的流程。

3. 社会渠道

目前在应届生招聘中使用比较多的社会渠道有智联招聘（https://www.zhaopin.com）、前程无忧（https://www.51job.com）、猎聘（https://www.liepin.com）、Boss直聘（https://www.zhipin.com）、牛客网（https://www.nowcoder.com）、国聘（https://www.iguopin.com）等招聘网站，及“国资小新”微信公众号等。

智联招聘、前程无忧、猎聘等是比较综合类的招聘网站，既有校园招聘也有社会招聘；Boss直聘、牛客网等比较偏重互联网大厂的招聘；国聘网站单设国聘行动专栏，专门发布国企央企的招聘信息；国资小新是国务院国有资产监督管理委员会新闻中心的新媒体统一平台，其中“国资小新”微信公众号里有国企招聘专栏。还有一些面向实习生招聘的网站，如实习僧、大学生实习网等。

4. 政府招聘信息网站

各级政府也都设立了招聘信息的发布渠道，如教育部主管、教育部学生服务与素质发展中心运营的24365国家大学生就业服务平台（https://www.ncss.cn），各省（区、市）教育系统就业中心的就业信息平台等；浙江人才、江苏人才、南方人才网等省（区、市）人才市场网站；发布公务员、事业单位招聘信息的中国人事考试网（http://www.cpta.com.cn）、国家公务员局（http://www.scs.gov.cn）、全国事业单位招聘网（https://www.qgsydw.com）、中国公共招聘网（http://job.mohrss.gov.cn）、中央和国家机关所属事业单位公开招聘服务平台（https://www.mohrss.gov.cn/SYrlzyhshbzb/fwyd/SYkaoshizhaopin/zyhgjjgsydwgkzp/）、各省（区、市）人社系统网站等。

5. 行业招聘网站

一些行业招聘网站专门发布行业招聘岗位信息，具有更强的针对性，同学们在探索专业相关的就业方向时也可通过行业招聘网站来了解。一般情况下搜索对应的关键词即可找到，如“某某行业人才网”“某某行业论坛”等。

如汽车行业的中国汽车人才网（https://www.carjob.com.cn）；医疗行业的医药英才网（https://www.healthr.com）、丁香人才网（https://www.jobmd.cn）、卫人就业网（https://www.weirenjob.com）；建筑行业的建设人才网（http://www.jsrc.org.cn）、土木人才网（http://tm.rc1001.com）；金融行业的51金融圈（https://www.51jrq.com）、银行招聘网（http://www.yinhangzhaopin.com）；机械行业的机械人才网（http://mec.36hjob.com）；高校招聘的高校人才网（https://www.gaoxiaojob.com）；面向外语专业的外语人才网（https://www.jobeast.com）；电力行业的一览电力英才网（https://www.epjob88.com）、国家电网的电力人力资源网（http://www.cphr.com.cn/4880.html）；军队招聘的军队人才网（http://81rc.81.cn）；等等。

6. 亲友推荐、企业内推等

除了上述海投式的就业信息渠道，更为精准的就业信息渠道是亲友、老师、学长等的推荐；有人际关系的帮助，至少简历能被认真阅读，面试机会大大增加。

还有一种推荐方式叫企业内推，也是求职的一种渠道。内推≠内定，常见的是通过内推码、内推链接投递简历，这种内推方式的效果比较弱，有的企业完全没有作用，但有的企业可以免简历筛选，或直接进入面试或保证简历被优先看到；如果是由作为企业内部员工或实习生的亲友、学长来推荐，效果会好得多。

从以上的介绍中可以了解到寻找就业信息的渠道有很多，但这些信息渠道的有效性是不一样的。《你的降落伞是什么颜色?》一书中提到雇主倾向的填补内部岗位空缺的方式依次是：内部员工补充、看到证据、认识的人推荐、猎头或中介、发布招聘启事和收集简历（见图3-5）。

企业招聘的这个顺序与效率、成本、可靠性都有关系，如有过了解、相互熟悉的实习生是最好的补充人员；内部员工推荐，时间快、成本低，有员工做担保，出现问题的可能性比较小。而发布招聘信息，从成千上万的简历中去筛选合适的候选人，时间周期长、成本高，还不一定能选到企业想用的人。

从应届生求职状况看，最常用的求职渠道就是看招聘启事、投递简历，所以毕业生求职中依赖的路径、方法渠道与用人单位倾向的招人渠道和方式是相反的。

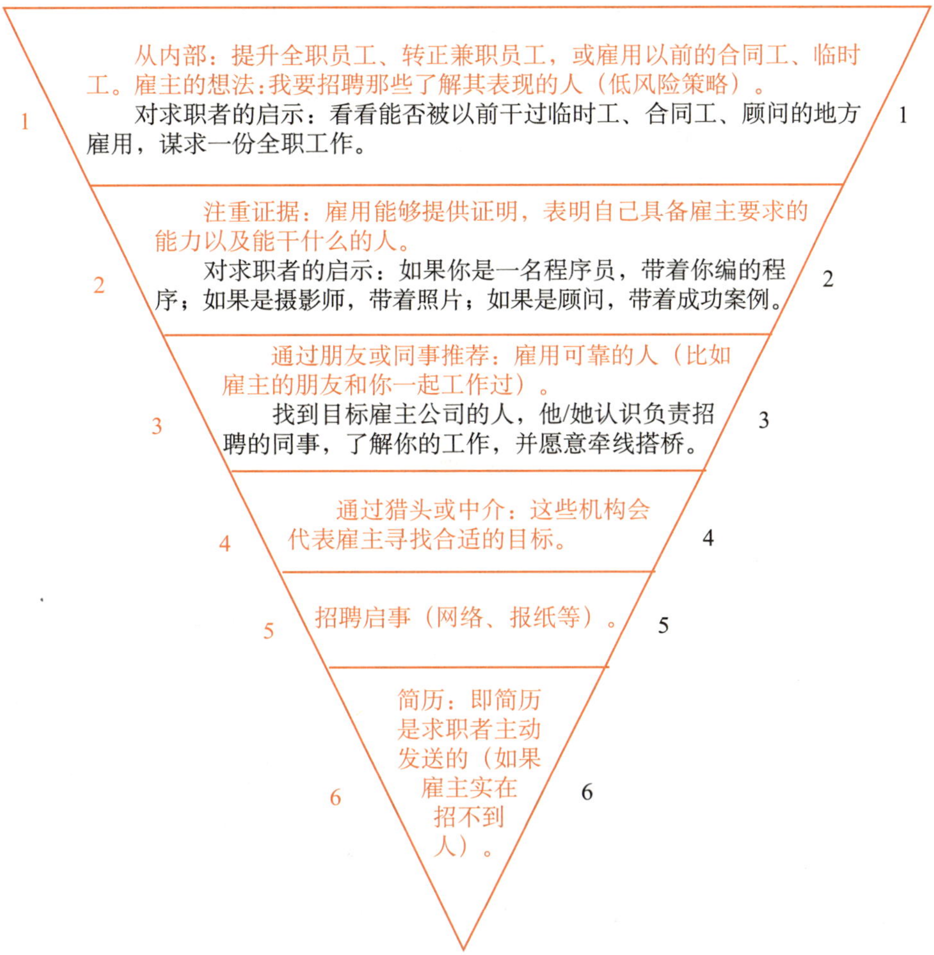

图 3－5　雇主倾向的空缺填补方式

从中得到的启示是：求职中应该积极主动地去拓宽求职渠道，在传统招聘渠道之外，还可以主动去联系用人单位，发动更多的社会资源去助力求职的进程。在就业信息搜集的过程中不能单单依赖网络，网络上优质岗位的招聘信息一定会有大量的求职者去竞争，求职难度很高；要多找身边的资源，学院老师、就业中心老师、学长或提前主动结识想要就业领域的职场人士，提前做好人脉资源的积累。

美国学者马克·格拉诺维特 20 世纪 70 年代在波士顿近郊区域调查了 100 个不同职业的人，其中有 54 人是通过个人关系找到工作的。而这些个人关系中，只有 16.7%是每周至少能见两次面的强关系，其他都是很少见面，甚至一年见不了一次面的弱关系。在实证研究的基础上，马克·格拉诺维特提出了著名的“弱关系力量”假设。这一理论认为在非完全竞争性劳动力市场上，个人社会关系网络中能够给个体求职提供有重要意义的求职信息和帮助的社会关系，并不是那些亲密或熟悉的人（强社会关系），而是那些关系较疏远的人（弱社会关系），弱社会关系比强社会关系更“强”。由于马克·格拉诺维特得出这个理论的研究样本量非常小，弱关系理论仅是一个推测、一个猜想，但也足以给到我们启示——提前进行人脉资源的积累有可能是有意义的。

当然，最高效的求职方式是提前实践，早去企业实习。实习不但能帮助我们深入了解职业、了解企业，为就业选择打好基础；同时也是能力提升、积累行业经验的重要方式，如果能在实习后留在实习企业工作，更是一举两得，不用经过痛苦的求职过程。

3.3.2 选择适合自己的求职策略

求职是重体力劳动，很多毕业生会在求职高峰期每天忙碌地穿梭于各种招聘会、面试之间，身心俱疲。在众多的招聘活动中，怎么既能充分利用就业信息，又避免陷入耗时、耗力、耗财的求职奔波中？

1. 了解求职的节奏

毕业生招聘分为秋招和春招，通常情况下秋招的招聘信息量、招聘企业质量更胜一筹。但是不同学历之间、专业之间在招聘节奏上会有差异，如偏文科的专业可能春招的招聘需求更多一些。

一般情况下，毕业生的求职从 9 月份秋招开始，求职进度比较快者 10 月至 11 月就拿到了企业录用，结束了求职过程。慢一些的，或是期待的岗位招聘进度慢的、秋季在准备考研的，春招还会继续求职过程。10 月至次年 3 月间是毕业生根据前期应聘情况进行经验、能力弥补的时间段；绝大部分招聘企业次年 5 月底都会结束当年毕业生招聘的流程。

针对毕业生的招聘，不论是秋季招聘还是春季招聘，节奏都是非常清晰的。如秋招，招聘活动会，尤其是线下的招聘活动，9 月、10 月非常密集，11 月份企业招聘的数量就会大幅下降，12 月、次年 1 月可能就仅限于发布招聘信息了。秋招企业一般开放投递简历的时间比较长，简历开放的时间内逐渐开始笔试、面试环节，不安排笔试环节的企业开始面试的时间可能会更早。所以在简历投递环节，投递的时间是赶早不赶晚。

春招一般从 3 月份开始，3 月、4 月是高峰，春招的节奏是短平快。部分企业会把招聘名额分别放在秋招和春招，也有企业秋招是主要的招聘时间，尤其是以招聘研究生为主的企业，这类企业一般春招只是补招。春招一般开放简历投递的时间短，简历筛选、笔试、面试安排非常紧凑，所以春招期间更要提早投递简历，拿到录用后及早做决定。近年来企业启动新一年招聘活动的时间越来越早，一些招聘规模比较大的民营企业，在 4 月、5 月春招补招时可能就开始启动暑期实习生招聘和新一年应届生提前批招聘。

2. 了解求职过程各阶段

了解了招聘活动的大概节奏，毕业生要合理安排自己的求职计划。一般情况下，毕业生的求职活动可以划分为四个阶段：准备期、尝试期、聚焦期、攻坚期。

（1）准备期。第一阶段的求职准备阶段，最重要的是做好求职准备，明确求职方向，做好求职目标的信息搜集，做好求职材料的准备。这一阶段一般是在大三下学期，这一学期，很多企业会开放暑期实习生、暑期开放日的申请，时间大概从 3 月到 5 月，确定了求职的同学，在求职准备的同时可以申请目标企业的实习生或开放日，提前感受求职过程，对企业有更近距离的接触和了解。

（2）尝试期。第二阶段的尝试期是正式开始求职的阶段，从 8 月开始的比较多，但是也有很多企业会在 5 月就开始提前批次的招聘活动，面向紧缺专业、高学历毕业生提前启动招聘流程。所以 5 月到 8 月，是一个尝试、感受、确认求职目标的阶段。这一阶段对毕业生来说主要任务是扩大参加招聘会的面，广泛关注不同类型的招聘会，参加不同行业企业的网申和面试。在参加招聘活动的基础上收集岗位信息，在多投简历、多参加笔试、多参加面试、对笔试和面试多复盘的基础上，积累经验。不管是自己想去的岗位还是不想去的岗位，都应投递简历，有面试机会的去面试。这个过程中，一方面多收集信息，拓展对可能就业机会的了解、拓展对职业的认知、拓展对企业招聘要求的理解；一方面练习、改进和提升，增加对求职过程的了解，明确自己的优势劣势，提高对求职过程的把控能力。

不少毕业生第一阶段只撰写了简历，对求职目标等没有提前的探索和明确，那么在第二阶段就需要在多投、多笔试面试的基础上，完成职业探索的过程，在简历筛选和面试结果的反馈中不断明确自己的积累最支持的求职方向。这一阶段的总体目标是达成练手的目的，对企业招聘流程有较为深刻的认知，对自己的能力优势劣势有较为清晰的把握。

（3）聚焦期。经过第一阶段的信息搜集和第二阶段求职实践的验证和锻炼，到第三阶段大致 9 月底、10 月后，就应该进入第三阶段的聚焦期。聚焦期就不能再不加选择地参加招聘会、投递简历，而应该有较为清晰的职业目标；即便没有清晰的职业目标，也应有较为清晰的求职重点，对自己目前的经验和能力积累可以更支持哪些方向岗位的求职有基本的确定，从而根据自己在就业市场上的比较优势锚定就业方向，而后续的求职就围绕这个求职的重点方向更聚焦地展开。

9 月、10 月作为秋招的高峰期，招聘活动集中、招聘信息海量，信息的筛选工作量很大。目前很多高校的就业网站是可以定制信息精准推送的，如设定行业、设定地域、设定岗位，筛选后就业信息就可以通过微信、邮箱等方式定期推送。毕业生可以根据自己现阶段的求职重点，有选择地参加宣讲活动、有重点地投递简历。明确目标做减法，围绕目标重点发力是这个阶段的主要任务，但是需要提醒的是，成功的投递简历、成功的网申是要以足够的简历投递、足够的网申数量为基础的，所以这个阶段的集中，不能集中成很少的数量，在精力允许、保证质量的情况下还是要确保有一定的简历投递、网申量。

（4）攻坚期。这个阶段大致在 10 月底之后，同学们对各种类型的招聘都比较熟悉了，对企业的招聘需求，对自我的优势、特长、兴趣也有了更深的认识，对自己现有专业积累、能力积累在就业市场上的行情应该有了大致的判断。根据这个判断，设定出自己求职目标的方案 A、方案 B、方案 C。

如果对自己在就业市场上的行情看好，这个阶段就应该紧扣方案 A，围绕目标企业、目标岗位，重点准备、重点突破。如果对自己在就业市场上的行情不够看好，这个阶段考虑的就是调整求职期待，适当降低要求，如在企业层次上、在地域上、在岗位上，根据自己能接受的程度适度调整到方案 B、方案 C，争取先进入行业、进入企业，再在经验积累、能力提升后，调整企业或岗位。

完成整个求职流程后，拿到企业的录用通知，不管是满意的录用，还是不满意的录用，都要做好心理准备，职场与校园不同，工作与学习不同，每个人都会在后续的职业发展中或多或少有心理落差、有新入职的不适应。做好面对不完美的准备，做好入职前的对角色转变的了解和调整。

目前毕业生招聘的一个趋势就是招聘活动开展得过于集中，这几个阶段也可能并没有一个清晰的时间段划分，但是在求职过程中，我们要有这几个阶段的意识，明确求职过程的准备、验证、聚焦、攻坚、调整等重点任务，灵活地在求职过程中进行运用。

3.3.3 开展求职过程的信息管理

求职过程中，充足有效的就业信息是求职成功的重要保证，所以首先要有积极、主动的心态：积极、主动地获取就业信息，积极、主动地扩展就业渠道。就业过程中，越是就业信息不容易获得的岗位求职成功率越高；要想避开激烈的就业竞争，必须主动出击、走别人没走的路，如主动联系意向企业、主动联系意向行业中就业的学长学姐、主动帮助双选会上参加招聘活动的企业、提前到宣讲会现场帮助企业准备宣讲会、主动联系导师寻求就业帮助等。前文介绍过常用的就业信息渠道，也提到要重视职场人脉资源的积累；建议低年级同学要更早地开始就业探索，更早地建立起与职场的链接。

如果已经是毕业生，起码在求职前要了解各种就业信息渠道，可以根据自己的求职目标尽早关注、尽早积累就业信息。在招聘高峰期，每天招聘信息量会非常大，毕业生需要做好就业信息的管理工作。建议尝试以下几种方式。

1. 建立就业信息收藏夹

建议毕业生在自己的电脑里做一个就业信息的收藏夹。在收藏夹中收藏每天都需要浏览的各信息来源网站，包括本校的就业信息网，经过筛选的、有同类专业院校的就业信息网，一些专业的求职网站、人社部门的官网、心仪企业的官网等，方便每天及时浏览一遍。

在不同的求职阶段，对就业信息的搜集重点也会有不同。尝试阶段，搜集就业信息的重点是找信息，扩大就业信息渠道，丰富就业信息的类型，以拓展职业视野，接触更多类型的招聘企业、招聘岗位，是一个广撒网的过程。聚焦阶段，一般要在现有就业信息渠道中做减法，明确哪些渠道的就业信息是重点求职方向，哪些渠道的就业信息质量更高。攻坚阶段，更重点的工作是对现有就业信息进行整理和挖掘，对重点就业方向的就业信息做深度分析和补充。

2. 建立求职进程记录

毕业生在求职过程中会投递的简历、申请的网申量比较大，需要建立一个求职进程的记录文档来详细进行记录，记录自己投递过的简历、申请过的网申、收到的面试通知、对方的联系方式及求职过程的反思和感悟等。格式可以参考表 3-1：

表 3-1　求职进程记录表

求职进程记录表														
序号	企业名称	宣讲还是双选	岗位	岗位主要要求	投递日期	投递网址	账号	密码	联系人及联系方式	是否重点意向	一面	二面	三面	备注
1	华为		硬件工程师											
2														

通过以上记录，收到企业面试通知时可以很快查询到自己投递了什么岗位、这个岗位的任职要求是什么、现在应聘过程走到哪一步，从而减少查询工作量，尽快开始面试的准备工作。在每次面试后，可以把重点面试问题、面试复盘后的反思等写到表格中，以备后续的面试准备时进行参考。

阶段性地对投递过简历、网申过、参加过面试的企业进行分类整理、分析、总结，看看哪类企业你通常都能通过简历筛选，哪类企业的网申你更容易通过，哪类岗位你更有优势，哪类企业或哪类岗位你通过简历筛选的可能性不高，等等。在这样的归类和分析中，可以更深刻地了解企业招聘要求，总结出自己求职过程中的比较优势，指导自己不断完善简历，更精准地投递简历，并在后续面试中更有重点地进行自我展示。

3. 就业信息共享

与有类似求职目标或类似专业的同学组成求职互助小组，分工合作、互帮互助、共享就业信息是一个建议的方式。因为在求职过程中，每天都有大量信息涌出，错过的可能性很高。组成求职互助小组，小组成员进行分工，给每人分配一个重点渠道，每个人在浏览所有信息的同时，在这个重点渠道上做更细致的筛选和分析，选出最有价值的信息，在小组内分享。在减少了每个人的时间投入同时，降低信息遗漏的风险。

同时，小组内的同学可以相互交流参加招聘会、投递简历、笔试面试过程中的心得和体会，可以针对某个求职目标，共同预测面试问题、相互进行面试模拟、共同对已经完成的面试过程进行复盘和分析，这是迅速提高求职能力的一个非常好的方式。小组同学还可邀请求职过程比较顺畅的同专业同学讨论就业信息渠道，讨论简历投递、笔试面试，有时候他们的建议和经验胜过专业老师的指导。

3.3.4 求职过程中的策略及行动调整

求职过程有可能很不顺利，尤其是在目前并不乐观的就业形势下，大学生就业面临很多挑战，所以，求职前要做好不断受挫的心理准备。有同学这样总结求职过程：求职是一个不断被“No，No，No，No，No……”拒绝，终于 Yes 的过程。

在这个不断被说 No 的过程中，首先要了解到求职并不是一个单一考评维度的评价过程，不同行业、不同企业、不同职位对应聘者的要求不同，不存在绝对的优秀，只有相对的适合，所以不要以求职中的失败盲目自我否定，而要保持积极乐观的态度，学会在求职受挫中反思自我、发现自我、接纳自我。同时，在此过程中要不断思考不足，分析改进方式，采取合适的方式进行调整，以实现最终的求职成功。

求职过程中，毕业生需要根据就业市场的情况和自己的应聘情况，对求职策略时时评估与调整，包括对求职目标、简历内容及投递策略、笔试面试等进行调整。

1. 求职目标的调整

求职过程中毕业生的职业目标状态通常是以下三种：第一种，对自己的职业目标比较明确，有较为充分的职业目标探索过程，了解求职目标及自己当前积累对求职目标的支持程度，从求职初期就围绕职业目标开展求职行动。第二种，求职初期并无明确的目标，经过一段时间的求职尝试，对本专业可能的就业去向有了大概了解，在收集可能就业方向的职业信息基础上不断深入反思自己的兴趣优势特点，逐渐明确了职业期待、求职目标，在求职中后期能围绕求职目标进行有针对性的求职活动。第三种，在整个求职过程中都没有明确职业目标，缺乏对自己的清晰认知，明明不同的职业方向各有利弊，在选择职业目标时既想要这个又想要那个，最终导致无法做出决定。这种目标状态下的毕业生可以以专业相关性高、与自己现有积累匹配度高为标准，在求职实践中先验证自己可以拿到什么方向的就业岗位。

不论是处于哪种目标状态下的毕业生，除了在求职尝试阶段尽量广泛地投递简历来验证自己的专业积累外，在后续求职中都需要明确方向，包括在地域上、在行业上、在岗位性质上的大概限定。可能是一个方向、也可能是多个方向，求职过程中的精力有限，不可能关注太多，所以方向不能太宽；同时要考虑到单一求职方向可能的风险，方向也不能太窄。不论这个方向是真实期待还是结合专业方向确定的最对口方向，起码在阶段性求职中要以这个明确的方向为重点，这个明确的方向能指导求职中每一步的阶段性重点聚焦，不会在多而繁的就业信息中遗漏重点，在简历调整、面试中能更有针对性。

在求职前期，求职目标是拓展，是验证。在中后期要聚焦目标，并根据目标，在企业类型上、在行业分布上、在岗位性质上搭建不同的目标梯队：第一志愿的目标企业和目标岗位都有哪些，这些目标岗位可能略高于自己目前的经验能力积累，蹦一蹦可以够得到的；第二志愿的目标企业和目标岗位都有哪些，这些目标岗位是自己的积累能支持到的；第三志愿的目标企业和目标岗位都有哪些，这些岗位目标离自己的职业期待有一定的差距，却是自己的能力足够支持的，比如目标行业实力弱一些的企业、目标行业上下游的企业、目标行业在其他地域的企业、目标企业任职资格要求低一点的岗位等。

2. 简历内容及投递策略的调整

很多同学在求职前都有一个困惑：简历是应该海投还是只投意向企业、意向岗位？前文提到求职的几个阶段，在不同阶段简历投递方式是不同的：在求职准备期和尝试期，简历投递量是重点，简历投递可以随意投、海投，在此过程中搜集就业方向信息、岗位任职资格信息，在收到的笔试、面试的通知中，感受当年本专业的就业形势和自身现有积累的能力支持程度等，据此决定后续的求职策略是继续扩大简历投递覆盖，还是可以聚焦目标、减少简历投递覆盖。如果就业形势比较乐观、自己的求职目标也比较清晰了，简历投递就可以调整到探索投，在相对比较固定的方向上投递，进一步确认自己的简历是不是有足够的竞争力、是否有足够的笔试面试机会。求职后期，就只在自己感兴趣的就业方向上投递简历。

简历投递策略除了根据就业形势和笔试面试通知情况进行调整外，还要根据面试情况进行调整。从面试中了解某个就业方向上的岗位任职要求、分析自己的胜任情况。如果在面试复盘后对自己的岗位胜任情况有质疑，后续简历投递的方向、数量就还需要进一步调整。

除了对简历投递策略的调整外，对简历内容的修改、完善是伴随着整个求职过程的。在每一个具体岗位的简历投递前，根据具体岗位要求对简历进行更有针对性的修订；在简历屡投不中时，参考成功同学的简历，或寻求专业人士的帮助、寻求同学的建议调整简历的写法；在每一次面试后，根据面试复盘情况更新自己对岗位需求、对自己现有积累、对两者匹配情况的认识，对简历中相应内容进行调整；等等。

3. 笔试面试的调整

笔试面试也是一项技能，可以通过刻意练习提高笔试面试能力。提升方式就是多参加笔试面试，多复盘，根据不足有针对性地复习、练习、模拟，在大量经验积累的基础上，掌握套路，熟悉自己的故事，就能熟练应对笔试面试。

当笔试面试总没有好的反馈时，要及时找老师或找成功求职的同学寻求帮助，请老师和同学帮你一起分析岗位需求、复盘面试过程，找到差距和不足，针对差距和不足进行有针对性的模拟和练习。

从本质上看，求职是凭借自身的实力去寻找能力匹配、符合期待的岗位，但是因为招聘过程的短暂性，求职过程就带了很多不可控的因素，需要毕业生在具备实力的基础上认真对待求职各环节，将求职作为一件重要工作来对待，投入精力分析工作需求、积极行动提高工作能力、根据形势调整工作方法，最终才能有圆满的结果。

大部分毕业生在求职过程中会遇到各种各样的困难，这些困难可能与毕业生的能力积累有关，也可能与毕业生在求职过程中的不合理观念有关。针对本科毕业生就业，有一些常见的误区，这里简单做一下说明：

一是，招聘本科毕业生的岗位很少、岗位质量不高。不同高校的毕业生接收到的就业信息并不相同，研究型高校的毕业生看到的招聘信息多是招聘研究生的；应用型高校的毕业生看到的就业信息多是以招聘本科毕业生为主的。从全国整体毕业生就业情况看，并非学历越高就业信息就越多、就业面就越宽，不同岗位类型有不同的招聘定位，有些岗位适合招聘本科生，有些岗位必须招聘硕士生，有些岗位仅面向博士生。

本科毕业生经常觉得招聘需求不多，是因为自己把目标聚集到招聘硕士毕业生的那个圈子里了。从全国情况看，本科毕业生的招聘需求是远大于硕士毕业生的，博士毕业生的就业面是最窄的。以 2022 年上海电气集团的招聘计划为例，以机械为关键词搜索出招聘机械专业的岗位有 174 个，其中要求硕士及以上学历的岗位有 44 个，要求本科及以上学历的岗位有 130 个，本科学历就满足要求的岗位约占招聘岗位的 75%。

二是，本科毕业生觉得自己专业技能不强。本科生与研究生的培养目标不同，本科生的教育是通识教育，研究生的教育是专业教育。通识是基础，专业是某个方向上的精深。一个本科毕业生能具备本学科的知识框架，具备较好的自学能力，有一些对本学科科研工作的简单理解，有独立开展工作的沟通表达能力，就完全具备了在这个社会上从事一份工作的基础条件。如果一家企业的岗位向本科毕业生开放，通常招聘岗位对专业能力要求就没那么高，这时毕业生不必纠结自己什么都不会，而要思考我会什么、哪些是可以展示的。

本章小结

准备求职的过程应该是一个梳理自我、反思自我的过程，不论后续的选择是什么，这个过程的历练都会让你对自己、对企业需求、对未来成长有更多、更清晰的想法。因此，同学们不必太纠结结果，而应聚焦在积极的行动上。

课后思考与练习

1. 梳理大学期间自己都参加过哪些提升能力的实习实践活动？分别都提升了哪些能力。

2. 思考在实习实践中提升的能力，有哪些与求职目标的能力需求一致？有哪些求职目标的能力需求自己没有关注过，还可以采取什么行动来弥补？

3. 收集关于你求职目标所属的行业、企业/单位、岗位信息。

4. 针对性地分析你当前求职目标的素质能力需求。

5. 尝试通过各种就业信息渠道了解就业信息，查询自己求职方向的招聘需求。

6. 与正在求职中的学长学姐聊聊求职，了解他们的求职感悟，求职过程中遇到的困难、困惑。

推荐阅读

材料 1　态度　行动　能力　资源

——本科毕业生求职的关键词

我从大三下学期开始找工作，先后收获顺丰控股有限公司、正大食品（上海）有限公司等多个 offer，最终入职中建西部建设（广东）有限公司市场营销部。一年时间内积累了一些求职经验，也有不少教训；整理出来希望对学弟学妹有所帮助。下面分为求职前期、中期和后期来分享。

求职前期

一个好的开头、提前谋划是成功的开始，求职前期我做了三方面准备。

（1）积极主动，主动才有故事。我始终认为：人的主观能动性是做好一件事情的基础，求职就像谈恋爱，主动才有故事。求职前期需要主动去请教前辈、老师、自己的亲戚朋友，通过网络学习求职技巧。我从过来人那里学到很多知识、得到很多建议，都对我求职帮助很大。

（2）多去实习实践，更加认识自己。我从大二就开始实习：大二暑假去了政府部门，大三暑假去了国企，大四上学期又去了私企。因为我不知道自己适合干什么，就选择了不同类型的用人单位去了解职场。通过实习，我更加了解自己，清晰了自己的工作能力、工作喜好等。大学期间多去实践锻炼非常重要，职场中的实习实践可以帮助我们认清自我，也能让求职简历内容更加丰富饱满。

（3）做好简历并勇敢投递，试水锻炼自己。大三下学期我就开始做简历、投企业，通过实战锻炼自己、积累经验。第一份简历做得特别粗糙，第一次面试也很紧张。刚开始试着投了几家企业，也有没音信的，参加面试也有不过的。初期的结果并不重要，重要的是迈出了第一步，积累了相关经验，人也变得更加自信。

求职中期

经过求职前期的准备和锻炼，求职中期就容易多了。这个阶段主要是总结经验，多面试、多拿几个 offer。具体要注意以下几个方面。

（1）用好求职工具。“工欲善其事，必先利其器”，要想找到好工作，好的求职 APP 很重要。我主要用到了 Boss 直聘、智联招聘、广西人才网、国聘网、前程无忧、公司微信公众号等等。我用的最多的是 Boss 直聘，因为可以与 HR 直接聊天沟通，直接发简历过去，文件和截图都可以，很方便。公司微信公众号主要用于了解公司情况，便于面试中回答公司的相关问题。

（2）总结经验，不断完善简历内容和面试技巧。9—11 月秋招阶段，很多公司招人，面试机会很多，我们需要不断完善简历内容和面试技巧：改进简历内容及排版、岗位匹配度等；完善面试技巧，总结面试官提问的问题，熟悉面试流程。初期可以在“面试有招”小程序及百度、知乎、小红书等 APP 上学习，但要学会思辨，不能盲目照搬。

（3）保持好心态。求职中期企业很多，投简历也很多。这个阶段比较漫长，顺利拿到 offer 短则一个星期，长则一个月或者更久，需要沉住气、保持好心态，做好该做的事情就好。

（4）保底一个，切勿不拿 offer 或挑来挑去一个 offer 不留。秋招时正好赶上公务员和研究生备考，很多同学不去面试或敷衍了事。我建议尽量先拿到一个保底 offer。备考公务员及研究生很难做到不受外界影响：一边是老师督促你找工作，另一边是同学不断拿到 offer，你肯定会受影响。不如先好好准备面试，在尽量不影响复习的情况下以最快速度拿到一个保底 offer。此外，不少同学顺利拿到了多个 offer，建议切勿抱着“再看看，肯定还有更好工作”的态度拒掉所有拿到的 offer。

求职后期

求职后期阶段，我有几点建议。

（1）别再等了，赶紧入手一个 offer。春招（2—5 月）就到了求职后期，很多公司主要招聘研究生和博士生，普通本科同学会发现春招投的简历很多会石沉大海。因此，对于还没拿到 offer 的同学，建议赶紧入手 offer，否则越挑越焦虑。我是一名党员，对于还没找到工作的党员同学特别说一句：积极就业是作为一名党员的责任。

（2）做好其他事情再去拿 offer 的公司实习。对于拿到 offer 的同学，建议在做好其他事情（如完成论文初稿、考完公务员等）的情况下去参加毕业实习。我 2022 年 12 月 13 日就去企业参加毕业实习了，和我一起去的还有考公务员的同学，我们都出现了同一个问题——因为实习影响到了写论文和考试。因为自控力不强，实习上班回来又累，就没有好好去写论文及准备考试。因此，建议准备秋招后去实习的同学切勿着急，先把自己最重要的事情做好再去实习。

(3) 分析你的资源再做出选择。求职后期，对于拿到几个offer的同学，建议好好分析自己的资源，包括自身的核心竞争力及其他社会资源。我从几段实习和工作经历得到的最大收获就是：善于整合资源对成功的帮助特别大。这个收获是我付出了惨痛教训之后才领悟到的人生道理，应该会是我今后工作最重要的认知与行动指导思想。

最后，针对求职给学弟学妹们几项建议：

● 积极主动。积极竞选学生干部、主动做事。要相信你现在做的事情，一定会有回报！最直接的回报就是你的简历可以更加饱满、面试综合表现可以更好。

● 从大一开始，做好规划、积极参加社会实践。建议大学期间可以尝试不同性质的实习工作，更加了解自己、为就业做好准备。尤其是对我们这种普通二本院校学生，面试时HR会更看重你的社会实践经历。

● 好好学习，争取不挂科、拿一些奖状。刚入学时社团事情比较多，有些同学对学习成绩不太重视。特别提醒：拥有好成绩也很重要！尤其是争取不要挂科，有些好企业是不要挂科学生的。当然，不是说挂科就找不到好工作了，其他方面特别优秀也没问题的；然而，能不挂科就不挂科，挂科后你就得在其他方面花费更多的努力来弥补平衡，这样在求职面试中才会有优势。同时，拥有三好学生、优秀班干部和互联网+等项目的奖状，对于后面求职写简历很有帮助。

● 大学过四级、考驾照。大学中空余时间较多，大家一定要去考驾照和考过四级。本人四级没过，找工作时就吃亏了，因为有些企业硬性要求要过四级。同时，大学一定要考到驾照，很多企业要求有驾照，尤其是销售岗位。

● 多锻炼自己的语言表达能力和自信心。求职面试阶段拥有良好的语言表达能力和自信心是非常有帮助的，会给HR留下良好的第一印象，尤其是无领导小组面试时，会碾压语言表达能力不好及自信心不足的同学。

● 保持谦虚，保持学习。实习中我与职场人士接触，很大的体会是要保持谦虚、保持学习，懂得人外有人、天外有天，永远不要觉得自己很厉害，在自己很顺利时尤其要戒骄戒躁。

● 拥有长期主义思想。这是我后来体会到的。我是挺浮躁的一个人，很多时候急于求成。然而，人生是一场马拉松，需要用长期思维去看待。找到了工作，工作后又是一个新的开始，需要不断努力、长期发展。没有考上“双一流”高校的学弟学妹们，不要放弃努力，反而需要更加努力！相信人生是一场马拉松——你的现在并不代表你的未来，未来还很长、学会长期主义。

最后，祝大家在各自的领域闪闪发光！

（作者为广西财经学院本科毕业生）

材料2 积极行动、勇于求助

——本科毕业求职、通过实习入职的经历

孟晓丹

虽然大一就确定了本科毕业后就业，但我一直未准确定位就业目标，大三下学期4—5月份别人陆续找工作时，我还迟迟定不下目标。刚好学院办了经验交流会，学姐们的分享与真诚建议对我影响很大，对我确定就业方向和求职路径起到了很大作用，我开始了行动。

交流会之后，我就在智联招聘的职位选择中按照分类将大部分职位浏览了一遍，确定了供应链和采购的求职方向，同时，关注了30多个不同的实习公众号和一些大公司的招聘公众号。因为随大流想进互联网和大型公司，所以我首选小米、京东，其次是联想。选择联想是因为它的企业文化是“说到做到”，这一点与我的做事理念不谋而合。

不久后看到联想发布了实习招聘，随后报名、参加电话面试，成功进入面试环节。说的轻松但具体过程并没有大家看到的那么顺利：找工作期间，我总是陷入深深的自我怀疑；之前海投的很多公司都没有回音。不过，即使自我怀疑我还是坚持一次次投递，收到面试通知时心情极度复杂，激动与恐惧并存。

去北京前的晚上因为害怕面试过不了，脑子里一直有个念头挥之不去：“不要去面试、不要去面试……”第二天早上5点朋友叫我，出租车司机已等在楼下，纠结万分，还是决定去参加面试。现在回想起那时的决定，虽然当时对面试结果的未知恐惧万分、想要退缩，但我还是迈出了那一步，没有被想象的恐惧杀死。到了联想才发现，其实面试更像朋友聊天，只要正常发挥就OK。真诚希望大家在找工作阶段不管遇到什么困难，都要坚持勇敢踏出第一步，你会发现情况并非想象的那么可怕，不要执着追求完美、让自己坚持下去就是成功。

实习过程中感触最深的人和事——朋友和校友的帮助

因为工作需要，经理只给了我三天时间准备入职，我立马在“自如”上找到了房子。但到了之后才发现新公寓没有Wi-Fi，离地铁站也很远，快递站也不完善，跟APP上的介绍相去甚远，这让初到北京的我直接崩溃。还好管家很快给我找了样品房，知道我没吃饭还给带了零食，让我感受到了人性的闪光，但我真的不能在那个周围毫无人烟的漂亮公寓生存。所幸学校职业发展群里的校友吴迪及时帮我找了合适的地方，还和吴搏一起帮我搬家。房子虽老旧，但车水马龙、设施完善，是我真心喜欢的地方，真是开心万分。

这里想跟各位说：第一次去异地，或许一切都不完美，但正因为这些不完美才更能感受到朋友、家人甚至陌生人的高贵品格和无私帮助，请相信一定会有人关心你。吴迪跟我之前没见过面，但她作为校友的无私帮助让我很快安定下来，她对生活、对他人的态度一直都在感染激励着我。

面对工作中的强者和压力，如何调节——经理和顾问的支持

打击比我想象的来得更快更猛烈。入职后才知道原来BTIT大部门实习生中不乏海归，清华、北交、南开等名校硕士，而我是唯一的本科生，压力陡增，与我一起入职的是一位北交硕士和一位哥伦比亚大学硕士。周一刚入职，我还没有认全同事，经理就给了我们100多页的英文PPT，让我们自学系统的操作流程和字段。所有人都在高速工作，紧张的工作氛围、新人的压力和全英文的系统把我吓懵了，哥伦比亚大学、曼彻斯特大学……我从未想过自己刚入职就要和这些名校毕业生一起工作，甚至竞争。那一周我工作时说话都如履薄冰，但这也激活了我的好战因子，成了我学习的最大动力，每晚研究那些文档到深夜。虽然确实没有其他两位表现好，但还好没掉队。在快崩溃前我找经理谈话，他的一句话激励我走过了最艰难的前三个月："我可以允许你现在比不上他们，但三个月后我希望你能追上甚至超越他们。"从那以后，我全力以赴，抓住可能的机会去学习研究，对业务、对系统越来越熟练，每天都觉得自己在成长。

最开始工作时，大神会多得超乎你想象；但请不要恐惧，定好自己的目标，努力努力再努力，一定会有回报。

实习过程中遇到的转正问题及心路历程——10月的抉择

生活还在继续。我实习了两个月后的10月，各种网申也都快要关闭了；但我每天忙碌到一点时间都没有，联想校招一般都是硕士学位起，加上经理一直不透露部门是否还有转正名额，让我觉得希望渺茫。每天繁忙的工作让我筋疲力尽，如果分神去参加网申校招就相当于要放掉手头很多重要的工作，对我的学习是一个巨大损失，且这也意味着要放弃现在这个职位；可如果不参加网申就相当于放弃了最关键的校招，可能导致实习结束后找不到工作。团队还在不断招海归，每次进来一个新人我的心都要揪一下，每天下班走在去地铁站的路上我都纠结痛苦，崩溃过好几次。

在必须做出抉择时我想了很久：现在有这么好的经理，老师同事都愿意教我，自己学到的东西又很多，其他公司很难有这么好的学习机会，所以投了几份简历后我还是决定终止校招、重心回归工作。那晚我哭了很久，放弃眼前的机会比想象中更痛苦。好在一个月后就收获了巨大的回报——经理最后决定留用我，

还因为我的学历问题经常跟 HR 开会，最后给了我转正 offer。得知消息的那一瞬间，我被这个巨大的彩蛋惊喜到了。这就是生活吧。

实习中总结的经验和收获

（1）实习前。

1）选择有意义、能学到东西的实习。选实习时可以不在乎工资、不在乎加班，但一定要能学到东西。如果对你的成长没有帮助，即使是知名公司也不要迟疑，立马撤。

2）对于大公司，要关注实习是否可以转正。有些公司招实习生只让他们做一些杂事，我同事之前在一家公司实习时被当作廉价劳动力使用，总是被叫去取快递、端茶倒水、做表格，还没有转正名额，遇到这样的公司请一定要慎重。

3）一个好的直属上司＋好的公司氛围＝perfect。找工作，你的直属上司决定了你的起点、视野高度和思维宽度。如果想快速成长，能够遇到一个跟自己合拍、睿智且有远见的直属上司非常幸运，如果这家公司本身氛围就很好的话那就更加完美。

（2）实习中。

1）新人少说多做，多想一步，专心努力踏实肯干。作为新人第一件事一定是努力努力再努力，少说话多做事证明自己，让别人信任你。最开始做事不要去计较付出多少，而是去看你学到了多少。没有人天生是当领导的，打稳地基、时间久了你自然是同事最离不开的人。公司里很多人的聪明程度远超过你，如果你不是聪明型的，就一定要是那个最努力的，怕就怕比你聪明的人比你还努力。

2）保持初心，确定了就果断坚持走下去。实习时间久了会迷茫这个工作是不是你真的想要的，进银行的会吐槽太枯燥、做采购的会吐槽太累，每个人都很容易陷到自己的工作里，这时一定要跳出思维惯性。每个人的工作都有各自的苦和累，当你迷茫时去看看别人，也许他们的工作并非你想象中的光鲜亮丽。当时你选择的这份工作一定有你看重的方面，请不要轻易放弃，确定了目标就坚持走下去。当然，如果你已确定要换到新的方向，慎重考虑后请不要迟疑、大步奔向你的新方向。

3）做事分清主次。这是我的一个深刻教训，开始工作时我很容易被眼前的事情困扰，如手头本来就有很多工作，但是不同的上级都给你加工作，如果全都接下来，堆在一起一周也做不完，反而会拖延进度，自己还觉得特委屈。这时要冷静下来，尽快与经理沟通确认各项工作的紧急程度，分清主次，请他去跟其他上级协商，不要做了很多事情却忘记了最重要的事情，否则即使你做了很多工作也于事无补。

找工作经验分享

我的求职经历不算丰富，借鉴了很多学长学姐的经验，写下来与大家共勉。

常用的求职渠道：大街网、智联招聘、前程无忧、应届生求职网、中华英才网、Boss 直聘、应届生 BBS、各类微信公众号、QQ 群。

对于尚未确定方向的同学，最实用的方法是登录求职网站查看职位选择，针对职位分类一一点击浏览，看完后相信你会对就业有一个大致的方向；请关注“东秦就业”公众号，学校每天都会发布招聘信息；也可以在微信搜索实习、招聘等字段，会有几百个公众号等你选择；还可以微信关注你感兴趣的公司的公众号和招聘号，多了解公司的最新动态和文化背景等信息。如果你确定了目标公司，可以找学长学姐或者在其他论坛等渠道找找内推，内推是所有求职渠道中通过率最大的一种，所以请一定要重视。

（作者为东北大学秦皇岛分校本科毕业生）

材料 3　提升能力、拓展视野

——硕士毕业就职三年学姐反思大学期间课余有助于择业和职场发展的事情

方方

上大学前，我们基本上是沿着既定的轨道往前走。进入大学后，有了更多的自主选择权，更多自主可支配的时间，有不被定义、充满可能性的未来。所以，在校期间做哪些事有助于择业和职场发展？我结合自己的经验和大家聊一聊。

本科阶段

2015 年进入大学时，我是迷茫且无知的，凭着“想到一座大城市看看”的想法来了北航。所幸，第一学期就遇到了职业生涯规划课，遇到了一个非常有爱的学院，使我在迷茫期间设定了目标和计划，在重重迷雾中找到了一些可供参考的路径。

我快速地适应了大学生活，在保持高绩点的同时，积极地投入了学生工作、各类科创比赛、出国交换学习、实习、保研。

学生工作：正式工作之后，周围的人其实不关心你在学生会做过什么事情。但这段经历对我个人来说，非常受益。在学生工作中可以观察自己喜欢什么、不喜欢什么。如我从外联部的工作中、从链接他人的过程中获得了成就感，后来就业时倾向于寻找能接触很多人的工作。

科创比赛：参加科创比赛，能帮助我们深入探索自己感兴趣的课题。这些课题可以转化为我们未来的科研方向或创业方向。同时，在比赛中可以向不同专业的同学学习，这对于丰富自己的认知、扩展未来发展的可能性是非常有帮助的。

出国交换学习：那时国际关系比较宽松，我抓住机会，大三上学期去加拿大交换了一个学期。本科期间出国交换，可以切身感受国外的文化氛围，确认自己是否希望在国外学习和生活。在多元文化环境中生活过，自己的思想也会变得开放包容。不过要提醒大家，注意自己的培养计划，合理安排出国交换时间和课程选择，注意国外成绩和国内绩点换算。

实习：本科实习给了我们低成本的试错机会。如果不知道自己想做什么，就多去尝试。这里的实习，也包括在实验室做科研。对于没有工作经验的人来说，很难通过投递简历找实习。不过，充分调动自己的主动性，多去 networking，你可以发现很多机会。

保研：每个人的时间都很宝贵，如果想在国内读研究生，一定要积极争取保研名额，能保研就不要考研。明确自己学院保研的条件是什么，越早规划越好。在校期间如果明确了自己未来的工作目标，也知道自己的目标对学历要求很高，那就要在保研上多花些心思。不过，大多数市场化竞争程度较高的工作，对能力的要求是大于学历的。所以，如果在校期间没确定未来的工作目标，最好能在能力和学历方面都做好准备。

研究生阶段

常规的研究生学习生活，除了上课，大多数时间围绕科研和实习展开。

硕士期间我在一个科研氛围非常棒的实验室，获得了成体系的科研训练。2 年时间，我从磕磕绊绊地读懂一篇论文，到逐步理清这个科研方向的整体脉络，再到为这个科研方向添砖加瓦。虽然没有继续做科研，但是这个过程却持续出现在日常的咨询工作中，面对新的行业、新的知识领域，从一知半解，到搭建框架、识别痛点，再到提供解决方案。

硕士期间的实习，与本科期间相比目的性更强。我们实验室的同学很多是从暑期实习中获得了留用机会，从而避开了竞争激烈的秋招。我是从提前批中拿到了校招 offer，毕业前先去实习，确认自己和未来工作是否匹配。实习期间，我明确了这份工作能开拓自己的见识、持续提升个人能力、在帮助客户解决问题时收获成就感，所以欣然接受 offer 留下来啦。

工作几年后，再回来看本硕生活，也有几项是我没做过或做得不到位的，拿出来和大家分享，希望能对大家有所帮助。

关注国家政策

读书期间我并没有这种意识，做了几年咨询越发意识到关注国家政策的重要性。从重要会议（如：全国两会、中央经济工作会议等）的新闻稿件和一些规划类文件（如：五年规划等）中，可以看出国家重点发展方向（如：新型工业化、数字经济、商业航天、低空经济等），这些方向既是国家需要的，也是国家会投入大量资源支持的。目前，政府工作把“现代化产业体系建设”摆在第一位，北航学子几乎都可以在现代化产业体系建设中找到自己的位置。从大学时代开始培养对政策的认识，可以帮助我们在在校期间锚定择业目标，减少迷茫，沉下心学习。从迷茫于“学习某专业知识，有什么用?”慢慢地转变为思考“学好某专业知识，能顺应国家发展大趋势，服务于国家发展战略”。

国家政策是随着国家发展不断变化的，长期积累的政策敏感度会帮助我们在未来的职业生涯中快速做出决策。不至于迷迷糊糊随大流入了行，却在中年危机时不知道该何去何从。

培养自己的核心竞争力

学生时代，会为了避免某一门课拖总成绩的后腿，而付出很多努力。但是工作之后，更多的是强强联合，团队合作。当你有别人不具备的优势时，你会成为稀缺资源，变得很抢手。

核心竞争力不是一朝一夕能构建的。经过越长时间积累下的竞争力，竞争壁垒会越高。所以从大学时期就可以开始思考并不断培养核心竞争力。

竞争力可以来自学术能力、工作能力、社交能力、创造力等等。为了识别出自己的核心竞争力，需要多试错，做不同类型的事，或者在小组合作中承担不同的角色，通过对比发现自己的兴趣和优势。

多阅读，多思考

大学以前，我习惯把多读书和语文成绩挂钩（其实相关性并不大)。现在，我更多地把读书和认知挂钩，通过阅读提升认知。大学期间，因为时间相对充裕、学校图书馆有大量优质图书资源，非常适合进行大量阅读。

我个人的阅读习惯是在硕士疫情期间培养起来的。封闭在家期间，和朋友组织了线上读书会，每周阅读感兴趣的书并分享给大家。除了通过组队互相激励的方式培养阅读习惯，还可以从轻松易读的书开始培养阅读习惯。从书中有收获就会慢慢培养起阅读的习惯，进而读得越来越深、思考也越来越多。

给大家推荐几类易读、可能对大家有帮助的书籍。

名人传记。了解他们所处的时代和他们付出的努力，为自己树立榜样。如《毛泽东传》《邓小平时代》《富兰克林自传》《史蒂夫·乔布斯传》《曾国藩传》等。

行业发展史。了解行业竞争格局和前辈对行业的分析，帮助自己确定发展方向，如《芯片战争》《伟大的博弈》等。

公司发展史。如果想了解一家公司的企业文化，提高应聘成功的概率，建议看看与公司有关的书，面试的时候能更好地体现自己对公司的了解和自己与公司的匹配度。如《腾讯传》《高盛帝国》《刷新：重新发现商业与未来》等。

最后，祝大家都可以在这个时代找到适合自己的位置，一路乘风破浪！

（作者为北京航空航天大学本科毕业生、
复旦大学硕士毕业生，目前在咨询公司就职）

第4章

持续完善求职简历　从容应对笔试面试

权，然后知轻重；度，然后知长短。物皆然，心为甚。

——《孟子·梁惠王上》

工欲善其事，必先利其器。

——《论语·卫灵公》

学习目标

本章通过介绍简历撰写、笔试面试准备，让学生了解企业甄选的过程及甄选的标准，帮助学生更好地知己知彼，做好就业准备。

了解了分析了用人单位招聘员工的底层逻辑与应届生需要开展的求职准备，同学们就需要准备撰写求职简历，准备应对笔试面试了。

4.1　求职简历的撰写

4.1.1　求职简历的撰写原则

简历是对个人学历、经历、特长、爱好及其他有关情况所做的简明扼要的书面介绍，是有针对性的自我介绍的一种规范化、逻辑化的书面表达。

对应聘者来说，求职简历是求职面试的“敲门砖”：通过介绍过去的经历，让企业认为你具有胜任应聘岗位需要的知识、技能、综合素质及良好的发展潜力，对你产生兴趣，给你面试机会。简历的“简”指简要介绍，讲主要经验和核心优点；“历”指基于事实，通过展示经历的过程表达出能力。

因此，写出一份好的简历，第一，必须知道胜任岗位需要的知识、技能、综合素质、职业发展潜力是什么；第二，自己有比较丰富的经历，具有或部分具有企业需要的知识、技能、综合素质、职业发展潜力；第三，知道如何在简历中表现出知识、技能、综合素质和职业发展潜力。一份好的简历不是记流水账，而应符合以下四个标准：

（1）定位清晰。合格的简历是有明确的职业目标定位的，最好做到个性化定制，一类岗位要有一个版本的简历，不能一份简历打天下。

（2）匹配关系明确。简历要展示出自己的优势、特长与企业岗位需求的匹配关系。

（3）事实有力。匹配关系的证明依靠的是事实，即通过应聘者的经历经验来证明两者之间是适配的。

（4）简而不单。“简”指简历的撰写要简洁，写重点、写亮点；“不单”指简历不是简单经历的罗列，其中每一条经历的介绍都要展示一些特定的经验、能力或品质。

4.1.2　求职简历的主要内容

一份完整的简历通常包含：求职意向、个人信息、教育背景、科研经历或项目经历、实习实践经历、专业技能和基础技能、所获奖励、兴趣爱好及自我评价等。其中兴趣爱好及自我评价不是必选项，其他内容都是必选项。规范的求职简历中每一类内容应该在什么位置也是确定的，只要不是艺术类、设计类岗位的简历，一般情况下不需要创新，最好按照约定俗成的规范来撰写。

简历中各个部分内容一般情况下的撰写规范如下。

1. 求职意向

指本份简历要投递的岗位，如软件工程师、产品经理、采购工程师等。如果是通过邮箱、企业自设的投递渠道投递简历，求职意向必不可少。意向不明确的简历可能在撰写时就缺少了针对性，HR 看到后会觉得应聘者对企业招聘相关信息做的功课不多、应聘意愿度不高，或是应聘者对自己的职业发展方向考虑不多、还没有坚定的职业目标。

如果是在大型双选会上投递简历，无法提前预知双选会上会出现什么招聘岗位、可能要投哪些岗位，可以按照职业大类来写求职意向，参加双选会时带上不同职业方向的简历，根据情况选择投递哪一个版本的简历。

2. 个人信息

个人信息一般包括姓名、性别、年龄、联系方式等。有些企业对个人信息需求比较多，如果应聘国有企业，可以再加上民族、籍贯、个人照片等。简历上的个人照片应选择职业化的证件照，白底或蓝底最好，在保持真实的基础上稍做后期修饰，不可过度修饰。

可以参考的格式如图 4－1 所示：

XXX

电话：+86 1XXXXXXXXXX　　**邮　箱：jiuyezhidao@163.com**

性别：男　　**政治面貌：中共党员**

图 4－1　个人信息参考格式

3. 教育背景

教育背景一般包括在校时间、学校名称、学院、专业、学历、成绩、排名、主修课程等。如果有多段学习经历，请用倒序的时间顺序排列。不同应聘情况下也可对内容进行删减，如应聘的岗位与专业相关性不高，主修课程就可以不必写或仅列出其中有相关性的课程。如果学习成绩一般，也可以不写成绩和排名。有培训经历，可在教育背景下罗列出参加培训的经历。请参考图 4－2 的格式：

教育背景

2020/09—2023/06　XXXXXXX 大学　机械工程及自动化　硕士（前 20%）

☆主修课程：数值分析 B、三维 CAD 软件建模实验、计算机图形学、飞行器数字化制造技术、金属塑性成形仿真技术

2016/09—2020/06　XXXXXXX 大学　机械工程及自动化　学士(前 15%)

☆主修课程：C 语言程序设计、电路分析、理论力学、材料力学、模拟电路 B、机械制图基础、模具设计与制造

图 4－2　教育背景参考格式

4. 科研经历或项目经历

科研经历或项目经历一般包括起止时间、项目名称、项目内容、所做工作、项目成果等。科研经历或项目经历一般是来展示跟专业相关的专业经验、专业知识、专业技能的。可参考图 4－3 的格式：

项目经历

2020/09—2022/01　非接触应变测量系统　研究生毕业设计

☆课题利用散斑灰度信息对材料变形前、后的散斑图进行相关处理，从而实现面内位移和应变的测量

☆作为课题负责人，翻译了数万字外文文献，完成了论文《基于数字散斑相关方法的应变测量技术研究》

☆在 XX 大学第六届学术论坛中发表了论文《数字散斑相关技术及在拉伸试验中的应用》，获得二等奖

☆熟练使用 CATIA 等 CAD 结构设计软件和 VC++、MATLAB 等编程语言

图 4－3　科研经历或项目经历参考格式

5. 实习实践经历

实习实践经历一般包括校园内的实践经历和在企业的实习经历，前者如学生干部经历、社团经历、志愿服务经历、暑期实践经历等，可以展示的内容包括起止时间、参加什么实践、担任的职务或主要工作、成果等；后者可以包括的内容有实习的起止时间、实习企业名称、职位、主要工作内容、工作业绩等。

实习实践经历主要展示通用技能、自我管理技能等。可参考图 4－4 的格式：

实习和社团经历

2021/09—2022/03　中国 XXXX 行业协会　培训部　助理

☆负责行业企业信息搜索、培训策划宣传及会务组织，针对多类别培训调研培训需求，协助编写培训方案

☆组织“质量管理体系”“医用电气设备安全”“医疗器械临床试验规范”等多个大型培训

2020/07—2020/08　北京 XXX 食品有限公司　销售部　销售代理

☆负责针对东城区部分写字楼公司的月饼产品推广及销售工作，在疫情期间克服重重困难拓展与客户间的沟通渠道

☆通过积极的营销策略为公司赢得 1.3 万元的销售额，销售业绩在同行中列前茅

图 4－4　实习实践经历参考格式

6. 专业技能和基础技能

如果求职意向是研发类岗位，可单独写一项来展示专业技能，如与专业相关的、与应聘岗位需求相关的专业软件和专业工具的使用、资质证书等等。一般简历中还会展示英文能力、办公软件使用能力等基础技能。可参考图 4－5 的格式：

技能

- **编程语言**：熟练掌握 Java 语言，了解 MySQL 的应用，了解 Python、C、JavaScript 等语言的简单应用
- **框架工具**：了解 SpringBoot 框架，懂得 Vue 框架的简单应用
- **其他**：CET-6 (578 分通过)，掌握主流办公软件的应用（MS Word、PPT、Excel、Visio 等）

图 4－5　专业技能和基础技能参考格式

7. 所获奖励

可通过罗列或总结的方式展示就读期间获得的奖励，可以根据奖励的数量、质量等选择带时间或不带时间的格式，可参考图 4－6 的格式：

荣誉奖励

奖学金	国家奖学金，北航之友“小米”奖学金特等奖 (全校 5 名)，4 项校级奖学金特等奖，学业奖学金一等奖
荣誉称号	北京市“先锋杯”优秀团员，校优秀团干部，校级优秀团员，校级优秀生，连续 3 年校级三好
竞赛	连续 4 年全国大学生英语竞赛特等奖，“外研社・国才杯”全国英语阅读大赛一等奖

荣誉奖项

● 2021—2022 年度	XXXXXX大学	校级	研究生学业奖学金二等奖
● 2021 年	XXXXXX大学	省级	北京市优秀毕业生
● 2019—2020 年度	XXXXXX大学	国家级	国家奖学金
● 2017—2021 连续四年	XXXXXX大学	校级	优秀学生、校级一等奖学金

图 4－6　所获奖励参考格式

8. 兴趣爱好及自我评价

列出文体活动等方面的兴趣，可以是特长，也可以仅仅是自己比较喜欢、长期坚持的。可参考图 4－7 的格式：

其他信息

- 自我评价：学习能力强，逻辑分析能力强，具有团队精神，乐观热情，自律高效，擅长与他人交流
- 兴趣爱好：篮球（院班级联赛主力成员）、健身（坚持三年以上）

图 4－7 兴趣爱好及自我评价参考格式

4.1.3 求职简历撰写的重点、难点

从以上内容可见：个人信息、教育背景、专业技能和基础技能、所获奖励等大多为硬性条件，通常按实际情况介绍即可；科研经历或项目经历、实习实践经历两部分展示的是软性技能，是简历撰写的难点，难在如何挖掘核心能力并用书面、简洁的语言表达出来。

假如以华为采购工程师为求职目标撰写一份简历，从招聘启事中可以了解到采购工程师的工作职责包括：

（1）制定产品采购策略，通过甄选优质资源、保障优质供应，实现对全球健康产业链的掌控；

（2）洞悉产业链发展方向、竞合态势，通过供需资源匹配，支撑公司产品开发与发货，提升产品的可采购性和供应连续性；

（3）筹划主导重大采购项目谈判，作为供应商管理负责人，对供应商进行端到端管理，保障项目成功交付，助力公司战略目标达成。

岗位的任职资格要求有：

（1）专业要求：理工类（电子、电气、自动化、通信、仪器仪表、机械工程、材料、计算机、数学、化学、物理等）、法学类（通过法律职业资格考试优先）、合同商务或其他相关专业；

（2）全日制本科及以上学历，良好的英语（或小语种）应用能力；

（3）具备优秀的组织、协调、沟通能力，较强的主动性，良好的团队合作精神；

（4）乐于挑战，能够适应全球各地工作。

根据工作职责与任职资格要求，可见该岗位的能力要求：首先是专业技能上的要求，包括专业背景要求，理工类（电子、电气、自动化、通信、仪器仪表、机械工程、材料、计算机、数学、化学、物理等）、法学类（通过法律职业资格

考试优先）、合同商务或其他相关专业；语言能力要求，英语或小语种均可；岗位知识要求，了解采购的流程；行业知识要求，了解全球健康产业链。其次是通用技能上，要求具备优秀的组织、协调、沟通、团队合作能力。最后是自我管理技能上，要求较强的主动性、乐于挑战、能够适应全球各地工作。

该岗位对应聘者的通用技能和自我管理技能的要求高于专业技能；如果想引起 HR 的重点关注，简历中需要体现出组织能力、协调能力、沟通能力、团队合作能力、主动性、乐于挑战等。

再次强调：HR 需要了解的重点是能力，而非经验本身。从企业招聘的角度看，HR 需要思考如何通过恰当的提问了解应聘者某项能力的真实情况。从学生的角度看，需要思考自己是否具备招聘岗位需要的这些能力，如果有，哪些经历可以支持及如何在应聘过程中更好地展示出来。

1. 能力的拆解与可视化

一份优秀的求职简历并非经验的罗列，也不能靠评价式的语言来展示自己有某些能力，而是要在经验中挖掘出能体现能力的关键点，通过展示完成某项任务的过程，从行为、结果中体现出能力点来。因此，首先得知道这个能力是什么，讲出怎样的故事来会让对方认为你具有这个能力。

以很多企业招聘都非常关注的学习能力为例：学习能力的高低代表了应聘者未来进入岗位之后能在多长时间内胜任岗位的要求；尤其是在倡导终身学习的时代，学习能力在很大程度上预测了应聘者未来发展的潜质。《聘之有道：面试读心术》一书中阐释了学习能力最相关的因素，包括学习兴趣、花在学习上的时间、理解和接受能力、总结能力四方面，在此定义下拆解学习能力如下：

● 学习兴趣。可能的行为有：自主自发的学习，对新知识、新信息的关注，对领域前沿知识的跟踪和了解，等等。

● 花在学习上的时间。某种程度上既能证明学习兴趣，又能证明专业程度。一个对学习有兴趣的人会自主地在学习上投入一定量的时间，只有对学习进行常态化的时间投入，才能保证个体在某方面保持稳定的专业能力。

● 理解和接受能力。可能的行为有：快速吸收并掌握知识，迅速发现这些知识的核心和关键，能把所学应用于工作或者生活。

● 总结能力。可能的行为有：能对所学进行总结反馈，经常性地对项目进行复盘，能在复盘中发现问题并总结经验，在以后的应用过程中不断精进、提炼，并总结出新的知识和技能。

不论是简历撰写还是面试呈现，想强调自己的学习能力，就要从自己的经历中挖掘匹配以上四方面的核心行为，进而将这些核心行为展示出来。在简历中简单介绍、在面试中讲出完整的故事。不管是什么方式，重点是让招聘方更清楚地看到你期待他看到的能力点，即能力的可视化。

所以，如果想让招聘方看到你的某项能力，就要尝试从自己的经历出发思考这个能力的核心行为是什么，挖掘哪些经历有这些核心行为及这些行为的结果是怎样的。招聘过程中，不论是简历筛选还是面试，重点要把这些核心行为清楚地展示出来，而非将整个经历流水账式地进行介绍。

以经常出现在应届毕业生招聘启事中的团队合作能力为例：要体现团队合作能力，首先得有在某个团队中工作的经验，明确这个团队需要达成的目标。执行目标的过程中，为完成团队目标克服困难承担自己工作职责、为团队目标牺牲自己的目标、化解团体内部冲突、分享自己的经验和给他人的支持、调整自己融入团队环境的努力、群策群力克服困难解决团队难题，最终达成团队的工作目标。以上每个行为都能体现团队合作能力，在简历撰写时将这些行为和结果融入到经验介绍中，团队合作能力就体现出来了。

再如主动性：简历中写上自己主动性很强，企业 HR 不会轻易相信，除非你列举自己遇到问题时自发地通过各种方式寻找解决方案；做事情时总会想有没有更好的解决方法，并积极尝试；对被交代的工作总是能比要求的标准做得更高一点。列举出类似行为或结果，将上述关键行为讲出来，HR 看到这些行为就会认为你有主动性。

再如领导力：你的经验中是否有团队组建、任务分配、任务指导、任务监督、团队激励等行为；执行力：你的经验中是否有设定目标、分解步骤、配置资源、推进任务等行为。

要想在简历中展示某种能力，首先要了解这个能力的定义、内涵，结合自己的经验将能力拆解成背景、任务、行为、结果等细节，将这些细节融入到经验的描写中。在简历撰写中，将以这个方式梳理的关键行为展示出来；在面试中，再完整地讲述一个带细节的故事。

2. 自我经历的充分挖掘

接下来看看简历的各个部分分别可以从哪些方面支持求职目标所需能力的展示，以及如何从自身经历中挖掘出这些能力支持来。

（1）教育背景。教育背景中通常用专业名称、主修课程、学业成绩等来展示自己的专业知识背景、学习能力和上进心等，要根据自己想要传达的信息来选择在教育背景中具体放什么内容。如果应聘岗位与自己专业相关性不高，需要通过自学、参加培训等方式补充岗位相关的专业知识、行业知识，通过介绍在培训或自学中学到的知识和技能来表达自己对应聘工作的意愿度及主动性和学习能力。

（2）科研经历或项目经历、实习实践经历。在过往的经验中展示出 HR 感兴趣的软性能力非常重要。通常来讲，科研经历或项目经历中可展示专业经验、专业方向、专业技能、通用科研能力、通用科研管理能力、专业发展潜力、学习能力、创新能力、责任心、专业热爱度等；社会实践经历中可展示通用能力、责任心、主动性等；实习经历中可展示工作职责及成果、意愿度、学习能力、通用能力、责任心、主动性等。

展示这些经历时，建议遵循 STAR 法则。这种常用于结构化面试中讲故事的方法，同样适用于简历撰写中对过往经历的深度挖掘。STAR 法则指在讲一个过往经历时应讲一个完整的故事，完整的故事包含四个要素：

- 情景（situation）：指过往经历发生的情景，包括背景条件、时间、地点和其他相关信息。
- 任务（task）：指这个故事中，应聘者在工作中或项目中承担的角色、面临的问题、需要达成的目标以及在实现这些目标过程中的责任和挑战。这一部分可以同步思考与应聘岗位工作职责的相关性。
- 行动（action）：即应聘者为达成任务所采取的具体措施和行为，包括如何解决问题、制定计划或实施策略。这里需要思考某一行动可以落脚到什么能力上。
- 结果（result）：即任务完成后所产生的实际效果或影响，包括成功案例的结果、改进前后的对比数据或其他能够证明能力的证据。

用 STAR 法则来梳理过往经验，能帮助应聘者了解过往经验中的重点、难点、有成就感的点、创新点、成果等，从而抓到经验中需要展示出来的重点细节，链接到需要展示的能力上；也能够帮助面试官收集关于应聘者与工作相关的具体信息，还能预测其在未来工作中可能的表现，从多角度评估应聘者的能力和经验，确保招聘决策更加有根据和准确。

STAR 法则的重点在行动和结果上：在梳理过往经验时，对行动和结果部分梳理得越细致、越具体越好。选取行为时最好能够体现个人特色，结果展示上应多视角、多方向地看待问题。工作的交付可以是结果，也可以是工作中的亮点。举一个用 STAR 法则梳理科研经历的例子：

2020. 9—2022. 12　　　　数据机床加工实验　独立完成

➢ 阅读大量国外参考文献，设计数据机床加工实验；

➢ 采集实验数据，撰写实验报告。

如果这份简历应聘的是前文的采购工程师岗位，这段经历与招聘岗位的工作职责和任职资格要求完全不相关，可能属于无价值的经历展示。但运用STAR法则详细梳理这段经历的发生发展过程，提取其中的关键行为，可调整为以下内容：

2020.9—2022.12　　　　数据机床加工实验　独立完成

➢ 阅读大量英文参考文献，设计加工实验方案，自发学习仿真工具，在课题组中首个思考并实现远程操作数据机床进行实验，提高了实验便捷性和效率；
➢ 对六台不同品牌、型号的数据机床进行二次功能开发，实现六台机床同步数据采集；
➢ 自发在课题组分享学习成果和操作流程，帮助全组同学提高实验效率。

修改后的简历展示了该同学积极主动的工作态度、学习能力、乐于分享的团队合作精神，可与应聘岗位的能力要求对接，这条经验就有了价值。

再看一个实习实践经历的例子：

2022.9—2022.12　　　　教务助理

➢ 协助教务老师完成教学安排、教学资料整理等工作，给学院老师发送通知，收集学院老师提交的各种材料；
➢ 实习鉴定为优秀。

如果也是应聘采购工程师岗位，这段经历同样也缺乏与其工作职责和工作要求的相关性。通过STAR法则进行梳理、提取其中的关键行为后，修改如下：

2022.9—2022.12　　　　教务助理

➢ 协助教务老师完成教学安排、教学资料整理等工作，实习鉴定为优秀；
➢ 收集、整理、核验课程留档资料，补充、优化资料分类标准，一学期内近千份资料一次性通过教务老师核查，全程无差错，独立编辑完成的材料目录被采用为标准模板；
➢ 快速了解教务工作业务知识与工作流程，在教务老师休病假两周时，克服学习科研与工作的时间冲突，勇于承担并顺利完成教务老师的全部工作。

从修改后的经历介绍中，可以看到这位同学工作的主动性、对工作改进的积极思考、对工作的勇于承担、细致细心的工作态度、对新事物很强的学习能力等，将能力与应聘岗位需求进行了匹配。

在对自我经验的挖掘中，可以通过STAR法则按照图4-8的流程对自己的过往经历进行系统、详细的梳理，从中提炼关键点：

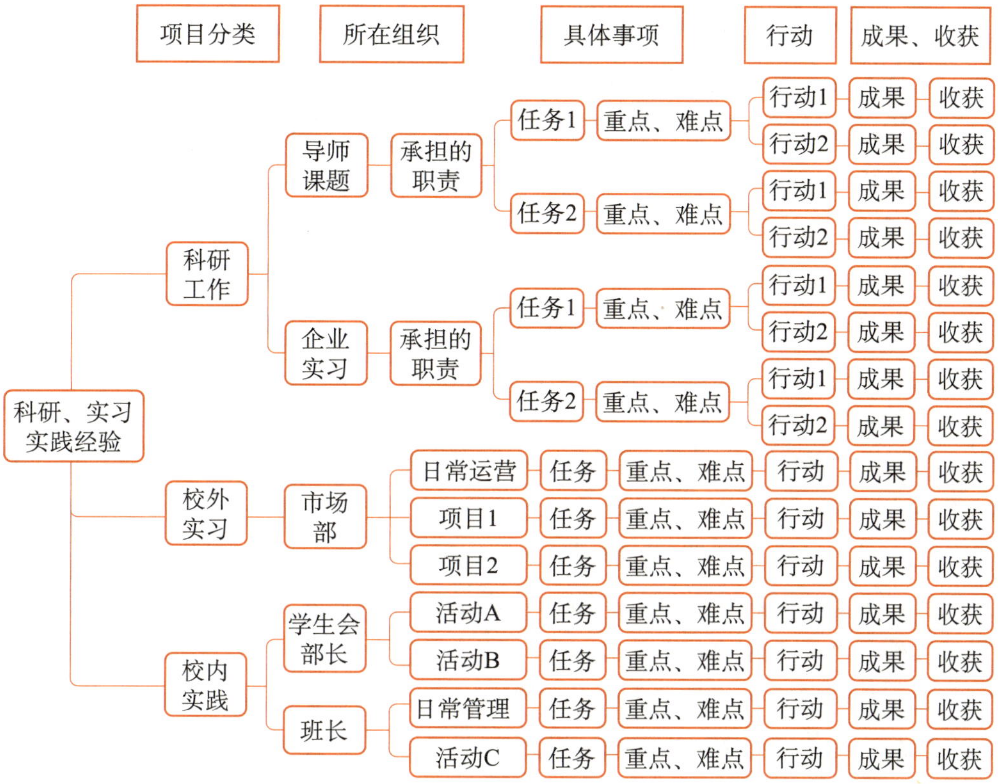

图 4－8　过往经历的梳理与挖掘

此外，还要注意，简历中一般不主动写负面的经历，介绍经历的措辞也有一定的规范：

1）简历中的经历展示以阐述事实为主，不需要抒情，不需要评价。

2）简历中的每一段经历大概包含三到五小段具体工作任务。

3）每段具体工作任务的展示不需要加主语，以动词开头的短句、用“动词”＋“宾语”形式描述，动词要多采用与应聘岗位的工作职责相关的动词。

4）每一小段工作任务传递的信息单一，长度尽量控制在 2 行内，如果句子很长，可能里面涵盖的意思不单一，需要拆分成两段任务。

5）每一段工作任务尽量都有结果的反馈，反馈尽量具体、可衡量，如有数字、实质性产出等。简历中的经历不仅仅是讲做过，而是要讲做得怎么样。

（3）专业技能和基础技能、兴趣爱好及自我评价等。专业技能和基础技能部分主要是对专业技能的总结和对英语、办公技能等基础技能的展示。专业技能的展示先要判断是不是岗位需要的，且最好在经验展示中提到过，英语等基础技能的展示最好有细节，如英语听说读写能力良好，曾参加校级英语演讲比赛获得一等奖等。

兴趣爱好看起来跟工作没有相关性，但它可以展示的是生活态度、生活状态和一些个人品质。如，热爱阅读，平均每年阅读××本书，在豆瓣发表书评××篇。虽然写的是兴趣爱好，但传递的信息是爱学习、爱思考，文字功底也不差。再如，喜欢旅游，独自在10个国家旅行，撰写游记××篇，传递出来的是勇于探索、独立、乐于分享等。

4.1.4 求职简历的排版和格式

1. 排版

网络上有多种简历模板。虽说优秀的简历没有固定版式要求，但并非所有版式都是合适的。毕业生选择时应考虑以下原则：第一，简历版式在信息呈现上要充分利用空间，过于浪费空间的模板不用；第二，选择重点突出、结构分明的简历模板。在美观上，因无法预料看简历者的偏好，可以自己的审美喜好进行选择。几种可以参考的模板如图4-9所示。

这三个模板的共同点就是有清晰的结构、有条理的展示、简单美观的样子，符合这三个条件的简历模板都是可以选用的。

2. 简历要注意的格式问题

（1）简历的篇幅。对应届毕业生来说，简历的最佳篇幅是一页纸。如果你的简历内容无法精简在一页纸上，就调整字体字号等，尽量排满两页纸或至少第二页纸要占到三分之二以上，且尽量把最重要的内容放在第一页上。

对经历的排序一般是按照时间上的倒叙顺序，当经历与应聘岗位的相关性差异很大时，也可以考虑把相关性强、最能够展现个人成绩的经历放在前面。

（2）简历上的字体字号。

1）字体。一般一份简历只用一种字体，如果是电子版简历，微软雅黑的显示效果较好，但打印出来效果一般，建议打印版使用黑体或加黑的宋体，英文简历推荐使用Times New Roman。

2）字号。简历主要用字号来做层次上的区分。为了保证布局简洁，建议不要使用超过3种字号。正文可以选择10或11号字，标题、小标题适当加大字号、加粗，正文不要加粗，尽量不要使用斜体、加下划线等。字号的变化既能对内容做出区分，又增加了对比，让层级区分更清晰。具体说来：

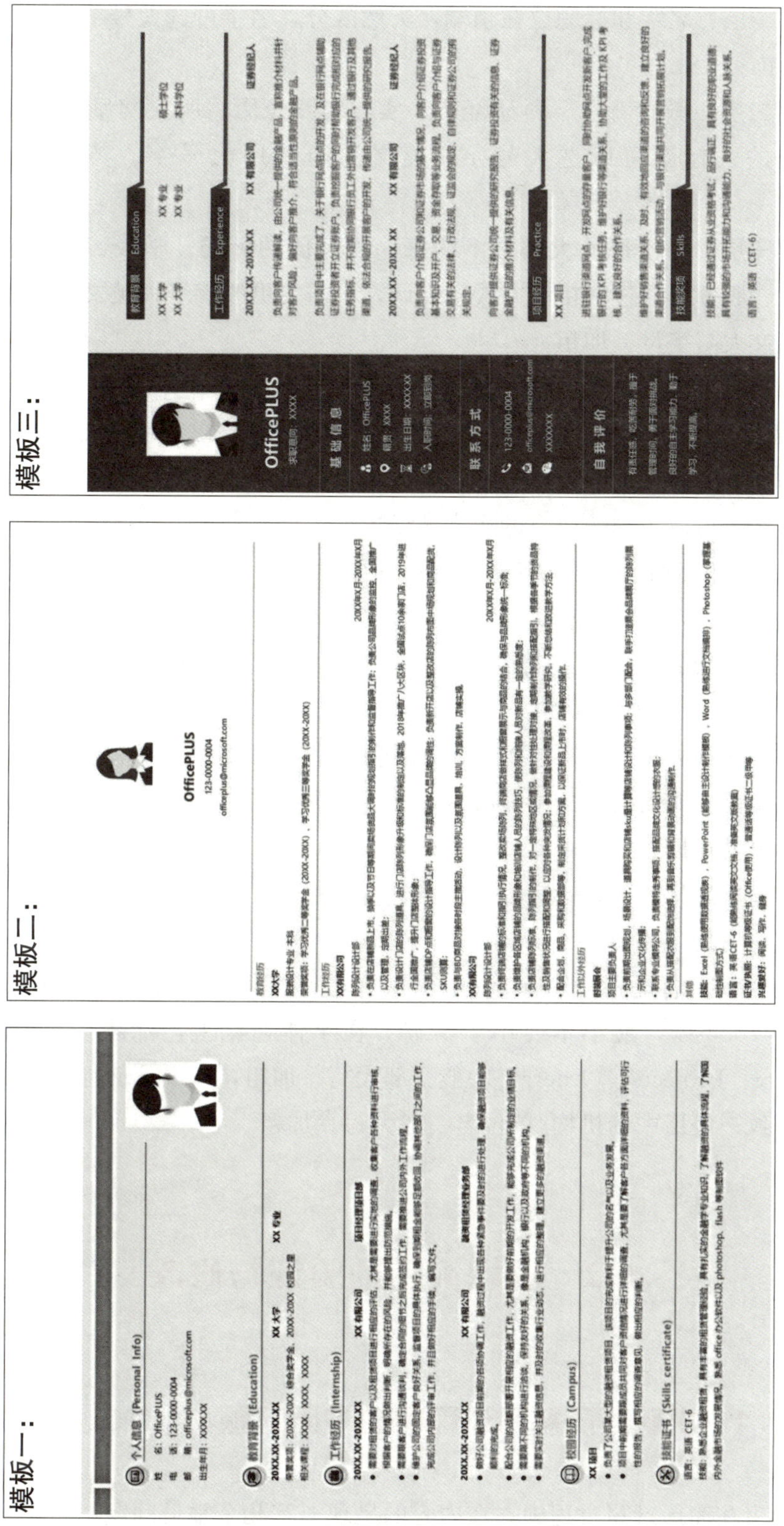

图 4-9　简历模板参考

● 第一层：名字和标题放在顶端，天然区分，名字可选大号字，地址、电话等不做修饰；

● 第二层：教育背景、科研经历、实习实践经历、所获奖励、个人技能等每一部分的大标题可以选大号字；英文简历使用大号字、英文大写字母、加粗；

● 第三层：对于每一大部分下的每一段经历的标题，学校、公司、社团名称、部门、职务等通过加粗的方式来强调，不需要更改字号；英文简历使用标准字号、英文大写字母、加粗；

● 第四层：具体内容/正文用标准字号，不做修饰。

3）字距、行距。简历的字距、行距没有特别的要求，主要的标准是整齐、美观，为了对齐起来更容易，推荐可以先用表格做简历，之后再去掉外框线。在字距和行距上可以考虑按以下的标准来设置：

● 小标题的设置方式：字符间距——加宽 0.5 磅，行距——固定值 22 磅，如果只有两个字，之间要有 1 个空格，段前间距——2 行，段后间距——0 行。

● 正文的设置方式：字符间距——加宽 0.5 磅，行距——固定值 22 磅，段前间距——0.5 行，段后间距——0 行。

考虑到在国内求职时，HR 筛选简历会以中文简历为主要信息来源，建议英文简历只保留中文简历中的最核心内容，用最简单的句型、最不会出错的表达方式翻译出来就可以。如果可能，请英语专业的同学帮忙校正一下最好。

英文简历的格式可以参考以下标准进行设置：

英文简历的字体使用 Times New Roman。关于字号的大小，姓名字号一般 20—22 磅为宜；标题栏（Education、Skills 等）字号一般为 12—14 磅；正文字号一般为 10.5 磅，最小不要小于 9 磅。在字体粗细上，标题栏（Education、Experience、Projects、Others）一般全部大写、加粗，可以下面加下划线、分割线或者底纹；经历中的机构/单位名一般大写、加粗。

4.2 求职简历的验证与修改

4.2.1 求职简历撰写过程中的常见问题

毕业生在简历撰写过程中，在内容的呈现上有几个常见问题：

问题 1：撰写前对职业目标定位不清晰。突出表现为在简历撰写前没有进行详细的目标职位需求分析，对目标职位所需的专业知识、通用能力、个性特征等认识不足，要展示的重点内容不够清晰、明确。

问题 2：经历没有经过提炼加工，与岗位需求匹配关系不明确。突出表现在简历未对科研经历、实习实践经历、社会工作经历等进行提炼加工，对为什么要写这些经历、哪些经历是重点、哪些经历可略写、哪些经历可不写、经历中哪些内容是亮点等思考不够，经历中体现出来的核心能力跟岗位需求有怎样的匹配关系不够明确。

问题 3：经历阐述偏重经历本身，对核心能力挖掘不足。突出表现在简历中的经历阐述过于简练、过于纪实，更多体现了经历层面的内容，重点介绍的是项目是什么、工作是什么，而非“我是怎样的”。要牢记：简历的目的是要体现简历撰写者的核心能力，而非介绍经历本身。

问题 4：对事件结果描述不够，能力体现不充分。突出表现在简历中关于能力的展示更多体现的是做过什么，而非做好了什么、好到什么程度，对结果描述的欠缺导致事件所要展示的能力水平体现不足。

问题 5：没有站在企业用人需求角度来看待简历的撰写。企业用人甄选的角度不是挑选一个好学生，而是挑选一个合适的员工、一个好同事、一个好的合作者。同时，至少有两类人会阅读求职者的简历，一是企业的 HR，二是岗位相关的业务专家，可能是技术专家，也可能业务部门负责人。这两类人在看简历时的侧重点是不一样的，企业 HR 不是特别懂技术，业务专家大概率只关注专业能力，所以不同的人看简历的重点不同。

问题 6：没有应聘岗位相关的经验。本科毕业生一个“硬伤”是实践经验不多，相关的经验更少，无法支持应聘岗位的需求。不过，企业招聘本科毕业生往往更多看重毕业生的综合素质、可塑性等。所以，先尽最大努力准备一份规范的、认真完成的简历，在求职过程中积累经验，在更多地了解岗位需求、了解自身与岗位需求差距的基础上，逐渐有一些弥补差距的行动，同时对求职目标进行调整，适当降低期待，寻求“曲线救国”的可行路线。

问题 7：简历中有负面事件。简历中典型的负面事件是学业成绩不理想。不过，如果求职方向不是学术类工作，学业成绩就不是太大的问题，要做好在面试中被提问学业成绩不好原因的准备，找一个正向解释及阐明这件事对自己的启发。如不想从事专业相关的工作，所以把时间放在了社会工作上等。如果是学术类工作，学业成绩的影响就较大，需要回答“为什么学习成绩不好你还想从事学术类工作”“你认为两者之间是否有关联”等问题。

4.2.2 求职简历的撰写

撰写求职简历最重要的是找到自己与岗位需求匹配度高的优势和特长，在简历中明确地表达出来。简历撰写是一个自我梳理的过程，判断自己与岗位的匹配程度，搭建起自己与岗位匹配的逻辑框架，是指导整个应聘过程的底层逻辑。具体步骤如下。

1. 准备——岗位分析

撰写简历前的第一步工作是确定简历表达的重点，即让看到简历的企业 HR 或用人部门对自己有个什么样的了解，这个步骤要基于对目标岗位的分析。前文提到，从招聘启事的要求出发，站在招聘方的角度去思考：这个岗位期望招聘到的人是什么样的。可以从专业技能、通用技能、自我管理技能三方面进行分析，了解用人企业甄选的标准和偏好。

2. 撰写——深挖经验，展示能力

依据岗位分析了解了企业招聘需求，再有重点、有针对性地梳理经历，提炼自己的能力和特长。

（1）要选取那些有助于对方更好了解你的信息。根据岗位要求确定好简历的主线后，先做前期的内容提炼，明确自己的哪些经历经验是最能体现与岗位要求互动关系的。吸引企业关注的信息除硬件条件外，就是直接相关经验；对没有工作经验的毕业生来说，可以退而求其次，提炼经历中那些间接的经验，即在能力层次上匹配的经验是主要的筛选原则。

（2）表达目的清晰，明确要传递的信息是什么。简历是通过介绍自己曾经做过的事，让一个陌生人在短时间内对自己有所了解，所以简洁、重点突出、表达直接非常重要。对毕业生来说，学校里曾经做过的事与未来的工作在直接经验上相关程度不高，招聘者不会太关注，他们关注的是你如何做事，所以介绍经历是为了展示你做事的能力、方式、态度、结果等，使招聘方对你未来可能的工作状态有所了解。

鉴于此，简历撰写时应牢记：不是为了写事而写，而是为了写人而写；不是为了介绍事情是如何发生的，而是为了介绍人是如何做事的。

（3）针对自己与应聘岗位能力需求的匹配重点阐述。简历的最终目标是展示出自己的优势和特长与应聘岗位间的互动关系，即你在专业能力、综合素质、个人特征上有哪些优势和特长能与岗位需求相匹配，两者之间不能割裂开。

4.2.3　简历的验证和修改

完成简历后，可通过提问方式进行验证和修改，下面是简历修改五问法：

第一问，简历中你要展示的是什么？

很多同学在求职初期写简历容易犯的错误是记流水账，如实记录就读期间从事的科研或实践工作，流水账通常是目的性不强的。修改简历时第一步要问自己的是：我希望招聘方在看到简历时，对我的专业能力、综合素质等有一个什么样的认识？

第二问，你希望展示的内容分别由哪些经历经验来体现？

这是将招聘方的用人需求与自己经历经验匹配的过程。回答第一个问题可以看到招聘方的关注点；回答第二个问题要进一步去梳理自己的哪些经验最能切合这些关注点。对切合关注点的内容要梳理、提炼、总结，把核心能力、优势亮点摘出来做重点突出，展示出个人经历经验与岗位要求间的匹配关系。

第三问，从目前的简历中，对方可以看得到你期望他看到的内容吗？

简历使用的语言是高度总结凝练的书面语，用这种方式清楚准确表达出自己想表达的重点并不容易。第三问针对简历中的重点内容再次确认：一个陌生人在看到你的简历后是否可以清晰地看到你想要展示出的内容？

第四问，你想展示的内容是不是对方关注的？

简历的作用是引起招聘方的注意、获得面试机会，要确保简历中的重点表达是招聘方最关注的。第四问是对第一问的加强，进一步明确自身在专业能力、综合素质、个人特征等方面上有哪些优势和特长能与岗位需求相匹配。

第五问，对经历经验的挖掘是否已经充分？

对自身经历经验的挖掘是一个持续深入的过程，对企业认知、岗位认知的加深，会带动自己在更多的角度、更深的层面重新反思自己的经历经验，也会带动对自己核心能力或优势特长形成更清晰的认知。第五问是要把这个逐渐加深的认知不断反馈到简历中来。

简历的修改是对自己求职思路的整理、提炼、总结、升华过程，通过这样一个系统的梳理，可以对自己认识更清晰、对岗位需求更明确，对自己与岗位需求的匹配关系更了解，从而为在招聘过程中更好地展示自己做好准备。

4.3 求职简历的投递

4.3.1 求职简历邮箱投递的注意事项

除了网申和在双选会上投递纸质简历外，还是有一部分招聘是通过邮箱来投递简历的。对简历的邮箱投递，需要注意以下事项。

1. 简历文件命名

通过邮箱投递的简历，文件不可命名为“我的简历”“求职简历”“简历”等，建议按照招聘企业给定的格式或采用“应聘××岗位＋姓名＋学校＋专业＋学历＋手机号”这个形式。

2. 简历投递邮箱

投递简历推荐使用就读学校的邮箱或163、126等专业邮箱等，尽量不使用QQ邮箱，邮箱名忌夸张、随意，最好用好记且能体现自己姓名信息的名称。

3. 简历文件格式

通过邮箱方式投递的简历建议使用PDF格式，可以显得更专业，也可以避免使用Word文档或WPS文字文档对方打开时可能出现格式混乱的情况。邮件主题的命名方式请按照招聘企业给定的格式，没有给定格式时建议使用“求职意向＋姓名＋专业＋院校＋学历＋毕业时间＋联系方式”格式，或与简历文件命名方式一致。

4. 邮件正文的话术

发送简历的邮件正文不能空着，也不必写很多内容，用几行字简单做个自我介绍，表达一下求职意愿即可。如：

××公司HR：

您好！

我是来自×××学校×××专业的××，通过××渠道了解到贵公司的招聘信息，我对×××岗位非常有兴趣。

我在校期间先后在××公司、××公司做过×××岗位实习生，对贵公司招聘的×××岗位有一定的了解，非常熟悉岗位要求的×××。关于我更多的信息和经历，请您查看附件中的简历。

贵公司所处的×××行业是我非常喜欢也长期关注的行业，希望有机会能加入贵公司，期待获得一个面试机会。

5. 投递时间

一般情况下，简历投递时间可以考虑工作日的上午八点至下午四点，不建议在晚上或周末投递。建议提早投递，不要赶在截止日期前投递。建议用所有招聘渠道的投递方式都投递一遍，包括招聘官网、求职平台、HR 邮箱等。

4.3.2 网申的注意事项

通过线上方式申请求职岗位的行为称为网申，目前很多用人单位采用网申形式收集应聘者信息。网申系统可以用标准化格式采集企业想要了解的信息，同时直接过滤掉大量不符合招聘要求的简历，对用人单位来说是高效、低成本的简历收集方式。不过，毕业生会觉得网申特别麻烦，差不多的内容在每家用人单位的网申系统里都要填写一遍，工作量大，还经常觉得自己符合岗位要求但最终不知为何就被系统淘汰了。

1. 网申的主要内容

不同企业的网申内容会略有不同，典型的网申系统需要填写的内容包括：

（1）个人信息：姓名、性别、出生日期、婚姻状况、政治面貌、户口所在地、联系方式等。

（2）教育背景：就读起止日期、学校、专业、学历、排名、主修课程等。

（3）所获奖励：就读期间获得的各项奖励。

（4）校内实践活动：在班级、社团、学生组织中担任的职务和工作内容等。

（5）技能爱好：在专业、外语、办公软件使用等方面的水平及兴趣爱好等。

（6）项目经验：科研经历的起止时间、项目名称、工作职责等。

（7）实习经验：校外实习工作的起止时间、实习单位、实习岗位、工作职责等。

（8）家庭成员：家庭主要成员的情况。

（9）开放性问题：这是网申中重要的环节，也是花费时间最多的环节。典型问题如你为什么要选择加入我们公司、未来三至五年内的职业规划是什么。

以上内容，有些是必填项，如个人信息、教育背景、技能爱好、开放性问题等，有些是非必填项，但是非必填项也建议尽量填写。

2. 网申信息的填写要点

大多数用人单位的网申内容都类似，建议第一次网申时在文档中保存好所有信息，以方便下一次申请时直接粘贴。填写具体信息时请关注以下事项：

（1）尽量多填信息。网申跟简历相比，对字数、篇幅的要求不严格，所以在网申时可尽量多填写一些信息，提高机器筛选的命中率。

写所获奖励时，在简历中可能因为字数限制做了精简，网申时可以按照奖励的重要程度全部都列上，每个重要奖项都写上获奖比例、获奖难度、奖励的含金量等信息，奖项名称用规范的全称。

填写各种经历时，可以将细节、过程和结果都尽量展示充分，还可适当写一些收获和能力提升。

对于技能特长部分，英语技能除了四六级外，参加过的雅思、托福、BEC等其他英语考试都应写上，这些可能是加分项。

网申中有些典型的关键词，填写时尽量都罗列上，如：

1）学历："双一流"等；

2）学位：博士、硕士、本科、专科；

3）绩点 GPA；

4）专业；

5）外语能力：普遍以英语为准（英语四六级、托福、雅思等），如果应聘企业是外企，有应聘企业国家语言优势的一定要写上；

6）实习经历：如果有在著名企业实习的经历，可重点强调；

7）学生工作：如担任学生会、社团等干部的经历；

8）奖学金：标明校级、院级、一等奖、二等奖等。

（2）典型开放性问题的回答要点。

1）关于职业生涯规划的问题：如请谈谈你未来 3 至 5 年的规划。属于挖掘深层次应聘动机的问题，主要考察对企业和应聘岗位的了解程度和工作稳定性。回答要点是：不清楚对方职级和晋升条件时，建议回答不要过于具体；可将关注点放在能力成长等内职业生涯因素上，突出在职业发展方向上的业务了解、专业学习、能力提升等。

2）谈一谈你大学期间最成功/最遗憾的一件事是什么，为什么。对于这类"记事"类问题，对方并非想了解这件事具体是什么，关注的是你在其中的表现。所以要强调自己在事件中起到了什么作用、收获了什么、有什么启示等，如解决问题的背景、资源、困难、目标、最终结果、收获等；如果是失败事例，还要分析失败的原因并总结经验教训，对以后的启示，已经有什么调整行动等。

3）你为什么选择我们公司？这也是考察你对企业了解程度及求职动机的问题，不要从网上下载官话和套话，要注意体现你求职的动机、愿望及对此项工作的态度，可以从行业、企业和岗位这三个角度来回答。

4）你认为自己最大的缺点是什么？这类问题有五个不能说：第一，不能说没有缺点；第二，不能说与岗位能力需求相违背的缺点；第三，不能说从另一方面看是优点的缺点；第四，不能说涉及品质、价值观、道德层面的缺点；第五，不能说无法改正的缺点。要说真实的缺点，但不能影响在应聘岗位上的工作胜任情况，还要可以改正。如自己没有相关实践经验，之前的经验大多在学校、对企业了解不深入，需要学习和掌握的知识很多，所以不够自信，等等。但要表示自己会加倍努力，表达出自己对这份工作的热情。

3. 细节提醒

（1）网申尽量提早完成，不要赶在截止日期前才进行申请；

（2）避开高峰，挑人不密集的时间网申，减少系统运行问题对申请的影响，如早晨、午饭时申请；

（3）留存好第一次网申时的记录，之后的申请就可以做到大部分内容复制粘贴，有增加的内容就补充到原来的记录中；

（4）在申请过程中，随填随保存，避免系统出现问题而做无用功；

（5）提交前一定先预览，避免低级错误。

4.4 笔试应对

企业招聘人才的流程一般会分为四个阶段：简历筛选、在线测评、笔试、面试。本节就一起来聊一聊在线测评和笔试。

4.4.1 在线测评

面试开始之前，一些公司会要求候选人完成在线测评，有限时的，有不限时的，通常分为智力测评和心理测评。通过智力测评了解应聘者的智商水平、通识能力；根据心理测评了解应聘者的人格特质、行事方法是否与企业文化、应聘岗位的要求匹配。如管培生的培养方向是未来领导者，企业希望在测评中能看到领导能力。

智力测评一般与公务员笔试内容行政能力测试内容相近，这部分题目在企业的在线测评中需要计时、也有标准答案，检验的是应聘者的逻辑推理、言语理解等通识能力。可事先在网上搜索行政能力测验的做题技巧，尤其是逻辑推理和资料分析部分，以提高做题速度和准确度。

心理测评又可以分为性格测评、职业倾向测评、心理健康测评等。其中心理健康测评通常使用明尼苏达多项人格测评，这项测评若不通过是很有可能被淘汰的；其他如性格测评、职业倾向测评的测评结果类型不能太偏离你所应聘岗位的特点，如应聘销售岗者所选择的选项体现出内向、不善交流的性格倾向，就有可能会在这个环节被淘汰。通常题库包含的量表还会有艾森克人格测评、卡特尔16种人格因素测评、MBTI职业性格测评、霍兰德职业兴趣测评等，可以提前在网上搜索职业相关的测评了解一下不同测评的内容。

每家企业对测评结果的采纳使用方式不同，对测评的重视程度也不同。有的企业要求智力测评分数达到某条及格线之上，心理测评只作为参考依据；有的企业会将心理测评作为筛选依据。

4.4.2 笔试

笔试是招聘过程中最具确定性的筛选和淘汰环节。近年来笔试的淘汰率越来越高，大型企业的笔试淘汰率有的高达70%以上，需要认真准备。

1. 校招中的笔试筛选

在校园招聘中，笔试是相对面试较初级且高性价比的筛选方式。多数企业在简历筛选后采用笔试，主要是为了高效地选出具备职位要求的专业知识、符合公司的企业文化、具有招聘公司所希望的思维方式和个人能力的应聘者进入面试。

在招聘高峰期，一家对毕业生有吸引力的企业可能会收到几万甚至十几万份简历。即便经过了简历筛选，符合条件的候选人也非常多，不可能全部安排面试。通过笔试，可以较低成本淘汰掉大概率不符合岗位要求的应聘者。

并非所有企业都有笔试环节。有些企业或有些岗位面对的目标高校、目标专业都是特定的，目标毕业生的人数不是很多；或企业对毕业生的吸引力不大、应聘毕业生人数也不多，企业就不再设置笔试环节。

2. 笔试形式

随着网申的普及，大部分企业都是通过线上考试系统进行笔试，少部分企业会采用传统的线下纸笔考试的形式，部分企业会在一些热门城市设置笔试点，应聘者自主选择是在线上还是线下进行笔试。

线上笔试会有计时，不同的企业计时方法也会有所不同。有的公司是采用整体计时，应聘者需在规定的时间内完成所有题目；有的分段计时，把一套题分为几个部分，单独设置每一部分的完成时间；也有的分题计时，给每道题设置完成时限，到时间自动切到下一题。

3. 笔试类型

笔试类型按内容一般可分为技术性笔试和非技术性笔试两大类。

技术性笔试又叫专业能力测试、岗位能力测试，可以简单地理解为专业题，直接考察应聘者是否具备胜任岗位工作的相关专业知识和技能，如算法工程师、开发工程师会考察编程能力，机械工程师会考察机械制图，金融机构会考察金融、财会、法律等相关知识。

非技术性笔试又叫认知能力测试，题型类似于公务员考试中的行政职业能力测试，主要考察语言能力、数字处理能力、逻辑推理能力、综合能力、知识域、英语能力等，以此来测试应聘者的学习能力和完成工作的能力。

笔试还可以按考察的目标，分为英语测试、辅助测试、综合能力测试等等。

很多对英语能力有要求的企业在笔试环节会考察应聘者的英语能力，难度类似英语四六级考试，题型也基本上类似。

辅助测试主要是前文提到的心理健康测评、性格测试、职业倾向测试等，有的企业会在网申投递简历阶段进行，也有的企业放在笔试环节进行。

行政职业能力测试就是综合能力测试的一种形式，也是最常见的综合能力测试，着重考察逻辑推理能力、数字计算能力及相关综合知识。

从非技术性笔试的类型看，很多题目其实和所应聘的岗位关联度并不是特别大，如数字推理、图形推理等等。所以从另一个层面来看，笔试的目的不是选出合适的人，只是淘汰掉不合适的人。

4.4.3 典型笔试设置介绍

1. 银行的笔试设置

以中国银行的招聘笔试为例，主要包括行政职业能力测试、英语能力测试、专业知识测试、性格测试和 IT 专用题型测试等部分。行政职业能力测试主要考察应聘者的逻辑思维、数学运算、言语理解等综合能力。英语能力测试主要考察应聘者的英语阅读理解、词汇运用和语法掌握等能力。专业知识测试是笔试中的核心环节，主要考察应聘者对金融、经济、会计等专业知识的掌握程度。除了专业知识外，还有对经济、科技、金融法规等的考察。性格测试主要考察应聘者的性格特点和职业倾向。IT 专用题型测试是面向金融科技相关岗位的笔试，主要考察应聘者的计算机知识、编程能力和问题解决能力。

2. 互联网大厂的笔试设置

一般互联网大厂的招聘根据技术岗、非技术岗设置不同的笔试方式，如京东技术类、产品经理岗位需进行在线专业笔试，其他岗位无需在线专业笔试。笔试包括性格测试、行政职业能力测试和专业能力测试，其中专业能力测试是最难的环节，考察岗位专业知识，多以编程为主，技术岗的笔试主要在于平常的积累、刷题的多少，可以通过 LeetCode、牛客网等网站了解互联网大厂笔试情况并刷题练习。

3. 一般国央企的笔试设置

国企央企的笔试不尽相同，可能同一家企业不同分公司的笔试内容也不一样，但核心是行政职业能力测试、专业知识和公司或者单位所处的行业知识、公司企业文化、应用文写作、英语、职业性格测试等六个模块。

以国家电网为例：其招聘笔试是全国统一考试，各单位笔试内容相同。国家电网招聘笔试划分为 8 个专业类别，不同专业类别的笔试内容有相同之处也有不同之处。

4.4.4 笔试准备

所有笔试的准备只有一个秘诀：练习再练习，做到眼熟、手熟。首先复习专业知识，一般来说专业知识笔试都有大概范围，围绕这个范围看书、听课、复习，温故知新。然后进行真题演练，寻找感兴趣企业的笔试题目进行有针对性的练习。

对于在线测评，企业一般采购第三方题库供应商的测评工具，可提前刷北森、赛码、智鼎、SHL 等主流题库，对题型及题目难度有大致的了解。

对于行政职业能力测评，不仅是公务员会涉及这方面的考核，各类企业的校招笔试中行政职业能力测评也很常见，包括判断推理、数量关系、言语理解、资料分析、常识问题等题型。行政职业能力测评没有捷径，也需要多多练习，掌握做题方法。一些公务员培训机构或 B 站上有免费课程和题目，可提前熟悉和练习。

为了在笔试阶段尽可能全面、综合地考察应聘者的素质能力，通常情况下企业设计的笔试题量都很大。时间充裕时大部分毕业生都能有个好分数；然而，在限定的时间内，应聘者容易把控不好时间，得不到理想的成绩。因此，参加企业招聘笔试前要做好以下准备：

（1）尽可能获取该企业的笔试设置情况。了解笔试都考什么、题型都有什么、考试时长限制是多少、考试的整体难度如何等等。通过 B 站、知乎、小红书等社交平台，或毕业生求职交流群，往往可以获得这些信息。

（2）熟悉笔试题型，模拟真实笔试时的状态。可以提前做一些模拟题，看看自己能否在指定时间内完成、正确率有多少，找出错误原因、总结经验，针对自己的弱项进行突击练习。即使找不到往年笔试题型，也可通过研究职位招聘中要求的相关技能，判断笔试题考核的题型和内容。

（3）复习相关基础知识及专业知识，根据自身情况制定笔试策略。熟悉题型后，就考核的知识面进行延伸复习，进一步熟悉相关专业知识、基础知识。

4.5　面试应对

4.5.1　常见的面试形式及考察维度

面试是在特定场景下，以面试官对应聘者的交谈与观察为主要手段，由表及里测评应聘者的知识、能力、经验和综合素质等有关素质的考试活动。

面试的本质是在相互交流过程中判断是否匹配和认同：面试官测评应聘者的同时，应聘者也在考察企业面试官是否专业、员工是否有良好的职业素养、工作是否有幸福感、是不是一家值得选择的企业等。从企业角度来看，面试是甄选过程，从应聘者中甄选出与岗位能力要求匹配的、与企业价值观匹配的、与企业长远发展匹配的人。从应聘者角度来看，面试是一种自我营销，自我营销的本质是理解对方的需求，通过各种方式展示自己的优势，让对方觉得自己是匹配岗位要求、匹配企业文化的，从而认同自己。

1. 面试的一般流程

一般企业的面试有两轮面试或三轮面试，典型的面试包括：人力（HR）面、技术（专业）面、领导面。人力面是负责招聘的人力资源管理者为面试官的面试；技术面一般由技术专家或用人部门的业务主管面试，有的企业也可能设置两轮的技术面；有的企业还会设领导面，由更高层级的管理者来面试。

人力面一般测评的是候选人的通用能力、价值观、求职动机等综合素质；技术面测评候选人的专业能力、岗位胜任力、发展潜力、价值取向与团队适应力等；领导面的考官可能是部门领导也可能是部门上一级领导，一般测评求职者对岗位和企业的了解，考察求职者的求职动机、价值观、发展潜力、与企业与部门文化的契合程度等。

2. 面试形式

针对应届毕业生的面试的形式有多种，每种形式都有其特定的目的和适用场景。常见形式如下：

（1）电话面试：通常在初步筛选求职者时使用，面试官通过电话了解求职者的基本信息和沟通能力。这种形式效率较高、成本低，但无法全面评估求职者的非言语沟通能力，一般仅作为初步筛选。

（2）AI面试：是一种通过人工智能技术模拟面试官与候选人之间的互动过程，对候选人的能力、性格等方面进行评估和打分的面试方式，目前已有不少企业在初试中采用。AI面试通常包括以下几种题型：

1）文本回答：候选人需要根据问题要求回答指定的问题。

2）视频回答：候选人需要通过视频录制的方式回答指定的问题。

3）逻辑题：候选人需要完成一系列逻辑推理题目，以评估其逻辑思维能力。

4）情境题：候选人需要模拟在实际工作场景中解决问题的情境。

因为是由AI评分，所以回答时有逻辑、清晰、准确很重要。注意语言表达能力，回答问题时要用清晰、准确的语言表达自己的想法。注重逻辑思维能力，回答逻辑题时要理清思路，找到问题的关键点。注意非语言表达能力，视频回答和情境模拟时要注意自己的非语言表达能力，如表情、动作等。

（3）网络视频面试：通过视频聊天软件进行，求职者和面试官在异地也能实时交流。疫情期间，网络视频面试成为一种必要的面试方式；由于网络视频面试的便捷性与低成本，疫情常态化后仍有一些企业用来进行初面。

以下几种面试方式是求职者与面试官在指定时间和地点的面对面交流，面试官可以直接观察到求职者的仪表、谈吐和举止，从而能够更全面地评估求职者。

（4）结构化面试，又称标准化面试。面试官拿到的是标准化的打分表和相对客观的评分标准，按事先拟定好的面试提纲问题对应聘者进行逐一提问，按照同一个标准对所有应聘者进行评价。公务员考试、事业单位的面试经常会采用结构化的面试方式。

结构化面试包括三个方面：一是测评内容结构化。根据工作岗位分析，建构招聘岗位的胜任素质模型，确定核心的测评要素，并分配权重。二是测评标准结构化。测评题目需要给出参考答案，供面试官评分时参考。三是程序结构化。规范面试流程，罗列测评问题的顺序和时间分配。

结构化面试主要分为行为描述性面试和情境性面试。

行为描述性面试基于“过去的行为是对未来行为的最好预测”这一理念而设置，通常设计基于关键胜任特征的行为性问题，如一个岗位的关键胜任特征是领导力，面试中就要设置“讲述一件你之前在一个团队工作的事件”之类的问题。

情境性面试源于动机理论中的目标设置理论，即应聘者的未来行为很大程度上受其目标或行为意向的影响。情境性面试的目的是在于给应聘者设置一系列工作中可能会遇到的事情，并询问“这种情况下你会怎么做”，以此来鉴别求职者与工作相关的行为意向。如一个岗位的关键胜任特征是人际关系能力，面试中就可能会设置以下问题：假如在工作中你跟同事因某项任务产生了冲突，你会怎么做?

（5）非结构化面试。非结构化面试就是没有既定的模式、框架和程序，面试官可“随意”向被测者提出问题的面试形式，问题的内容和顺序都取决于其本身的兴趣和应聘者的回答。这种方法给谈话双方充分的自由，面试官可以针对应聘者的特点进行有区别的提问。虽然非结构化面试形式给面试官自由发挥的空间，但这种形式易受面试官主观因素的影响，面试结果无法量化，难以同其他应聘者的评价结果进行横向比较。

（6）半结构化面试。半结构化面试是最常用的面试方式，这种介于结构化与非结构化面试之间的面试形式更为灵活。面试中，有结构化的题目、评价内容和评价标准，但允许面试官根据应聘者的回答和表现自由地提问，提问的问题数量不固定，完全根据面试时间决定提问总数。这种方式使面试官更加深入了解求职者的背景、经历、技能及其他相关具体信息。

如招聘市场部岗位，面试官可能会问候选人一个结构化的问题：“请描述一下你在过去的项目中是如何进行市场分析的。”在求职者详细地描述了自己在项目中收集数据、分析趋势和制定策略等市场分析过程之后，面试官可提出更进一步的问题：“你是如何确保数据准确的?”或“你在制定策略时是如何考虑竞争对手的?”

表 4－1 是面试过程中面试官手里的评分表举例，从中可以看出面试官对应聘者评价时标准化的评价维度和评价标准：

表 4-1 综合素质面试评分表

<table>
<tr><td>姓名</td><td></td><td>性别</td><td></td><td>学历</td><td></td><td>毕业
院校</td><td></td><td>所学
专业</td><td></td></tr>
</table>

<table>
<tr><th colspan="2">评价
要素</th><th>形象、举止和自我
控制（20 分）</th><th>团队/沟通、表达（25 分）</th><th>主动性、成就导向（25 分）</th><th>综合能力（30 分）</th></tr>
<tr><td rowspan="2">评价标准</td><td>优</td><td>80—100：自然、出众的礼貌，得体的着装，生动和恰到好处的动作和肢体语言。
长相出众。</td><td>80—100：积极配合他人，懂得欣赏和赞美他人，通过自己支持他人、配合他人的行为赢得信任和尊重。对他人表现出开放的态度，看重他人的观点和才能。能够较快地理解他人的思想。
主动积极表达，表述清楚流利，逻辑性好。
能够从团队的整体角度思考问题。</td><td>80—100：在面试中表现出一定的内在驱动，叙述主动。案例描述中表现出前瞻、规划和立即行动，想要表现得比别人好，面对挑战比较有自信，同时能把握分寸，灵活且懂得适时的妥协忍让。</td><td>80—100：能够关注到面试官的动作等细节。能够抓住题目重点，并在互动中能把原始、零散的信息和意见归纳整理，综合分析，来增强自己的意见和建议。有意识地做好信息记录，以及回答问题前的草稿和规划。
能够做出较为出色的最终决策。</td></tr>
<tr><td>良</td><td>60—80：礼貌周到、表现稍显紧张和稚嫩，着装整洁得体。
长相一般。</td><td>60—80：认真倾听并记录别人讲话的要点，能解释、重复和理清他人的想法和思路。表现出一定开放态度，能运用一定的肢体语言。能够主动迎合别人和配合工作。
表达清楚流利，逻辑性好。
能够把自己带入团队，作为团队的一分子。</td><td>60—80：对于自我的期待和评价比较高，表现比较敏捷，没有畏缩和拖延的倾向，面对挑战比较自信，较为积极不疲于应付，处理问题不僵化、比较灵活。</td><td>60—80：回答和叙述问题有一定的逻辑性，比较清晰。偶尔会因为紧张忽略某些细节。能够引用或者类比来说明问题，能够做好信息记录。能够做出相对正确的最终决策。</td></tr>
</table>

续表

评价要素		形象、举止和自我控制（20 分）	团队/沟通、表达（25 分）	主动性、成就导向（25 分）	综合能力（30 分）
评价标准	中	40—60：表现拘谨、紧张，礼貌刻意而且僵硬，着装整洁但不合体。 长相一般。	40—60：一定程度上的关注自我多于集体，理解能力稍有不足，面试沟通和讲述案例稍有不流畅。发言逻辑性不是很清晰，不够简洁，但是不至于影响信息沟通。 表述能力一般，逻辑性一般。 没有团队意识，主要用“我”来回答。	40—60：对于自我的期待和评价不是很高，表现出一些迟疑、畏缩和拖延的倾向，面对挑战不自信，疲于应付，处理问题比较僵化。	40—60：回答问题的内容较少引用信息而只是平铺直叙，不是特别关注面试官的动作等细节，记录和草稿规划很潦草而且不完整；做出的最终决策比较一般。
	可	20—40：礼貌不周全，着装不适宜，表现冷淡，有令人不快的行为和动作举止。 明显的面貌和肢体缺陷。	20—40：表现出过度关注自我，不能准确理解问题的意思，对问题的描述过于简单或者啰嗦，不愿意交流，较为封闭。 表达能力较差，没有逻辑性。 没有团队意识，主要用“我”来回答。	20—40：对成功面试的期待一般，表现出行动迟缓、逃避的倾向。面对挑战不能做到有效应对，对追问反应慌乱。	20—40：对于问答中的信息不能做到有效把握，忽视一些重要的要求或者内容，完全没有记录和规划的意识，叙述中缺乏信息依据；无法做出合理的最终决策。
	差	0—20：表现无理、恶意，着装不得体，有攻击性或者不配合的行为。 明显的面貌和肢体缺陷。	0—20：表现出以自我为中心，或者自卑封闭，很难理解面试官和面试的问题，不能准确描述自己的看法和感想，不能顺利完整地描述问题。 表达能力较差，逻辑性较差。 没有团队意识，主要用“我”来回答。	0—20：表现出对面试满不在乎，在回答问题方面不能有效地配合完成，面对压力有精神崩溃或者冲突的迹象，现场反应很慢。	0—20：经常错误理解题目和面试官的暗示、指示，不能找到有效的信息或者回忆案例来回答问题，表现出粗心或者不在意。 无法做出合理的最终决策。
评分					

总分：____________

评委：____________ 时间：____________

（7）压力面试：是一种旨在评估求职者在压力环境下表现能力的面试形式，面试官会提出一些具有挑战性或压力的问题，观察求职者的反应和应对能力。压力面试往往是穿插在面试过程中，主要考察应聘者的心理承受能力、抗高压能力、应变能力、人际交往能力。

面试官制造压力的方式有几种：环境压力、语言压力、节奏压力等。如环境压力，多位面试官对一位求职者进行面试，表情严肃。再如语言压力，通过提一些不友好的问题对应聘者进行施压，如："你在一个二本院校读大学，你觉得跟'双一流'高校的毕业生相比，自己的优势是什么?""今天的面试，我对你的表现很不满意，你知道自己有哪些回答不符合我们的招聘需求吗?"又如节奏压力，面试官的问题一个接着一个，步步紧逼，不留思考时间。对应聘经验不多的应届生来说，压力面试会非常影响情绪和语言表达。

（8）无领导小组讨论面试：由一定人数的应聘者组成小组，在不指定领导者的情况下，要求应聘者在规定时间内经过充分高效的讨论对话题形成统一意见，面试官观察每位求职者的表现的一种测评方式。无领导小组讨论常用于评估求职者在真实工作状态下的团队互动情况，从而考察求职者的逻辑思维能力、表达能力、团队合作能力、领导力等。

以上 8 种面试方式中，前 7 种为个体面试，第 8 种为群体面试。对应届毕业生的面试大多数以个体面试为主，尤其是技术类的岗位。部分企业招聘设置无领导小组讨论面试。

4.5.2 个体面试常见问题及应答策略

个体面试是毕业生在面试过程中遇到的最常见面试形式，也是最容易提前准备的面试形式。最常见的几种问题及应答策略如下。

1. 评价类问题

典型的问题有：请介绍一下自己，列举你的三个缺点和三个优点，你的同学会怎么评价你，最能概况你自己的三个词是什么，等等。

这类问题回答的要点是不能抛开岗位要求谈要求评价的内容，要回归到面试的根本目的：对方在考察你是否符合岗位要求，你要证明你符合要求，在评价的过程中要拉回到你想要展示的内容上去。

如自我介绍会出现在绝大多数面试中，回答的策略如下：

要说出四方面的内容：意愿表达，我对这个工作感兴趣；岗位认知，我了解这个岗位的职责、发展、用人需求等；匹配证明，我认为自己很合适的原因是什么；加深印象，还有哪些更容易让人记住的特点。举例如下：

> 各位领导好！我叫×××，本科毕业于×××大学×××专业。我应聘的岗位是结构工程师。我从上高中时就喜欢读航空知识杂志，一直读到现在，所以在航空企业工作是我顺理成章的一个选择。为了实现这个愿望我选择了×××专业，并努力学习理论知识，学习成绩良好，获得多次奖学金和校级奖励，作为主要完成人完成两个与××相关的科研项目，在×××领域有丰富的科研工作经验，成果×××。在学习之外，我还作为××协会部长参与社会实践工作，组织过多项校级社会活动，因认真负责、做事靠谱，也获得了指导教师的高度认可。
>
> 结构工程师是我的理想职业目标，我非常期待这个工作机会，也特别感谢企业给了我这个面试机会，谢谢！

评价类的面试问题的一个回答技巧是采用金字塔方法进行回答：结论先行，以上统下，归类分组，逻辑递进。先重要后次要，先总结后具体，先框架后细节，先结论后原因，先结果后过程，先论点后论据。

再如介绍你的三个缺点，前文在讲网申时提到过，有五个不能说。

2. 专业类问题

专业类问题是围绕专业能力来提问的问题，应聘专业技术岗位的毕业生在面试中大概率要遇到这类问题，是决定面试是否成功的关键问题。典型的问题有谈谈某一个具体的知识点、简历中某个科研相关的项目具体做了什么、介绍一下这个项目中你最有成就感或最难的事件等。回答要点是对简历中写到的专业技术经验、经验相关的专业知识及专业工具非常熟悉，同时对自己专业技术经验中能体现专业能力的行为、结果梳理得比较清楚，了解经验与岗位需要之间的关系。

3. 行为类问题

是让应聘者讲述某个方面的具体事例，从而判断应聘者实际工作习惯或胜任力，通过了解过去的行为预测未来行为的问题。对应届毕业生常见的考察维度和提问方式包括：

- 学习能力或成就动机：谈谈你在大学里学得最好的一门课；
- 人际能力：讲述一件你在大学期间做的最能提升自己组织能力的事；
- 团队合作：讲述一件你跟团队一起完成的事；
- 压力承受：讲述一件你承受最大挫折的事；
- 问题解决：讲述一件你遇到的最难的事情，以及你是如何解决的。

行为类问题中的经典是宝洁公司用于评估面试者在某些关键能力上的系统化

方法“宝洁八大问”，分别是：（1）举例说明你如何制定了一个很高的目标并最终实现了它。（2）举例说明你在一项团队活动中如何采取主动性，并起到领导者的作用，最终获得你所希望的结果。（3）详细描述一个情景中你必须搜集相关信息、划定关键点并决定依照哪些步骤能够达到所期望的结果。（4）举例说明你是怎样用事实促使他人与你达成一致意见的。（5）举例证明你可以和他人合作，共同实现一个重要目标。（6）举例证明你的一个创意曾经对一个项目的成功起到至关重要的作用。（7）举例说明你如何评估一种情况，并将注意力集中在最重要的事情上从而获得你所期望的结果。（8）举例说明你怎样获得一种技能，并将其转化为实践。

以上八个问题分别考察了不同的能力，行为类问题的回答要点是理解被考察能力的核心内涵，可用 STAR 法则讲述过去的一个经历、形成一个完整的故事，涵盖问题要考察的能力关键点。

4. 情景类问题

情景类问题是描述与工作有关的特定情境，询问应聘者会怎么做。它与行为类问题的一个主要区别在于：行为类问题的重点在于你过去的经历，情景类问题问的是你设想的未来情景。

典型的问题如：若领导布置了大量的工作，完成时间又十分有限，为了完成任务，你会怎么办？如果工作中与同事发生了冲突，你会怎么办？如果你是某次重要会议的筹备人，开会过程中突然投影黑屏了，你会怎么办？

一般情况下，情景类问题分三种：遇到困难、处理人际关系、处理突发事件。虽然遇到困难问题旨在测试应聘者的应变能力和解决问题的能力，处理人际关系问题旨在测试应聘者的沟通技巧和合作精神，处理突发事件问题旨在测试应聘者的应变能力和冷静程度，但其实都可以按照下面三个步骤回答问题：

首先，明确问题是什么：需要明确问题所涉及的具体内容及这个问题是如何产生的。

其次，分析问题：需要分析问题的原因并考虑可能的影响因素；同时，还可以提出一些解决方案。

最后，解决问题：需要详细描述解决问题的过程，包括实施方案、时间安排和预期结果等。

5. 岗位认知类问题

典型问题如：你对我们公司以及你所应聘的岗位有什么了解？你认为自己在这个岗位上的竞争优势是什么？你所期望的待遇是多少？

回答此类问题，需要对企业、对岗位有一定的了解，结合对企业岗位的了解和自身情况做出回答。

对于期望待遇问题，面试前需要做一些功课，要了解一下企业所在行业、所在地域的大概薪酬水平，可以在求职网站上搜索，更好的办法是找相关企业的人脉关系咨询一下。被问到这个问题时，可以在了解的薪资幅度中选个中间值，说明理由，同时补充说明，薪资水平只是影响你是否接受这份工作的诸多因素之一，对公司的岗位非常感兴趣，相信公司有公平的薪酬体系。

6. 个人规划类问题

典型的问题有：除了本公司还应聘了哪些公司？选择我们公司的原因是什么？未来三年内的职业规划是什么？等等。这些前面网申部分做过分析。

可能被问到的面试问题可能有很多，但万变不离其宗的是：所有问题都是围绕验证"你是我们想要的人吗"这个核心。所以面试官的每一个问题都是在确认：你了解我们吗？你对我们组织以及应聘职位真的感兴趣吗？你的价值观与我们组织相符吗？你基本达到岗位要求了吗？你未来能够适应且胜任职位的要求吗？

不论是预测面试问题还是回答问题，都要牢记以上面试目的，只有你认为自己符合以上几点，经过认真准备、反复练习，才能有个满意的面试结果。

4.5.3　无领导小组讨论的备战方法

1. 无领导小组讨论中的主要角色

近年来，不少企业在应届生招聘面试中用到无领导小组讨论，这是一项集体完成的面试活动，每个小组成员都应该积极参与。讨论过程中的每一个环节，面试官都在考察每个应聘者的表现。

在团队中工作，每个人都要承担不同的角色。无领导小组讨论中，虽然没有领导者的提前指定或事先约定，但是小组成员也会自然而然地承担起不同的工作任务。下面简单介绍其中的几种角色，应聘者可以根据自己的个性特点、实际情况进行自我设定。

（1）团队领导者。一般会由最开始提出讨论框架的人来担任，主要职责是搭建逻辑框架＋引导讨论主线＋掌控全场节奏，可以说是整场面试的核心。很多人容易把领导力和领导者这两个概念搞混。有领导力≠当领导者！虽然每一家公司都希望未来的人才拥有领导力，但领导力不一定要以团队领导者的身份展现。在条件并不充分、自己对题目认知有限以及有多人争抢做领导者的情况下，不要强求自己做领导者。

（2）进程掌控者。主要职责就是分配好每部分的时间，超时可进行干预，辅助领导者引导讨论思路，推动讨论进行。当进程掌控者要有很好的时间观念和节奏把控感。但请注意：在讨论中，进程掌控者做的一定不是简单的“报时”工作，而是把控时间、推动讨论进展，在讨论离题的时候及时指出，并拉回正轨。

（3）信息记录者。主要职责是快速记录讨论思路，提炼总结最后的有效结论，适当发言，同时信息记录者一般会兼顾最后的汇报工作。这个角色需要记录其他人的发言并进行有逻辑的总结和归纳。每一个环节的结尾，可以用框架化的语言重述一下大家讨论的内容及最后形成的观点，然后获得团队的认可；甚至可以直接站上台，通过板书的方式将团队汇报的内容写下来，便于之后的展示。

（4）演讲汇报者。主要职责是代表小组呈现讨论结果，有的时候会由领导者或信息记录者来兼任，也可由每人分包一部分内容。这个角色要对自己的内容非常熟悉，主动承担总结发言的任务，需要充分体现候选人善于归纳总结、勇敢担当、积极主动、表达清晰等能力特质。

（5）进程推动者。并非只有以上角色才是对团队讨论进程有帮助的，也并不是只有以上角色才会通过无领导小组讨论的考核。在小组讨论的过程中，如果你提出新的观点、一些对行业的洞察或是新的视角，最终能促成一个方案，也会受到面试官的青睐。

2. 无领导小组讨论的角色选择与角色任务

无领导小组讨论中，角色的选择要符合自己的特点，符合自己特点的行为方式才更有可能获得面试官的认可。高表现的角色也有高风险，在表现和风险间可以根据同小组人的个性特点进行平衡。挑选角色时还要考虑应聘岗位的核心能力需求，如管培生岗位对领导力要求较高，就要尽量挑战一下领导者角色；如有的岗位对语言表达能力要求高，就尽量去争取演讲汇报者的角色。

选择了不同的角色后，在小组讨论中要承担起这个角色的职责，不同的角色的特点和建议如表 4-2 所示。

表 4-2 无领导小组讨论中不同角色的特点和建议

角色分类	角色特点	角色建议
团队领导者	组织讨论、把握方向、控制进度、协调矛盾，有气场、声音大，外向居多	团队领导者是自然产生的，一般刚开始时由一个人提出解决问题的思路或讨论的框架，这个人很可能就成为团队领导者，团队领导者要把握好方向、调节矛盾、关照每一个成员

续表

角色分类	角色特点	角色建议
进程掌控者	分配时间、控制时间、推进进度	进程掌控者有很大的权限，可以在必要的时候打断啰唆发言的人。(1) 打断别人的时候可以争取自己发言的机会；(2) 甚至可以实际控制团队以展现领导力；(3) 时间划分要合理（收集观点、综合讨论、形成结论等各部分划分合理）。
信息记录者	收集观点、归纳整理	信息记录者非常关键，讨论真正的成果或框架掌握在信息记录者手里。(1) 掌握科学的记录方法，条理清晰、层次分明；(2) 全面、没有遗漏；(3) 争取做演讲汇报者。
演讲汇报者	表达能力、演讲能力、逻辑思维能力等	非常重要的角色，汇报时要：(1) 说出团队成员名字；(2) 感谢团队和公司；(3) 控制时间；(4) 如果时间富余，问有没有补充；(5) 不要紧张。
进程推动者	视野广阔、有创意、灵活、熟悉某个领域	只有脑子里有真材实料才能做好进程推动者：(1) 有什么想法一定提出来，并且珍惜每次发言的机会；(2) 尽量多发言，甚至复述总结别人的观点；(3) 随时准备争夺领导者身份（仅限于讨论刚开始），尤其是要抓住现任领导者的思路出现明显错误的机会。

3. 无领导小组讨论的注意事项

(1) 观点明确，求同存异。一定要有自己的观点，即便与别人意见一致，也要补充自己的论据，补充别人发言中不完善、不全面的地方，而不能简单附和。对别人的不同意见，要在其陈述后客观分析，不带感情色彩，不否定他人的观点，以讨论、交流的状态充分表达自己的观点。

(2) 人际和谐，问题为先。避免发言过多或过于强势，保持小组激烈但温和的讨论氛围，以解决问题、达成一致意见为前提，而不是战胜他人、发泄情绪。

(3) 仪态良好，关注他人。要保持良好的仪态仪表，与小组成员温和、平等地进行目光交流，有兴趣地倾听，不要过度表现也不能过度沉默；关注到小组每个成员，记住每个成员的名字，至少是姓氏，避免一人独大。

4.5.4 面试前后的注意事项

很多毕业生觉得面试很难；其实对面试官来说，面试也不简单，如何在短时间内判断出应聘者是否满足岗位要求、具备必要的职业道德、与企业价值观一致、有发展潜力也不是一件简单的事。所以，面试中应聘者要站在企业需求维度高效展示自己，帮助面试官做出判断的同时成就自己。

为了实现这个目的，需要做到以下几点：了解应聘岗位的能力需求，了解企业的选人标准；清楚自己和岗位需求的匹配点；了解不同面试形式的规则，了解每种面试形式的考量方式；预测面试问题、反复演练，做好面试过程管理；做好面试复盘，及时反思、改进。

1. 面试前的准备工作

面试前第一项重要的准备工作就是更充分地收集企业信息、岗位信息，前文介绍过企业信息搜集、岗位信息搜集的内容和方式，可再复习一下。在充分了解信息的基础上，对自身与岗位需求匹配情况再进行梳理，对匹配的经验、能力、个人特质等，依据 STAR 法则，用故事的方式展示出来，最终形成 8—10 个可以在面试中呈现岗位需要的核心能力的故事，以备在面试中随时抽取。

第二项重要的准备工作是根据对企业面试方式的了解，根据不同面试方式考核的重点和应聘岗位的核心能力需求，预测面试中可能被问到的问题，进行反复演练。建议写出每个预测问题的文字稿，做到熟练地背诵、流利地讲出。

接到面试通知时要与企业 HR 确认面试的时间、地址，了解每次面试的时间长度、由谁来面试、需要携带的物品、注意事项等。

面试前还要准备好几份纸质简历和一些奖项等的证明材料，携带白纸、笔等，进一步熟悉简历，准备面试着装。面试着装在 4.5.5 再详细展开。

如果是视频面试，还要注意提前营造良好的面试环境。选择信号好、采光好、背景简洁、安静的地方；注意人要处于镜头正中间；还可以给自己打光，充足的光线能使人容光焕发，留给面试官好印象。面试前检查好麦克风、摄像头等各种设备，保证电量充足和网络信号通畅；面试开始前要关闭设备的提示音，避免面试受到干扰。

2. 面试中

切记不要迟到，最好提前 10 分钟到达面试地点；随身携带一面小镜子，用 5 分钟的时间整理一下仪容仪表。万一有迟到的情况发生，第一时间要联系企业 HR，说明情况、商量处理方式。

见到应聘公司的任何一个人都要有礼貌地打招呼，也许他/她就是你的面试官或未来的上司。见到面试官不知道对方职位和姓名的，可以直接称呼“您好，我是来面试×××岗位的×××”，先做自我介绍，然后礼貌问询“如何称呼您”。

面试前手机一定要调到静音或关机，面试过程中不可做任何与面试无关的事情。

一般情况下，即便受邀先进入面试房间也不要直接找个座位坐下，可以先在门口等一下面试官，根据面试官的授意落座。

面试中，语速要保持好一定的节奏，抬头挺胸，目光直视前方。回答问题时声量适中、清晰连贯。面试过程中要时刻管理好自己的情绪，即使面试官采用的是压力面试，问题过于尖锐或不礼貌，甚至有不专业、不职业的行为和语言，都要尽量做到平静、平和。

面试结束时，要对面试官表示感谢。

3. 面试后

面试结束后，如果有面试官或 HR 的邮箱、手机、微信或其他联系方式，可以对对方表示感谢，让对方更深刻地记住你；如果发现之前自己有表现不够好的地方或说错话的地方，有未能突出的优势，也可以借机进行补救。

还有一项重要的工作就是对面试过程进行复盘：

（1）复盘在面试现场的整体表现：是否全神贯注地倾听了对方的讲话；你的言谈举止是否得体，是否注意礼貌。

（2）复盘在面试现场的语言表达：是否恰当地表达了自己的愿望和热情；对自己工作能力的申述是否充分、有条理、有例证；你计划要了解的情况是否都了解到了；是否和面试官建立了和谐、有效的沟通。

（3）复盘在面试中的所有问题及答案：记录下面试官的问题，回顾整个面试过程；深入思考，哪些方面表现得最好，哪些地方失误最多；关于面试官的提问，你是否还可以做出更好的回答；如果是线上面试可以用手机或者电脑录像，事后再观看复盘。

总结复盘的结论，避免下次再犯同样的错误，并不断根据总结优化面试。

4.5.5　形象与礼仪管理

1. 面试仪容规范

首先注意着装，即服装的穿着。着装要基于人自身的阅历修养、审美情趣、身材特点，根据不同的时间、场合、目的等，力所能及地对所穿的服装进行精心的选择、搭配和组合。面试是一个特定的重要场合，恰当的着装能给面试官留下良好印象，虽然说有好印象未必会被录用，但是有坏印象就一定不会被录用。

面试着装规范与面试的企业、面试的岗位有很大关系。应聘企业的技术岗，一般对着装的要求不高，稍微正式一点，干净、整洁就可以。如果应聘的是金融、咨询、法律、会计等职业化要求较高的岗位或商务类岗位，就需要着正装了。

面试中的非正装着装建议以一件正式单品加其他商务休闲单品的搭配方式，如一条西装裤加一件有领子的 T 恤，不显得过于随意，也不过于正式。

面试中的正装：一般来说，夏季多建议男生穿白色短袖衬衫搭蓝、黑西裤，配上黑色皮鞋；春、秋、冬季推荐男生选择白色衬衫搭配蓝、灰、黑西装，黑色皮鞋。衬衫的袖口一般以露出西装袖口以 1.5 厘米为宜，衬衫的下摆要塞到裤子里。

选择西装时，比较苗条的男生可以选择单排扣西装，两粒扣的单排扣西装，扣上面那粒，三粒扣或多粒扣的，扣中间那粒。比较胖的男生可以选择双排扣西装，钮扣要全扣上。西裤要选择有中折线的，长度以前面能盖住脚背、后面能遮住 1 厘米以上的鞋帮为宜。

穿整套西装时一定要穿皮鞋。面试时，穿黑色或咖啡色皮鞋较为正式，皮鞋不应有铁掌。袜子选择与西裤、皮鞋颜色相同或颜色较深的，一般为褐色、深蓝色或藏青色。

女生面试的着装更多样化，基本要求就是干净、整洁、熨烫平整，色彩柔和而不过于艳丽，裙装、裤装都可以，选择适合自己身材的着装即可。饰品以少量、精致、淡雅为宜。一般说来，可选择衬衫或针织衫，搭配较正式的窄裙。裙子的长度过膝，搭配肉色的连裤袜或者长筒丝袜，鞋子可以选择黑色或棕色的、跟高 3 厘米到 5 厘米的正装皮鞋。

建议尽量不要染发，如果染发，色泽不要太过艳丽。

男生发型：一般要求干净利落，不宜过长，不要剃光头，做到“前发不覆额，侧发不掩耳，后发不过领”。

女生发型：总体要求清爽利落、美观大方，长头发要扎起来，不要披头散发、发饰过多。女生可以烫发，但要选择给人以稳重感的发型。

面容总体保持干净整洁、清新自然，女生可化淡妆提升气色，饰品不要太多，样式要简单，建议不要喷香水，尤其是浓香型。男生不佩戴饰品，不蓄胡须，鼻毛不外现，口中无异味。

面试时应保持手部清洁，不蓄长指甲，不使用醒目的甲彩。

2. 面试礼仪规范

（1）面试进场、退场礼仪。进入面试场所前先敲门，轻敲三下，听到“请进”后，再进入房间。即便考场门是开着的，也要先轻敲两下，得到示意后再进入房间。

进入面试场所后，面带微笑向面试官问好，征得面试官同意后落座。主动递交自己的简历，双手递上，纸张正向要对着面试官，方便面试官查看。落座后身体自然挺直、头正，表情自然、目光平视，双手放在考桌上，掌心向下，两脚平落地面。坐在椅子的 2/3 处，身体保持笔直微微前倾，表示你正在很专注地倾听，切忌懒散瘫坐、含胸驼背、双手抱胸。

男生常用坐姿有正襟危坐式和垂腿开膝式，这两种坐姿都适用于正式场合。女生坐姿要求更高，尤其是对于穿裙装的女生，一般双腿斜放、双膝并拢，双脚向左或向右斜放，力求使斜放后腿部与地面呈 45 度角。禁止采取的坐姿有：双腿开叉过大、双腿直伸出去、抖腿、脚踩他物、手乱放、仰靠椅背、跷二郎腿。

面试结束后，要微笑起立，感谢面试官并说再见。离场时面对考官，侧手轻轻关门。

（2）面试中的礼仪。

1）面试语言。面试中的语言要简洁、有重点、有逻辑，切忌啰唆。讲话时注意音调的高低起伏、抑扬顿挫以增强讲话效果，避免平铺直叙、过于呆板的音调。根据实际情况调整语速快慢，讲话速度最好不要过快，尽可能娓娓道来，给他人留下稳健的印象，也给自己留下思考的余地。

措辞要谦逊文雅。说话不要随便，不要大大咧咧，注重措辞，忌言语粗俗。尽量以事实说话，少用虚词、感叹词。尽量不要用简称、方言、土语和口头语，以免对方难以听懂。当不能回答某一问题时，如实告诉对方。

讲话应依据内容和层次合理、有序地展开，注意语言的逻辑性和层次感，多使用总分总的金字塔结构组织语言。

2）面试中的面部表情。面试时面部表情要从容、镇定、自信，目光坚定、表情自然，切忌僵硬死板、面无表情。适时适度微笑，但笑得一定要自然。

3）面试中的目光交流。面试时一定要注意要与面试官有眼神交流，保持真诚、友善、自信，不要慌乱闪躲或往斜上方瞟。也不能只与一个面试官有目光交流、无视其他面试官；应以正视主面试官为主，环视其他面试官为辅。

4）手势。面试时可有适当的手势，但手势不宜过多，动作不宜过大，千万不要用手指面试官。避免出现玩手指、玩笔、拉衣袖、抓头发、抓耳挠腮、玩饰物、揉眼睛等行为。

本章小结

面试是自我综合素质与能力的展示，同学们要足够重视，提前准备，全面展示。针对自己希望获得的职位，同学们首先要撰写有针对性的简历及求职信，同时了解面试的基本流程及面试中可能面临的主要问题，还要掌握顺利通过面试的基本方法。

课后思考与练习

1. 针对求职目标撰写一份求职简历。有余力者，请针对每一个求职目标撰写一份求职简历。

2. 应用简历验证的方法对上一题完成的简历进行修改。

3. 尝试简历的各种投递渠道，关注简历投递反馈，反思简历投递效果。

4. 搜集求职目标的笔试题目，大量练习，提升笔试的应试能力。

5. 了解求职目标招聘时的面试方式。

6. 大三暑期前参加一次模拟面试，或是与同学互为面试官，模拟一次面试过程。对模拟面试过程中自己的回答进行复盘、反思。

推荐阅读

材料1　脚踏实地，做优做强

——大学期间的职业认知与求职定位

李　扬

大学成长经历

大一的我是比较勤奋的，心态积极，想要走保研的路线，所以我日常以学习为主，同时参加一些社团活动，担任话龙剧社宣传部干事和班级文艺委员，还参加了一些比赛，也都有获奖，如“外研社·国才杯”全国英语写作大赛、学校第六届课堂模拟大赛等，期末也拿到了国家励志奖学金。

上了大二以后家里面突发变故，需要我尽早出来就业来分担家里的经济负担，与我大一向往的保研路线相悖，于是大二的我很迷茫，纠结徘徊于就业和读研之间。大三时终于确定了就业，但因为之前没有相应准备，那时的我是慌乱的，危机感比较重，害怕自己去不到心仪的公司，抓紧每一分每一秒来学习准备。大四的节奏就比较快了，心绪在开心与难过之间徘徊，拿到 offer 时特别开心，面试途中被刷掉就会沮丧，直到最终签订了就业协议才松了口气，心情平稳下来。

对于职业目标的确定，我经历过很多选择和纠结。我的专业是计算机科学与技术，按理来说应该去做程序员，但鉴于我对代码的兴趣不是太高、对整日敲代码的工作模式感到厌倦，同时又不想离开互联网这个火爆、多金的行业，于是我把目光投向了互联网行业的非技术岗。起初运营对于求职者门槛较低，我先去尝试做了一段时间的运营，整体做下来后感觉运营职位可替代性较强、工作内容重复性高、待遇也较低；于是我把目光投向了薪资比肩技术岗的产品经理，经历了两段产品的实习后，最终把职业目标定位到互联网行业的产品经理岗位，其他行业的产品经理以及程序员作为自己的备选项。

定位到产品经理后我就进行了大量的准备，更加用心地投入这场持久战。首先去淘宝上购买了一些产品经理的相关书籍，如《人人都是产品经理》《结网》等，进行了通篇阅读，让我对产品经理这个职位有了初步的认识和了解；随后又去得到 APP 上购买了起点学院的产品经理培训课和梁宁老师的“产品思维 30 讲”，一节一节特别认真地听完并在听的过程中一边做笔记一边给自己留作业，强迫自己完成自己给自己留的作业；之后我还报名了学校学长的一个产品经理培训营，从而有了进一步的系统性学习。与此同时，我开始寻找相关项目的练习，在练习中升华自己所学的知识；一切就绪后我开始了大量的实习面试。最忙时一天 8 场面试。这个过程不仅帮助我积累了丰富的求职经验，也让我找到了很好的实习，从最开始的百度到后来的纷享再到最后的字节跳动，我完整走完了每个公司的实习流程，收获了很多的实战经验。

求职经历

我的实习经历较为丰富，仅仅在产品方面就有过相关的 5 段实习经历：(1) 在百度担任产品运营实习生，主要负责产品“宝宝知道”的竞品分析和用户引流等相关工作；(2) 在上海盈翼文化传播有限公司担任产品经理实习生，主要负责旗下产品“同学库”的产品迭代和优化；(3) 在上海督彩科技有限公司担任产品助理实习生，主要负责心智矩阵 APP 的“心理分析”模块从 0 到 1 的一些设计和优化；(4) 在北京易动纷享科技有限公司 PaaS 产品部担任产品经理实习生，主要负责 750 版本到 760 版本的过渡和优化；(5) 在北京字节跳动科技有限公司担任产品经理实习生，主要负责校区 CRM 系统的迁移、迭代和优化。

在获取类似的实习生招聘信息时我也掌握了适合自己的一些渠道：(1) 从招聘软件上找招聘信息，最典型的包括 Boss 直聘、拉勾招聘、智联招聘等等；(2) 从各种求职微信群里搜集实习生招聘信息，自己也加了很多发布招聘信息的求职群，如有望、麦芒、职将等等的招聘群，都可以搜集到很多有用的信息；(3) 去各大公司的官网上寻找实习生的招聘信息，如百度、腾讯、字节跳动等公司的官网就会不定期地更新实习生招聘信息。

进入秋招投递简历前，我就建了一个文件夹“秋招进行时”，收录秋招的一些相关信息。开始时我创建了自己的《秋招宝典》，从网上和相关书籍里搜集到了大量有关产品经理的笔试和面试的问题及应对策略的总结，如拉勾招聘上推荐的“面试产品经理的常见20问及回答策略”、简书上的“产品经理面试100问”等等。之后我开始修整简历，一方面有训练营的指导老师来教我如何写一份好的简历，另一方面自己搜集优秀简历、从中借鉴一些写好简历的经验。简历修整完成后，我就开始了海投。当然，海投并非漫无目的地瞎投：我是先把互联网行业的大厂和中厂的产品经理岗位都投递了一遍，随后又把其他各行业内的知名企业的产品经理岗位、客户经理岗位及计算机科技岗位都投了。投简历过程中我新建了一个《秋招面试进度表》，记录我秋招的投递公司、投递岗位及求职进度。参加了几次笔试后，我发现产品经理这个岗位的笔试题目大多是公务员考试中的行测题目，又创建了《笔试宝典》，用来收录笔试题目的答题技巧和答题方法，同时购买了相应的习题册来增加练习次数，笔试过程中遇到好题目也会收录在《笔试宝典》里。

接下来就是面试。我一方面要求自己及时总结面试技巧，对每次面试经历进行及时的总结和复盘，另一方面增加公司投递数目，一些不太想加入的公司我也试着去投递，这样就积累了面试经验，最终也形成了自己的《面试宝典》，里面收录了很多面试时的常见问题及官方答案，以及自己每次的面试经验复盘和总结。每次开始面试一家公司之前我都会“备课”，就是对即将面试的公司以及它的岗位有一个充分的了解。这里建议上牛客网查看一些面试过的小伙伴们的面试经验，从而进行更加完整的准备。

经过一番努力，9月到12月间我陆陆续续接到了21家公司的offer，包括58同城、小米、转转、美图秀秀、北汽福田、上汽、吉利、东软、三只松鼠、招商银行、中国联通、韵达快递、碧桂园等等。这时，如何选择又成了摆在我面前的一座大山。我列了一个表格，从所在城市、岗位意向度、公司意向度、薪资待遇、工作稳定性等多个维度进行了分析对比，最终在一众offer中选择签约我认为性价比最高的中国工商银行（北京）的科技菁英岗。

求职过程中遇到的最大的难题就是群面。我本人平时比较内向，在无领导小组的讨论过程中往往处于劣势；加上群面参与次数太少，因而无法在寥寥几次的群面中寻找技巧和方法。对于这个难题，我首先从网上搜集了很多群面的方法和技巧，接下来加大简历的投递力度，以获取更多的群面机会，还与一起参加秋招的同学组建了一个微信群，在群里进行了多次模拟群面。随着理论的不断完善和实践次数的增加，我慢慢找到了其中的门道，总结了自己的《群面宝典》。

最后谈谈求职心得和求职收获。经历了3个月漫长的“狙击战”，我成功上岸。这个过程中包含了太多的笑与泪：忘不了自己在面试华为客户经理的时候在最后一轮面试被刷的撕心裂肺，也忘不了在面试京东产品管培生 HR 面时被刷的绝望透顶，让我一个大男孩瘫坐在工学馆的楼道里抱头痛哭，也让我一次次体验着成年人的世界里的不易和心酸。同时，也有一次次收到公司录用通知书的兴奋和喜悦，开心与难过贯穿了我整个的秋招求职历程。这个过程中我收获颇多，最重要的是我发现要想做好一件事情，一定要具备所谓的"匠人精神"，把要解决的问题碾碎了、揉烂了，从各个微小细节中去积累经验，同时做好复盘、让每一次笔试和面试都发挥出最大价值，养成良好的习惯，面临失败时注意自己的心态调整，千万不要因为一次失败就一蹶不振，多给自己加油打气，相信前方的彼岸一定是成功。

经验分享

● 不打无准备的仗，成功是建立在充分的准备基础之上的。

● 每一次笔试和面试无论成功还是失败都要总结，都要复盘，以此来积累经验，并且更好地指导自己下一次的笔试和面试。

● 多练习、多实战，不要停留在理论层面。

● 及时寻求父母、同学和老师的帮助，调整自己的求职心态。

● 用心去做，不要在求职的时候三心二意。

● 尽早确定职位目标，这意味着你比别人多了很多的准备时间。

● 注意方法和策略的及时调整，尤其是觉得不适合自己的时候。

（作者为东北大学秦皇岛分校本科毕业生）

材料 2　拒绝躺平，别让今天的"懒"成为明天的"难"

邵　壮

指尖转动，回首大学四年，母校已经成为我们青春的故乡。从校园到职场，每一步都伴随着成长与变化。在这段宝贵的岁月里，我不仅收获了知识，更在人生的道路上留下了深刻的印记。

兴奋与迷茫

记得那个炎热的 2019 年夏天，满怀着对大学生活的无限憧憬，我从宁夏中卫出发，跨越 1 500 公里的距离，独自乘坐火车抵达青岛，来到了青岛农业大学，开启了全新的生活和学习篇章。初入大学的我，不再面对高中时期沉重的学业压力，而是迎来多种多样的课程、丰富多彩的社团生活以及认真负责的学生组织。当时的我既兴奋又迷茫，对于之前未曾涉足的大学活动感到新奇，却又不知道自己究竟适合什么活动、担任什么岗位职责，于是决定一一尝试。

大一上学期，我忙碌而充实，除了完成日常的课程学习，还积极参与各类社团活动和学生组织的活动，每天早出晚归，养成了良好的生活作息习惯，仿佛有用不完的能量，享受每一次组织活动带来的经历与成长。尤其是大一下学期，由于疫情的原因，需要在家中完成我的课程学习以及学生组织发布给我的各类任务，这绝对是对我的一个巨大的考验，在各种懒散、懈怠的诱惑下，我始终坚持自我，平衡好学业、工作以及休闲娱乐三者的关系，这为我以后的学习工作奠定了良好的基础。

然而，随着大一时光的迅速流逝，迷茫也逐渐涌上心头。当初的新鲜感渐渐消退，听着周围优秀的学长学姐们的事迹，看着曾经帮助过我的前辈各自奔向自己理想的前程，我开始反思，在这一年里，我除了在各种学业和工作中不断循环，我学到了什么，对于未来我是怎么规划的，我怎样能充分地向他们学习，圆满地度过我的大学生活，追随他们的脚步，走向属于我的光明的未来。

努力与积累

进入大二，我在学校举办的职业生涯规划大赛上听到了就业指导老师的一段话："人生只有一次，选择怎样的生活完全取决于自己。如果只是随波逐流，被人群推挤前行，最终只能成为'群体'中的一员，无法实现自己真正的梦想。"这番话引发了我深深的思考——我想要从事什么样的工作？面对未来的职业道路，我需要做哪些准备？我开始有意识地深入了解会计专业和就业方向，并进行了职业兴趣测试。

幸运的是，在就业指导老师以及身边朋友的帮助下，我仿佛找到了我的就业方向，大二那年就开始了职业规划。我热爱会计这个专业，想在这个领域内发挥自己的价值，以此为指引，逐步将目标具体化。我需要尽快进入会计相关的企事业单位学习，对会计职业及工作内容有基本的了解，好知道我所学的会计知识和实际工作当中的知识运用有哪些不同，我需要在业余时间加强哪些方面会计知识的学习和积累。

接下来的日子里，我开始向青岛及家乡的会计企事业单位积极投递简历，与公司的人力资源工作人员沟通交流。同时，积极投身社会实践，在人际关系的处理、沟通交流的表达、应急应变情况的处理、活动的组织和管理等方面不断积累和提高，不仅参与了学校的支教活动，还积极参与学校秋招、春招等招聘会志愿服务，在这些活动中不断地提升自我、磨炼意志。

偶然的一次机会，我接触到了"大学生返乡政务实习"活动，让我开始对基层实务产生了一些新想法，于是我在寒暑假期间报名并先后在社区街道办、乡村振兴局、审计局等开展实习工作。这些基层工作让我了解并接触到了一个离我远之又远的职务——公务员，为民服务的公仆。我开始对自己的职业规划和身份定位有了一个清晰的描绘：将公务员职位和会计专业相结合，实现我的人生价值。

机遇与挑战

大三是拔节育穗的关键时节，也是选择不同赛道的重要节点。这一年的生活格外充实，我竞选成为新生班主任助理，受老师信任担任学工助理负责人，这些宝贵的经历都为我以后的职业道路选择奠定了坚实的基础。我开始转变我的发展重心，下半学期选择公考和求职两手抓，开始陆续准备公务员考试和求职简历，当时每天兼顾上课、学工助理工作和公务员复习备课，虽然忙碌但是痛并快乐着。但是在经历过一次次求职被拒的状况后，我更加坚定了上岸公务员的决心。在备考公务员的路途中，我踩过很多坑，也得到了很多人的帮助。备考前期，作为一名公考小白，我不知道如何安排学习规划，对于公务员岗位的选择报考等我都不了解。于是我积极寻求已经成功上岸的学长学姐的帮助，认真求教；在备考过程中，我明确自己的学习任务，及时查漏补缺，累但快乐着，因为我看到了黎明到来前的曙光。

备考之余，我还需要对大学四年的会计知识进行全面的梳理和复习，为我的工作面试做好充足的知识准备，我开始积极寻求就业指导老师的帮助。在经历一次次面试受挫后，我开始产生自我怀疑。办公室老师和就业指导老师对我的简历进行了完善和修改，并对我的面试过程进行复盘，让我不断从失败中汲取经验教训。终于"功夫不负有心人"，我顺利通过了一所上市公司的面试，收到了入职offer。这是我第一次面试成功。这个成功经历为我后期公务员的面试积累了宝贵的经验。

转眼即将国考，但是疫情却蔓延到了学校，突如其来的变故打破了之前一切的计划，公务员笔试地点由青岛改到了中卫，时间也变成了不确定的延迟，面试也从线下转至线上。面对这些变故，我感受到了前所未有的压力和挑战，开始有些慌乱。不过，有家人和朋友对我及时的心理疏导，也有老师同学对我的帮助和鼓励，我及时调整心态、坚持下去。正式考试中我冷静沉着，最终顺利进入面试。有了之前通过公司面试带来的信心，我全力以赴，背诵各种面试热点素材，不断和同学老师交流对练，终于通过了公务员面试，成为一名国家公职人员。

对于考公，我有几句肺腑之言送给学弟学妹们：一是坚定信念。近年来，"考公热""考研热"逐渐盛行，不要盲目跟风，要与自己的职业规划和就业兴趣充分结合，要明确自己为什么考公；一旦确定好目标就不要中途放弃，要善始善终。二是做好学习规划。在搜集上岸经验帖和考公学长学姐的建议后，准备好相关的学习资料，一定要给自己制定详细的学习计划，明确自己每天要完成哪些任务点。经历过基础阶段的学习后，你会发现自己遗忘了很多知识，这时要通过做题不断巩固每个知识点，绝不留任何知识盲区。在备考过程中，要根据自己的学习进度和学习情况，不断对学习计划进行调整。一切都来得及！三是拒绝内耗、保持高能量。排除一切干扰，把注意力尽可能集中在一件事上。不要给自己贴负面的标签，不要被网上焦虑内卷的氛围所击倒，相信自己才是最大的动力源泉。

坚定前行

站在毕业的门槛上，我对未来充满期待。在人生的重要岔路口，是进入政府机关为人民服务，还是进入公司发挥自己的专业优势，二者各有各的优势。在经过自己的深思熟虑后，我选择了前者。想起曾经在政府机关实习的那些日子，想到为群众解决好每一件小事心里油然而生的成就感，我想，在税务局中，我依然可以继续利用我的专业所学，还可以为群众服务、为基层治理、为国家建设贡献自己的微薄之力。直至今日，我很满意也很感激曾经做出这个决定我的自己，这条路我走得很坚定，也很踏实。

回顾大学四年的时光，我深刻体会到“拒绝躺平”的重要性。正是因为很早就接触到了职业规划，明确了就业目标，不断努力、积极追求自己的梦想和目标，而不是躺平，我才能够不断成长和进步，最终成为税务铁军的一员。在未来的日子里，我将继续保持这种积极向上的态度，不断追求自己的梦想和目标，让自己的人生更加精彩和充实。希望更多的学弟学妹能够拒绝躺平、勇敢追求自己的梦想和目标，让青春在奋斗中焕发出更加绚丽的光彩。

（作者为青岛农业大学本科毕业生）

材料 3　及时“止损”、精准定位

——计算机专业本科毕业选择入职在线教育

张成涛

我本科阶段成绩中等；虽然是计算机专业，却几乎无相关项目经历、无实习经历；抱着必定考研的决心，到最后却放弃考研而找工作。在这些方面，我觉得我与大部分计科人很像。但我仅仅只参加过 5 次大厂面试，在一堆“双一流”研究生中厮杀后，成功上岸录取率约为千分之五的岗位。除了我能及时“止损”外，我想这看似偶然的成功，其实都是必然的。

大学期间的很多经历对我就业帮助不少。大一期间，班委和学生会干事工作让我认识了很多优秀的人，从而累积了人脉；策划学院运动会，帮助我提升了规划能力和逻辑思考能力；龙舟队的训练磨炼了我的意志力；最关键的还是利用寒暑假创办的辅导班和坚持健身 5 年这两件事。辅导班的创办除了教会我如何运营以外，更多的是提升了我授课的能力及与家长、学生沟通的能力；而坚持健身 5

年除了让我保持健康外，还让我找准了以后成为一名网课老师的定位。感谢当初奋斗的自己为现在的我铺好了就业求职道路，若那个时候庸庸碌碌地活着，恐怕我没法将兴趣当成工作。

求职前的迷茫期

每个人都会有迷茫的时候，迷茫时就放松放松吧。我是大三下学期的暑假（7 月份）开始准备求职的，此前我是抱定考研的决心且也复习了一部分考研知识点。但是复习的压力很大，每天压迫式的学习导致我很累，出现了空窗期——什么也不想做。空窗期持续了一周，其间我一直思考：为何学着那么痛苦？如果不学习，就业该找什么工作？我是不是会失业了？等等。压力大的我选择了泡健身房，因为撸铁能让我抛开一切烦恼，我锻炼的时候突然柳暗花明——“当初填报计算机专业只是觉得好就业，自己学了三年，也还是对于前后端不感兴趣，不像保研的室友，敲个代码都乐呵呵的，所以学起来没有动力”。

及时定位就业方向

迷茫过后找准方向及时“止损”。“我该干什么呢？我的兴趣是什么呢？我没有实习经历会有公司要我吗?”一大串问题又浮现在我脑海。锻炼完回到家后，我立马梳理了大学期间做过的事和自己不讨厌的方向，突然想到自己教了几十名学生，讲课期间的专注度比我学习还高，那教书不正是我所感兴趣的吗？首先，回顾从小到大的经历，我确实喜欢跟别人讲东西，从小学开始就被老师安排和学习稍差的同学做同桌，那时就特别喜欢分享做题的方法。后来自己讲过挺多课，也很享受上课和刷题备课的感觉。其次，自己虽无实习经历，但独自创办辅导班，学生数学成绩平均提分 15 分并盈利 4 万余元的经历，也应该能为我的简历增添几分色彩。再次，经历了疫情，在线教育的发展迅猛、前景也很好。最后，虽然我学的是计算机，以后的工作方向是互联网教育，但两者还是稍稍挂钩。所以我选择了在线教育。

立即行动之简历篇

确定就业方向后，便立即行动，别再为以前贪玩的自己懊恼，可以边做简历边寻找招聘信息！

“简历不是写出来的，是做出来的”。第一次要做好简历，是很痛苦的过程。简历要包含自己大学期间的经历，凸显自己的优势，且一定要和应聘岗位挂钩，还需要简洁明了、重点突出。很多同学不知道该怎么做简历或者做不好简历，下面是我总结的做好简历过程。总体来说分两步走：第一步，写一份完整的简历；第二步，不停优化更新，提升简历质量。

写一份完整的简历。相信大家开始做简历时很容易不知道写什么，且我们大部分人作为本科生，经历寥寥无几。因此可以从以下几方面着手：(1) 梳理大学期间做过哪些事，按照时间线来梳理，包含学生工作、项目经历、实习经历、科创经历、其他和岗位匹配的经历，总结的时候一定得细致一些。(2) 学习优秀简历，简历的内容我们没法学习，我们需要学习优秀简历的思维逻辑，不难发现优秀的简历逻辑思维都是板块分明、重点突出、逻辑清晰、与应聘岗位较为匹配，阅读的时候一定要去思考换做自己的话，这一板块该怎么写！(3) 选择匹配的简历模块进行简单修改，并把之前梳理的经历往模板里放即可。简历初级版本就诞生了。

不停优化更新，提升简历质量。当简历初级版本诞生之时，你感到满满的成就感，恭喜你，你已经走完做好简历一半的路了。但做简历不等于做好简历，简历初级版本只是把简历给写满，并没有真正做到逻辑分明、重点突出，甚至与岗位相匹配，因此需要打磨，这里我以我的简历为例子做说明：(1) 一个板块一个板块来细磨，别想着一口吃个大胖子，并且还需要再去看优秀简历，去细抠，学习别人是如何做到吸引眼球的。(2) 咱们学校名称后面一定加一个“双一流”，即使平常我们总开玩笑，但找工作时你会发现我们“双一流”院校还挺吃香的。(3) 可以把一些与岗位挂钩的高分科目写到简历上，例如我要应聘产品岗，而我软件工程 98 分，完全可以放到教育板块里注明。(4) 项目经历或者实习经历不会写，怎么办？建议使用小故事法。把你的经历像写作文那样写出来：背景＋你是谁（担任的角色）＋你干了啥（你的职责）＋遇到的问题＋解决办法＋结果＋收获，大概五六百字，然后再去提炼到两三百字。这样写的好处有两点：一是逻辑清晰。二是面试时面试官如果让你介绍简历上的相关经历有得说，就不会再重复简历上相同的内容。很多简历都比较强调活动的结果，例如我的初级版本：第一届辅导班教授学生 5 名并盈利 4 000 元，第二届辅导班教授学生 8 名并盈利 9 000 元，第三届辅导班教授学生 12 名并盈利 14 000 元……这样写并不能突出我的教学能力，也没法告诉 HR 我做了哪些事，要知道 HR 过一份简历不到 1 分钟。所以后来我就按照小故事法优化简历，的确提升了不少。(5) 荣誉奖项的小技巧。例如我的简历初级版本写的是：获得校三等奖学金 6 次。而终极版是：每学期都获奖学金，共 6 次校三等奖学金（全系 202 人约 30 人可连续获得）。这样写的好处是能告诉 HR 自己成绩很稳定。再例如我简历初级版本写的是：校三好学生、加入中国共产党。而终极版是：校三好学生（全系 202 人共 9 人获得）、加入中国共产党（学院党员占比约 18%）。读到这里，相信你能感觉到明显的不同。(6) 自我评价少一些假大空的废话，一定用事实说话。例如我简历初级版本是“意志力强，学习能力强”。而终极版是：坚持健身 5 年，身体素质强且意志力强，专业 25%，学习能力强。(7) 简历一定要重点突出，不能通篇加黑。

立即行动之寻找招聘信息投递篇

做好简历便开始找招聘信息并网申。先声明关于投递简历很重要的两点：(1) 先投小厂累积面试经验再投递大厂，否则大厂面挂就没机会了。(2) 能内推尽量走内推！内推可以是你身边认识的学长学姐，如找不到，就去牛客网、知乎上找内推贴，这样的帖很多，因为要是内推成功，内推发起者就有公司奖励。例如猿辅导和字节跳动我走内推最多一周就有回复消息，而网易我走官网投递等了一个多月才有信。

接下来谈一谈如何寻找招聘信息，大致分为四类：(1) 就业网站。首推牛客网，搜寻对应公司的对应岗位的内推（有内推一定走内推!），也可进行筛选搜索意向岗位。(2) 就业公众号，例如“东秦就业”公众号。如果自己想在成都工作，可以去关注成都高校的公众号，例如“川大就业”公众号。(3) 招聘 APP，如 Boss 直聘、智联招聘等。这个途径就业不推荐，实习推荐，因为我当时在这些 APP 上投递猿辅导、字节跳动、网易，全部被拒，个人觉得这些 APP 更针对社招。此外，个人觉得 Boss 直聘用着更舒服。(4) 线下双选会或者招聘宣讲会。如果是想进国企的同学，此途径强烈推荐。想去互联网大厂的话，基本都需要网申。

立即行动之面试篇

关于面试分享以下一些技巧：(1) 自信永远比不自信强。一定要自信，气场强大一点，面试前可以吼两声为自己打个鸡血。(2) 流畅的自我介绍。自我介绍也是类似于先写小故事，再缩减，大概 150 字，开篇留下好印象很重要。(3) 提前看面经。这就跟考试前押题一样，押中血赚，押不中不亏。牛客网、贴吧、知乎都有很多面经。(4) 面试问的问题一般分专业性问题和结构化问题两类。这里尤其谈一谈结构化问题，可能会问你一些看似矛盾的问题，例如“自己花了很长时间去做的产品被上司驳回让改，问你改不改”，这样的问题其实就是看你的执行力，基本都是委婉地暗示面试者“改”。由于我当时太年轻不想“改”，网易二面就挂了。(5) 会的问题就畅谈，不会的态度要好。面试期间千万别给自己挖坑，尽量往自己擅长的方面引，不会的一定谦虚说这方面不太了解。(6) 更新面经。面完一家公司一定及时总结并更新自己的面经。(7) 做表格。投递多的同学，做个表格记录自己投递过的公司，并注明进行到哪一步，例如简历筛选、一面已过、二面已挂之类的。

时间总是能验证一切，趁着年轻，拼一拼，搏一搏，吃吃亏，到头来你会感谢曾经的自己，这样真挺好！

（作者为东北大学秦皇岛分校本科毕业生）

第5章

尝试校园创新项目　理性开展创业准备

创新是干两件事情，一个是干别人没有干过的事情，第二个是干别人干砸的事情。

——雷军

创新的第一步是把可能变为现实，接着机会自然会出现。

——马斯克

学习目标

本章引导同学们在初步制定的职业生涯规划方案的基础上，根据自身的个性特征、职业价值观等评估创业这一特殊的就业选择，通过积极行动，积累创业知识，培养创业技能，最终把握创业机会。

5.1　校园创业：机会与风险

2012年8月，教育部办公厅印发《普通本科学校创业教育教学基本要求(试行)》(教高厅〔2012〕4号)，提出：在普通高等学校开展创业教育，是服务国家加快转变经济发展方式、建设创新型国家和人力资源强国的战略举措，是深化高等教育教学改革、提高人才培养质量、促进大学生全面发展的重要途径，是落实以创业带动就业、促进高校毕业生充分就业的重要措施。文件要求高校开设"创业基础"必修课，对普通本科学校创业教育的教学目标、教学原则、教学内容、教学方法和教学组织做出了明确规定。

2014年12月4日，2015年全国普通高校毕业生就业创业工作网络视频会议在北京召开，会上提出“要加强创新创业教育，强化学生创业实践和分类指导，建立健全创业成果和学分转化教学管理制度，实行弹性学制，支持大学生休学创业”。

2015 年 5 月，《国务院办公厅关于深化高等学校创新创业教育改革的实施意见》(国办发〔2015〕36 号) 再次提到实施弹性学制，放宽学生修业年限，允许调整学业进程、保留学籍休学创新创业，并设立创新创业奖学金。《意见》提出：各高校要设置合理的创新创业学分，建立创新创业学分积累与转换制度，探索将学生开展创新实验、发表论文、获得专利和自主创业等情况折算为学分，将学生参与课题研究、项目实验等活动认定为课堂学习。为有意愿有潜质的学生制定创新创业能力培养计划，建立创新创业档案和成绩单，客观记录并量化评价学生开展创新创业活动情况。优先支持参与创新创业的学生转入相关专业学习。

2021 年 9 月，国务院办公厅印发了《关于进一步支持大学生创新创业的指导意见》(国办发〔2021〕35 号)，教育部随后转发了该《意见》。《意见》提出要提升大学生创新创业能力，优化大学生创新创业环境，加强大学生创新创业服务平台建设，推动落实大学生创新创业财税扶持政策，加强对大学生创新创业的金融政策支持，促进大学生创新创业成果转化，办好中国国际“互联网＋”大学生创新创业大赛，以及加强大学生创新创业信息服务。

至此，国家教育主管部门对大学生创业提供了较充分的政策支持。

多国的实践证明，创业对国民就业和经济发展具有倍增效应，解决就业难的根本出路在于鼓励年轻人参与创业。然而，改革开放以来，中国的创业大军中受教育程度不高的企业家占大多数。有调查表明：温州民营企业家中有学历、有职称的不到三成。高学历者不愿创业经商是造成这一现象的重要原因。

年轻人在大学期间接受了高等教育，学到了知识和技能，处于个人特质趋于稳定、走向成熟的关键时期。事实上，大学生作为未来的创业生力军，具备了创业所需的基本能力和知识、扎实的专业基础和综合的思维能力。从当前的社会、经济环境来看，大学生创业得到了全社会的大力支持。

创业就是创办自己的企业。创业成功，不仅利己，而且利国利民。个人在拥有了一份工作的同时，还能激励与开发自己的潜能。对国家来说，自主创业意味着减轻社会就业压力，同时还能为他人提供就业岗位。

然而，创业是一项非常艰苦且充满挑战的活动，创业者可能会遇到很多挫折与风险。因此，很多同学及其家长甚至高校的老师都心存疑惑：大学生能创业吗？学生的主要任务是学习，大学期间创业，难道不会影响学生的学习吗？事实上，我国大学生总体创业比例仅约 1%，远远低于我国总就业人口的创业比例。

为了说明这个问题，本节将以几位学生的校园创业经历为例，分析大学生创业的可行性及可能遇到的问题。

2015 年，BH 大学计算机学院大三学生李智雅和本专业同学陈志刚组队以图像识别项目参加学校组织的学生学术科技作品竞赛“冯如杯”，荣获了一等奖。接下来，他们陆续参加了多个不同类型的创业活动，利用业余时间参与各类兼职和实习，丰富实践、积累经验。虽然 2016 年本科毕业后陈志刚去了美国读研、深度学习算法，但他们一直有志于生物电信号研究，即使远隔重洋，他们也没有放弃，抓住一切机会，不断进行讨论、实验，研究可行方案。李智雅也一直在坚持寻找志同道合的伙伴，继续做技术创新和产品研发的尝试。

2017 年 3 月，中国科学院科学传播局携手联合国开发计划署、百度共同举办“极・致未来”责任创新挑战赛的通知，引起了当时已在 BH 大学攻读计算机硕士的李智雅的注意，宣传文案中的“我们期望发掘技术创新为可持续发展问题带来的新思路与突破”和自己的想法不谋而合。一直以来，李智雅都有创业的想法。当年高考结束后，她通过自身努力办了暑期培训班，成功赚到了“第一桶金”。大学期间利用各种实践机会锻炼和提升多方面的能力：通过白银期货公司的实习，培养了数据分析思维、学会了用数据说话；在银河湾地产做房产经纪人两个多月，从电话沟通到客户推介体验了销售的不易；带团队到广州科达公司实习，更是收获了很多。这次的比赛是个很好的机会，能够与中国甚至全世界顶尖创新极客交流对话。于是，李智雅和自己团队的合伙人，开始筹划参赛事宜。

团队中李智雅和周敏是 BH 大学 2012 级本科同学，虽然专业不同，但两人兴趣相投还是同寝室闺蜜，学长罗毅是 BH 大学宇航学院校友，来自香港，乐于与人沟通，喜欢交朋友且善于思考，能够捕捉到生活中的细节和需求并落地实现。毕业后李智雅保研本校继续深造，周敏保研至清华大学，而罗毅也在研究生毕业后进入一家酒品销售公司做市场拓展工作，虽然各自际遇不同，但一直保持着密切联系，多年的感情使大家彼此信任，做事很有默契。现在机会来了，大家一拍即合，决定干一番“事业”。

说起来，参赛方案的灵感来源还要得益于李智雅的好朋友、毕业于北京联合大学特殊教育学院的失语者赵全。因为李智雅不会手语，每次和赵全交流都需要辅助，而深入讨论某些话题或与更多的失语者交流时，越发感到沟通的困难，甚至很多的失语者因为沟通困难一直是社会的边缘人，于是手音团队应运而生。正如为生物电信号项目命名时的初衷，或许可以用这种技术帮助失语者，也让自己所学的知识有价值的想法一直鼓舞着李智雅和合伙人们。同时，他们也意识到，这次比赛是个很好的契机，如果能够入选，联合国开发计划署将提供传播平台，这有可能给其他国家同样深受类似困扰的失语者带来突破瓶颈的创新与改变！

说干就干，大家开始行动起来。为了保证数据的多样化，切实帮助失语者解决问题，手音团队与天津理工大学聋人工学院合作进行数据采集和智能臂闭环开发，还与北京市朝阳区残联达成合作意向。而在有了自己的手势数据库之后，他们开始检验模型的可靠性，提高手语翻译识别准确度，产品一次次改进迭代。彼时，虽然人手不足、没有经验、没有自己的办公室，比赛的日子也一天天临近，但李智雅和团队成员们都铆足劲努力，或许是因为还没有走向社会，没有买房的苦恼和社会的压力，只是觉得自己所拥有的技术能够对社会有价值，能够真正帮助一些人，又有这样的好机会，那就一起加油做吧！

演示者用手指向前方，又做出点赞的手势，“你好”的文字快速地显示在手音APP的界面上，而捕捉手部运动肌电信号的是演示者手臂上的黑色臂环，看上去像跑步时用的护腕。在“极·致未来”责任创新挑战赛决赛现场，手音团队现场展示了自己解决听障人士沟通的创意方案和产品。这是一款针对失语者的手语翻译软件，通过采集听障人士打手语时产生的肌电信号、手臂加速度信号将其转换为语音。普通人可能难以想象这款产品的意义所在——手音将做听障群体润物细无声的沟通桥梁，帮助他们公平地获取社会资源。最终，此项目获得了一等奖和最佳人气奖，被誉为最有“包容性”的项目。

荣誉带来的不仅仅是鲜花和掌声，还有广泛的关注度和投资人的目光，这一切都远远超出了李智雅和合伙人们的预期。与大多数盯紧收益的项目相比，这份夺冠的创业计划，显得有些另类。对李智雅的团队来讲，他们的初衷就是发现了朋友的这个需求，只想帮助他们解决这个沟通问题。面对着央视《新闻周刊》采访的记者，李智雅说：“这个世界买房的人太多了，谁知道谁。但是你会记得那些为社会进步做出一点点贡献的人”。随着宣传、报道的影响力不断扩大，外界给予了这个新生团队越来越多的关注和赞誉，“天才少女”“美女学霸”“技术型创业团队”的标签让他们的经历被传为佳话。

2017年7月，N公司正式成立，怀揣着“用科技改变生活，用技术服务社会”的愿景，团队开始了创业之路。同年11月，经过多方评估，公司获得了由赛杭基金领投的天使轮投资。调查研究发现，虽然针对失语者（包含听障人士、脑中风患者、脑瘫患者和渐冻症患者）的手语翻译产品的市场相对小众，但失语者在中国的数量达到7 000万人，占总人口的5%，这是一个非常庞大的数字。国内外虽然也有一些类似的研究，但大多停留在实验室阶段，而且基于图像捕捉较多，或者通过手套等工具中的传感器等捕捉手势动作进行匹配，而通过臂环捕捉肌电信号的手音未来的应用场景和市场空间还是非常可观的。同时，投资人和校友们也提到了针对失语者这样一个特殊群体，可以通过残联、相关政府部门的采购打开渠道通路、开展业务。

对技术前景的未来展望以及投资人对手音商业价值的评估都极大地增强了李智雅团队的信心，而从美国求学归来已在百度 AI 开放平台市场部门实习了 3 个月的陈志刚的加入更是如虎添翼。他们关于未来有很多设想，手音可以实现面对面小聊和长时间对话的功能，以后还可以推出手语教学、手语字母和智能臂环闭环，解决手语教师缺乏等各种问题，而这种人工智能技术成熟后还可以应用在其他方面。总之，未来拥有无限的可能。

从本科阶段的一个创业竞赛项目到最终真正成立公司，最难的一步在于找到对的人一起实现这个想法。李智雅幸运地遇到了几位志同道合的同学，大家共同努力，将所学知识应用于实际，并探索了商业化的可能性。

相较于成千上万半途而废、壮志未酬的创业者来说，N 公司已经顺利度过了创业初期的艰难，然而挑战才刚刚开始。公司成立半年多，一直集中精力在手语翻译的深度开发上。手音 APP 上线后，李智雅和合伙人们发现：之前一直沿着技术逻辑在推进，但却忽略了一个重要问题——如何才能让失语者使用。通过与赵全和其他听障朋友的沟通发现，对于大多数失语者来说，他们并没有系统学习过手语，交流使用的手语并不标准，相当于是一种自然而然形成的表达方式，对手语翻译产品的刚性需求很小，相关产品对他们也并不实用。于是，大家开始思考：如何将技术创新、产品研发和实用性结合起来呢?

正当大家一筹莫展之际，2017 年底一段关于杭州饿了么外卖员的采访视频，吸引了李智雅和合伙人们的注意。由于外卖员是聋哑人，没有办法正常接听顾客的电话，只能一接通就挂断，好几次之后顾客以为是恶作剧就特别生气，还忍不住发了脾气。这则新闻让大家很受触动，而且在与听障学生和朋友的沟通中，他们也说生活中有一个特别迫切的需求，就是能够接打电话，不然连运营商、银行等客服电话都无法使用。在移动通信越来越趋于生活化的环境下，通话功能已经成为手机必备的一项基础配置了，那么既然手音可以实现对话的功能，是不是可以应用到移动通信领域呢?

在遍寻人工智能市场后，最终结合语音技术，通过团队的不懈努力，2018 年 5 月龙语 APP 正式上线，这是一款专门为听障人士设计实现的通话软件。听障人士通过手机安装龙语 APP 并连接小型蓝牙外设，在接打电话时启动龙语电话软件，即可将健全人士的语音信息识别成文字显示在 APP 上。同时，听障人士可以通过 APP 打字并经语音合成后播放给健全人士，极大地帮助听障人士解决了订外卖、取快递、工作面试等需使用电话的问题，让他们在打电话场景下与健全人士实现顺利沟通。龙语 APP 推出仅一个月，销售量即达到千台以上，累计数据调用量超过 80 万余次，帮助听障人士在生活和工作中实现了无障碍沟通交流，得到了一致好评。这给李智雅和合伙人们带来了很大的鼓舞和希望，李智雅说："能够给他们提供一些价值，是我们莫大的荣幸和机会。当你做的一些事情影响了一群人，这种内心的获得感是非常强的。"

在经过了无数次产品调试、更新后，由于其对科技创新的社会价值体现，龙语 APP 荣获了"联合国亚太青年可持续发展最佳创新创业奖""创青春全国创业大赛金奖"等殊荣。另外，在李智雅的努力下，N 公司不仅成功取得入驻"智慧"小镇资格，享受政府相应政策补贴，还在 2018 年底川浙两省领导视察中荣获"优秀企业模范"，与杭州余杭区残联建立了良好的沟通合作，拿到了龙语的第一个大批量订单。

公司的顺利发展也得益于团队合伙人的良好配合：CEO 李智雅作为创始人，性格果敢、执行力强，对机遇和风向的把握敏感；COO 周敏性格细腻、心思缜密，善于把控细节，兼管公司财务工作；CMO 罗毅擅长沟通，有过成功创业的经验，从事残疾人无障碍改造及产品销售多年；主管研发的 CTO 陈志刚在美国主修深度学习，把控技术方向和质量。团队成员主要是来自清华、BH 大学及国外高校的计算机和自动化专业的硕士及博士，研发人员占 80%。工作中，大家虽然做事风格不同，但因为怀抱同样的创业想法和对技术的肯定以及向往，带着那份发自内心的、对挖掘和实现产品价值的兴奋和喜悦，共同经营着 N 公司这个大家庭。

当然，以上只是这个创业团队的早期故事。接下来的几年中，这个团队又经历了多轮波折，几次险象环生，到了"解散"的边缘。好在，李智雅带领主要成员不断成长，一次次破解了"死局"，目前已经成长为一位年轻的女企业家。

不少同学可能觉得"这只是个故事"，或者说是"小概率事件"，不具有推广性。的确，李智雅团队的经历有其独特性及偶然性，但也绝非个案。本章"推荐阅读"中的冯翀学长等都是在校创业的实践者。以 BH 大学为例，每年"冯如杯"创新大赛中都能涌现出一些很好的创业项目，其中有一些最终能够落地成立真正的创业企业。即使最终创业失败，但创业过程对同学们创新能力、抗挫折能力的培养，也将使参与者终身受益。姚新又学长的经历就很好地诠释了这一点。

同时，希望同学们看到其中的普遍性问题：什么样的人适合创业，创业者需要哪些基本的素质与能力？如何寻找创业项目？创业过程中会遇到哪些主要问题？解决问题的主要思路是什么？这些问题将在接下来的两节中分析讨论。

5.2　创业者特征识别与潜力评估

毋庸置疑，创业是就业的一种形式。在当前大力发展市场经济的大环境下，创业更成为就业的一种重要途径。近年来大学生就业难问题凸显，国家推出了一系列鼓励大学生创业的政策，大学生创业成为一个热门话题。

然而，并非所有人都适合创业，大学生群体也是如此。近年来，我国创业人口在总体就业人口中的比例在10%—16%之间浮动，而且创业者中生存型创业占较大比重，具有大专以上学历者相当少。高校有效地开展创业教育，能够让创业意向强的学生得到相应的培训和支持，从而提高创业能力。同时，保证创业意向弱的学生不要受外在环境的影响而盲目创业。一个人要决定是否创业，首先需要评判一下自己是否具备创业者的一些基本素质。

在创业者的素质中，创新能力与创业意向是最基本的。

创新即开创与拓新，就是要在突破已有框架的基础上，以全新的方式去思考。与我们熟知的“创造”相比，创新更关注经济、社会性影响结果，强调将创造结果的价值在社会上更大范围地实现。创新能力是一种可以训练、提高并最终习惯化的技能，然而，惯性思维、消极态度、缺乏自信、缺少灵活性等因素都制约着创新能力的发挥及培养。

创业意向是潜在创业者是否从事创业活动的一种主观态度，是对人们具有创业者特质的程度以及对创业的态度、能力的一般描述，是创业行为最好的预测指标。创业意向是大学生创业行动的起点，是大学生实践创业的初始动力和精神力量。在大学生创业活动中，国家政策、学校的创业教育及扶持政策是其外因，创业意向是最重要的内因。

大学生有不同的个性特质，也就有不同的创业意向：有的人向往功成名就，有的人安于现状；有的人喜欢冒险，不喜欢平庸，有的人喜欢稳定，希望规避风险。一般而言，多数大学生最终会选择进入某一用人单位就业，只有少数人会选择创业。个性特质的差异直接或间接地影响了大学生对创业的态度。那些本没有创业意向的大学生，如果受环境影响盲目跟风，在创业失败之后往往会对自己失去信心，出现难以振作的严重后果，因此创业教育应具有一定的针对性，不能一味鼓励大学生去创业。

研究表明：个体对创业的认可度越高，其创业态度越积极，创业意向越高。

在校期间，对学校创业环境了解和熟悉（包括对已创业同学的经验、创业指导中心、创业教育、创业基地、创业大赛、创业基金及补助和创业讲座的了解和熟悉）的程度越高，其创业意向也越高。同时，个体人格特质与创业意向之间存在显著关系。以大五人格为测评工具的研究表明：外倾性、宜人性、责任心、想象力及情绪稳定性与创业意向正相关。本章末“推荐阅读”中的冯翀，也表现出了性格外向、容易与人相处（宜人性）、想象力丰富、责任心强且情绪稳定性高的特征。

笔者组织开展的关于大学生创业意向的性别差异的研究结果表明：男大学生在创业意向总分、创业行为倾向维度和创业可能性维度上都显著高于女大学生。这和国内外的相关研究结论一致，即男性的创业意向普遍高于女性。目前我国女性创业者在总体创业者中占 11%，与欧美国家的比例相当。

研究结果还表明：不同年级大学生的创业意向总分及其两个维度（创业行为倾向及创业可能性）存在显著差异。其中，大二学生的创业意向总分、创业行为倾向和创业可能性都显著高于其他三个年级。另外，从创业可能性维度看，大一学生的创业可能性高于大三大四学生；从创业行为倾向维度看，大三大四学生的创业行为倾向高于大一学生。

创业可能性是个体对自身短期创业可能性和长期创业可能性的判断，大一学生摆脱了高中时繁重的学业，刚进入大学时更有热情，对周围的新事物（如创业）充满好奇并跃跃欲试，因此对自身将来的创业可能性持乐观态度，认为自己创业的可能性较高，但大一学生毕竟对高校的创业环境、政策等缺乏了解，因此其创业可能性仍低于大二学生（大二学生在保持一定的创业热情和好奇心的同时，具备了一些创业资源和条件，对高校创业政策等较熟悉，同时也没有面临就业时的矛盾心态，因此其创业可能性较高）。而大三大四学生在经历了创业、实习之后，对创业的困难等比较了解，同时面临就业、考研等现实问题，因此他们对创业可能性的认识更深刻，对创业可能性的判断持更谨慎的态度，更多的大学生选择直接就业、考研后就业等方式，而非通过创业就业，创业的可能性反而低于大一大二学生。

另外，从创业行为倾向角度看，大三大四学生的创业行为倾向之所以高于大一学生，是因为在大一大二时对创业有所考虑或准备，或者积累了一定的创业经验等，到了大三大四时对创业计划、筹备资金、创业的详细流程、创业的行业和产品等方面的考虑自然多于大一和大二学生。

总之，研究显示，当前大学生的创业意向呈倒 U 形趋势发展。这里提醒同学们，尤其是大一的同学们：对创业的认识不是一蹴而就的，投身于创业要慎重。

关于大学生创业意向的专业差异的研究结果表明：经贸类专业学生的创业意

向最高，文科类专业学生的创业意向最低。不同专业的大学生的创业意向总分、创业行为倾向和创业可能性存在显著差异。经贸类专业学生的创业意向总分、创业行为倾向显著高于文科类专业学生，但与理工类和艺术类专业学生没有显著差异；在创业可能性上，经贸类专业学生显著高于文科类和艺术类专业学生，与理工类专业学生没有显著差异。

此外，研究结果还显示：父母的职业会影响子女的创业意向，即父母职业不同的大学生的创业意向存在显著差异。父母为企业管理者、私营企业主或个体户的大学生，其创业意向总分、创业行为倾向、创业可能性都显著高于父母从事其他职业的大学生。这一研究结论也验证了国内其他研究者的观点：父母职业类型也是影响子女创业态度和创业意向的重要因素；企业家群体的父母往往也是企业家或私营企业主。究其原因，父母职业对子女创业意向的影响体现在：一方面，子女能更好地利用家庭经济条件和人脉资源，这为创业提供了更多的机会和便利条件；另一方面，家庭商业背景对子女价值观、职业观、生活态度和行为等有深远的影响，从而影响创业意向。

了解了上述内容，可以通过测试评估自己所具有的创业者的基本特征及潜力水平。

课堂活动

创业者个性特征测验

请从下列 32 组句子中选择最能够反映你个人观点的选项。

（1）A. 工作一定要按时完成。

B. 我喜欢与优秀的朋友在一起，这样我能够获得他们对我工作的见解与建议。

（2）A. 当我的责任增加时，我会感到更加快乐。

B. 我喜欢把什么事情都事先安排好。

（3）A. 我绝不做任何可能使自己遭受损失的事情。

B. 了解如何赚钱是创业的第一步。

（4）A. 不管是多好的事情，如果失败了可能使我受到嘲笑，我就不会冒险去做。

B. 除了工作之外，我还记挂着家人的安康。

（5）A. 我会为自己开创的任何事业而努力。

B. 我只会做那些使我开心并有安全感的事情。

(6) A. 如果我失败了，别人会嘲笑我。

B. 尽管对自己很有信心，我还是需要别人的建议。

(7) A. 遇到困难时，我要找到解决的办法。

B. 如果在新开创的事业中失败，我会继续做目前的工作。

(8) A. 如果我觉得一个想法是好主意，就会去实践这个想法。

B. 我能够比现在做得更好。

(9) A. 工作时，我会注意维系良好的人际关系。

B. 不管发生什么事，都是我从经历中学习的机会。

(10) A. 即使我的努力失败了，我也能从中学到东西。

B. 我喜欢舒适的生活。

(11) A. 我会为比赛或彩票下注，总有一天幸运会落在我头上。

B. 如果我在工作中失利，我会放弃找出原因。

(12) A. 我会尊重我的员工，并对他们一视同仁。

B. 如果有更好的工作，我会放弃现在的工作。

(13) A. 在实施一个新想法之前，我会慎重考虑。

B. 如果我的家人/近亲去世，我会参加葬礼，即使有可能导致公司订单延误好几天。

(14) A. 只有当我拥有资本时，我才能够发展一份事业。

B. 我希望自己能够做出重要决定。

(15) A. 当别人的好意和信任遭背叛时，我不会坐视不理。

B. 如果事情没有按照我的想法发展，我会寻求其他替代机会。

(16) A. 我可以允许自己犯错误。

B. 我非常喜欢与朋友聊天。

(17) A. 我希望自己的钱能够安全地存在银行里。

B. 我很认可自己的工作，同时也了解其优劣。

(18) A. 我希望能够拥有很多钱，从而过上舒适的生活。

B. 做决定时我希望能够得到别人的帮助。

(19) A. 人们应该首先照顾好自己的亲人和朋友。

B. 我喜欢解决难题。

(20) A. 即使可能损害自己的利益，我也不会做让别人不开心的事情。

B. 钱是事业发展的必需品。

(21) A. 我希望自己的事业能够很快发展起来，这样我就不会遇到经济紧张的困境。

B. 不能因为不成功就去责备自己。

(22) A. 我应该能够独立地按照自己的想法去做事。

B. 只有为自己的未来积累了一大笔钱后，我才会幸福。

(23) A. 如果我失败了，通常主要是别人的错误造成的。

B. 我只会做那些让我感觉舒服且令我满意的事情。

(24) A. 在开始做一项工作之前，我会认真考虑它是否会对我的声誉造成不利影响。

B. 我希望自己能跟别人一样，也买得起昂贵的东西。

(25) A. 我希望能够有舒适的房子住。

B. 我会从失败中吸取教训。

(26) A. 在做任何事情之前，我都考虑其长期影响。

B. 我希望每件事情都能按照我的想法进行。

(27) A. 金钱能够带来舒适，所以我的主要目标在于赚钱。

B. 我喜欢在能够经常见到朋友的地方工作。

(28) A. 我了解自己正在做的事情，不怕受到别人的批评。

B. 如果失败了，我会觉得自己非常差劲。

(29) A. 遇到困难是常有的事情，我应该尝试去做一些好的新工作。

B. 在开始做新工作之前，我会采纳有经验的朋友的建议。

(30) A. 我的所有经历都会激励我前进。

B. 我希望能有很多钱。

(31) A. 我喜欢每天从容不迫，万事顺利，没有任何烦恼。

B. 不管遇到多大的障碍，我将努力达到目标。

(32) A. 我不喜欢别人干涉我做事。

B. 为了赚钱，我可以做任何事情。

测验的 32 组句子中，A、B 选项的分值如下：

题号	选项及分值		题号	选项及分值		题号	选项及分值		题号	选项及分值		题号	选项及分值		题号	选项及分值	
1	A1	B2	7	A2	B0	13	A2	B0	19	A0	B2	25	A1	B2	31	A1	B2
2	A2	B1	8	A1	B2	14	A1	B1	20	A1	B1	26	A1	B1	32	A1	B0
3	A0	B1	9	A1	B2	15	A1	B1	21	A1	B0	27	A1	B1			
4	A0	B1	10	A2	B1	16	A2	B1	22	A1	B1	28	A2	B0			
5	A2	B1	11	A0	B2	17	A0	B2	23	A0	B2	29	A0	B1			
6	A0	B2	12	A1	B1	18	A1	B0	24	A1	B1	30	A2	B1			

请同学们将所选选项记录在答题纸上，再根据上表各选项分值，相加后得到最终分数。

评分标准：

0—25 分，基本上不具有创业性；

26—36 分，中立；

37—47 分，具有一定的创业性；

48 分以上，非常具有创业性。

除了了解自身的创业者特征，同学们还要了解自己作为创业者的潜力状况。

根据共青团中央、中华全国青年联合会及国际劳工组织联合编撰的《大学生 KAB 创业基础》中所总结的，创业者主要有以下 16 项特征。

（1）努力工作：创业者要具备必要时能够长时间工作、阶段性集中工作及适应偶尔睡眠不足的状况等能力。

（2）自信：创业者要具有“如果我非常想得到某样东西并为之奋斗，通常我就能得到它”的信念。

（3）构建愿景：成功的创业者通常将拥有一份靠自己能力获得的有收入保障的工作作为自己的目标。

（4）以利润为导向：对赚钱的兴趣是衡量一个人是否适合成为创业者的指标之一。

（5）以目标为导向：设立目标并能够努力实现目标的能力是成为创业者的基本条件。

（6）持之以恒：所有企业都会不断出现问题，能够持之以恒地解决问题是创业者成功的关键因素。

（7）应对失败：所有的商业活动都可能成功也可能失败。成功的创业者在应对失败时，会首先认清失败，再从中学习经验教训，并寻找新的机会。

（8）对反馈做出回应：创业者应该了解自己做得怎么样，清楚自己的表现。

（9）主动：成功的创业者会主动对失败承担个人责任。

（10）倾听：能够听从别人的建议也是创业者的重要特征。成功的创业者在依靠自己的同时会在必要时向财务人员、商业顾问、投资专家等寻求帮助。

（11）设定自己的目标：设定行为标准（如明确的收入、质量水平、销售额或资金周转率等）并为达到标准而努力，是判断成功创业者的又一指标。

（12）应对不确定性：创业比打工存在更大的不确定性。从容应对不确定性的能力也是创业者所必需的。

（13）投入：创办和运营企业需要创业者在时间、金钱及生活方式上的完全投入，即创业需要在创业者的生活中占据优先位置。

(14) 发挥优势：成功的创业者会将其所做的事情依托于自己的诸如动手能力、人际沟通能力、销售技能、对某种产品或服务的深刻理解、对某行业的深入了解等优势。

(15) 诚实可靠：一个人在履行自己的承诺时所表现出来的诚信、公正等品质是成功创业者的又一重要特征。

(16) 风险承担：选择创业要面对很多风险，创业者要有能力去衡量风险，评估自身承担的风险。

不过，即使具有创业者潜力，具备创业者特征，要成为成功的创业者，还需要掌握相应的知识与技能。成功的创业者所必需的主要能力包括：知识、技能和特质。三者缺一不可（见图 5-1）。

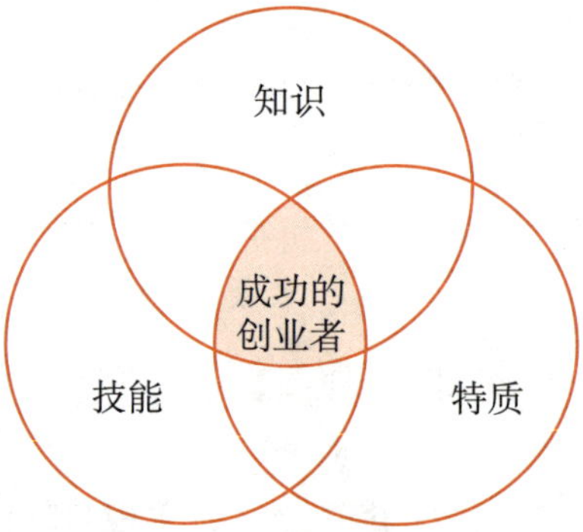

图 5-1　成功的创业者所必需的主要能力

这里的知识是由一系列能够在适当时候回忆起来的储备信息组成的，联系到商业上，就是知晓和熟悉商业机会、市场、消费者、竞争者、产品加工、技术方面的问题，以及企业管理和生产资料等多方面的知识。技能是指应用知识的能力，联系到商业上，可以是诸如工程、计算、机械、餐饮等技术上的技能和诸如市场营销、财务管理、资源整合、组织领导等管理方面的技能。技能可以通过练习获得或发展。特质是由一些个人特有的品质和特征组成的集合。美国国际开发署经研究总结出 14 种成功创业者的特质，分别是：积极主动、善于发现和利用机会、执着、善于寻找信息、关心质量、注重效率、掌握独创的解决问题的方法、能够预测风险、有说服力、善于系统地规划、履行合同、自信心强、决断力强、善于使用有影响的策略。

知识、技能和特质缺一不可。如果创业者只有知识和技能，企业就不可能生存太长时间；如果创业者只具备知识和特质而无技能，将会发现因为缺乏技能，知识和特质没有应用价值；如果创业者只有技能和特质，缺乏或不熟悉相应的知识，最终将导致失败，因为创业成功的基础就是知识。

需要强调的一点是：知识和技能相对容易获得；特质则不容易改变/获得，需要更多时间去发展。

总而言之，创业是就业的一种形式。大学生进行创业应以科学的职业生涯规划为前提。对于潜在创业者来说，在进行职业生涯规划时接受创业教育和培训，有助于认识自己，完善自己，使自己更富有创新精神，更具有创业能力，从而实现成功创业。真正想创业的同学，首先需要了解自己是否具备创业者的特质与能力，如果不具备某些特质或能力，在大学期间就要加以培养。具备一定的成功创业者个人特质的同学，需进行知识储备，为将来成功创业创造条件。因外界影响产生创业冲动的同学，则应明确个人定位，重新规划职业生涯。

希望同学们通过个人职业生涯规划认清自己、了解环境，确认自己是真正具有创业意向还是对创业出于一时热情，根据自己的实际情况综合考量自己的特质与能力，提前进行创业准备，既不要盲目投入创业，也不要禁锢自己的创新能力与创业意向。

5.3　商业机会的识别、评估与创业项目的产生

要想创业，仅有创业意向是不行的，还需要很多相关的知识、能力及相应的条件、机会等。对于成功的创业活动来说，一个好的创业项目或企业想法是基础及首要条件。

企业想法是指个人或者组织识别机会或者对发现的市场或团体等的需求的回应。发现一个好的企业想法是创业者实现创业愿望及创造商业机会的第一步。当然，尽管企业想法是创业的首要条件，但它只是一个工具。无论想法本身有多好，对于创业成功来说还是远远不够的。

然而，成功的创业都是从好的创业项目开始的。全世界有数以千万计的创业者，说明有很多产生企业想法的资源。下面列出的是其中的一些资源。

（1）爱好与兴趣。很多最终成功的企业想法是在创业者追求兴趣及爱好的过程中产生的。比如你喜欢游戏、烹饪、运动、表演等，可能就能将其发展成一个创业项目。又比如你喜欢旅行，就可以进入旅游行业进行创业——这是世界上最大的产业之一。

（2）个人技能及经验。全球一半以上的成功的企业想法都来源于工作经验，

那些潜在的创业者的背景在决定创办企业及选择企业类型的过程中发挥了至关重要的作用。个人的技能和经验是创业者最重要的资源，不仅体现在产生想法方面，而且体现在如何利用这些想法方面。

(3) 特许经营。特许经营是指特许者将自己拥有的商标商号、产品、专利和专有技术、经营模式等以特许经营合同的形式允许被特许者使用，被特许者在特许者统一的业务模式下，按照合同规定从事经营活动并向特许者支付相应的费用。20 世纪 80 年代以来，特许经营迅速发展，成为一种在欧美各国广泛应用的从事商业活动的方法。我国从 20 世纪 90 年代起开始流行这种商业模式，尤其是在餐饮、服装等行业。

(4) 大众传媒。包括报纸、杂志、电视、互联网在内的大众传媒是大量信息、想法和机会的来源，大众传媒会发布关于流行趋势、消费者需求变化的报告，也会发布很多关于企业转让的商业广告。其中都蕴含着一些创业机会。

(5)(行业）展览会。通过参加展览会，不仅可以看到新产品和新服务形式，还可以见到很多厂商、批发商、发行商和经销商，其中有很多的创办企业的信息，而且，展览会上也会有不少厂商、批发商等在寻找合作伙伴。

此外，市场调查、消费者的抱怨及头脑风暴等都是获取企业想法的重要来源。大学生创业者尽管个人技能与经验不足，但可以尝试多种方式来获得企业想法。

有了企业想法后，还需要评估商业机会。寻找、发现和利用机会是所有成功创业者的特征之一，也是成功创办和管理企业的基础。创业者不仅要产生企业想法并识别机会，还要筛选及评估它们，从而把握和利用最有价值的机会。

什么是商业机会呢？可以简单地将其定义为一个有吸引力的、使投资者能够收回投资的想法或主张。

一个好的商业机会必须是可实行和可实现的，并符合以下条件：

(1) 真实的需求，即那些具有购买力和购买欲望的消费者有未被满足的需求。近年来大学叫外卖很普遍，因为不少大学生生活费用宽裕，又经常想尝试一下新的口味，学校食堂无法满足同学们的需求。当然，网络的发达也为外卖餐食的盛行创造了条件。

(2) 能够收回投资，即在承担风险和努力工作后可以带来经济回报及收益。如上面提到的外卖餐食物美价廉很受同学们欢迎，可由于快递员薪酬不断上涨，最终网店要么提高价格（可能因丧失价廉优势而导致顾客减少），要么处于收不抵支的境地。

(3) 具有竞争力，即消费者认为购买你的产品或服务比购买其他产品或服务能够获得更多的价值。这里强调的是产品或服务的性价比。仍以外卖餐食为例：大学生对它的要求是味美价廉，口味比食堂好，价格又不能高太多，因为学生自身毕竟没有收入来源。然而，对于外企白领，同样是叫外卖，他们更强调食品安全且价格公道，因此大多选择一些品牌快餐，与大学生群体的消费理念就有所不同了。

（4）实现目标，即能满足那些冒险的人和组织的愿望。外卖餐食行业近年来商机不断。借助互联网平台，美团外卖、饿了么等打出了自己的品牌，使得传统观念中低端的外卖不断升级。这既满足了不同消费者的需求，也满足了各类富有冒险精神的创业者及其组织的愿望。

（5）有效的资源和技能，即创业者具备相应的资源、能力并满足法律方面的要求。各类外卖餐食企业都需具有有效的资源和技能。如丽华快餐最早提出“一份起送”，就是基于其密布全城的烹饪及派送网点。

一旦产生了想法或发现了机会，就需要对其进行识别评估。并非进行了识别与评估，工作就能够保证成功，但如果不进行这项工作，就很可能会失败。

识别与评估商业机会包括以下几个方面的内容：

（1）行业与市场。这里的市场是由购买力、购买意愿及能够购买产品或服务的（潜在）消费者构成的，因此，要满足消费者的需求，必须考虑合适的价格与提供产品/服务的地点及时间。另外，要考虑市场的大小及行业的增长速度。理想的情况是有一个巨大且快速增长的市场，在此情况下，企业哪怕只占有很小的市场份额也会有很大的销售量。近年来我国的教育行业就有类似的特点。

（2）机会的大小。机会经常被称为“窗户”，它是真实存在的，但并非永远敞开。市场会随着时间的推移以不同的速度增长。市场越大，抓住市场机会的难度就越大。这就需要掌握“窗户”打开的时间长度及能否在“窗户”关闭之前把握机会。

（3）创业者的个人动机和能力。个人动机是成功创业者的本质特征。对于任何投资人来说，是否愿意承担风险都是一个首要问题。此外，潜在创业者还需要具备相关的知识、技能和特质。如果他不具备某些必需的知识、技能，就需要邀请具备此类知识、技能的人加入团队。

（4）团队管理能力。在对创业项目的投资评估中，管理团队是非常重要的一个考量因素，因为团队的技能和经验通常决定了企业的成败。

（5）竞争力。指项目在市场中相对于同类产品或服务的优势，可能是质量更高，也可能是价格更低。此外，进入市场的壁垒问题，如是否需要大量的资金投入、专利权保护、合同优势等，也是决定投资者是否投资的重要因素。

（6）资金、技术和其他必需的资源。掌握可用的资金、技术和其他必需的资源有助于抓住某个机会。如果某个想法、产品或服务在某个地区有一定的市场，那么条件越难被满足，企业就越有竞争力。

（7）外部环境。包括自然环境和政治、经济、法律等社会环境。

（8）可行性分析及商业计划书。讨论与调查上述各因素的过程就是人们常提到的可行性分析，研究的结果一般以商业计划书的形式呈现。

上述都是识别与评估商业机会的典型问题。在平时的教学中，笔者经常听到同学们讨论创业问题。很多同学在谈到创业瓶颈时，几乎异口同声地说："没有资金啊!"其实，资金只是创业项目成功的一个因素，甚至不是优先级别最高的因素。现实社会中，一个好的创业项目往往会有好几家投资公司愿意投入资金。因此，学会进行全面的商业机会评估，是成功创业的重要前提。

在识别与评估商业机会的过程中，一个重要的工具是七步决策法：（1）定义主要问题；（2）找出问题的主要原因；（3）确定备选解决方案；（4）评估备选解决方案；（5）选择最佳方案；（6）执行方案；（7）检验方案是否正确。在具体使用这种方法时，可以借助决策表（见表 5-1）。

表 5-1　决策表

备选解决方案	潜在优势	潜在劣势	方案的可能结果
备选解决方案 1			
备选解决方案 2			
备选解决方案 3			

需要说明的是，七步决策法不仅可以用于商业机会的识别与评估，还可以用于公司组建后的各项运行、管理工作。

创业项目可行性分析的成果是商业计划书。商业计划书的撰写有一定的规范，同学们需要提前学习。下面的商业计划书框架是比较常见的一个模板，供同学们参考。

1. 项目概述

1.1　项目简介

1.2　产品及服务

1.3　股权结构

1.4　盈利模式

1.5　项目优势

2. 市场分析

2.1　行业背景分析（PEST 分析）
2.2　市场容量
2.3　行业现状
2.3.1　行业沿革
2.3.2　行业市场现状
2.3.3　行业波特五力模型分析
2.4　（潜在）消费者分析
2.5　竞争分析：行业的主要竞争者分析
3. 产品/服务介绍：具体产品/服务介绍及 SWOT 分析
4. 市场营销
4.1　客户定位
4.2　营销策略
4.2.1　产品/服务策略
4.2.2　价格策略
4.2.3　渠道策略
4.2.4　促销及公共关系策略
5. 运营管理
5.1　项目团队
5.2　组织结构图
5.3　产品/服务利润链分析
6. 财务计划与管理
6.1　股本规模与结构
6.2　五年预测收益表
6.3　融资计划
6.4　投资退出机制
7. 风险管理
7.1　安全风险分析及防控
7.2　法律风险分析及防控
7.3　经营风险分析及防控
7.4　竞争风险分析及防控
7.5　人才风险分析及防控
7.6　融资风险分析及防控
7.7　其他风险分析及防控

8. 结论

上述内容表明，创业的一个重要前提是对现有及潜在商业机会的分析及把握。有志于创业的同学需要对商业环境具有高度的敏感性，同时应该学习、掌握识别与评估商业机会及撰写商业计划书（创业计划书）的方法。

5.4　公司组建及运营管理

对商业机会进行识别与评估并确定合适的创业项目后，就要准备开办公司了。组建一家公司是件很严肃的事情，需要提前了解开办公司的程序，主要包括以下几个方面。

1. 选择合适的市场

市场是一个我们耳熟能详的名词，这里指的是企业的市场，即某个地理区域内需要企业的产品或服务、愿意购买且具有购买能力的人群。每个企业都或提供某种产品或服务，企业的潜在消费者可以描述为：需要企业产品或服务的人群；买得起这些产品或服务的人群；愿意购买这些产品或服务的人群。

分析市场时还须考虑竞争因素。若有竞争者，须考虑该市场是否足以支撑另外一家企业。同时，考虑你所提供的产品或服务应该如何与竞争者的产品或服务区别开。

创业者在进行市场分析时，首先要了解消费者。我们以开办外卖快餐店为例，介绍需要了解的消费者信息。

（1）识别消费者。一般依据潜在消费者的性别、年龄、职业、婚姻及家庭状况、收入等人口统计学要素进行分类，也可以按照其消费意图进行分类。如果选择大学生为消费者，则上述信息较为明确，但生源地不同的学生及男女学生在偏好等方面存在显著差异，需分别调研、分析。

（2）了解消费者的需求。通过细分市场，创业者比较容易把握各个消费群体对产品或服务的具体要求。大学生叫外卖与都市白领叫外卖的诉求是有显著差异的，因此要分别进行市场定位。

（3）了解消费者在何处购买产品或服务。创业者需要知道目前消费者的购买渠道，确定哪些因素可以使其转而购买自己的产品或服务。大学生基本上都住在校园中，目前网络发达，一般通过网上下单。同时，校园中有价格低廉的食堂，大学生自身又缺乏收入来源，因此对外卖的价格较为敏感。这些都对创业者提供的餐食及服务提出了要求。

（4）了解消费者何时购买。了解消费者的购买时间及购买频率有利于创业者就经营时间、广告宣传时间及各个时期的备货等问题做出正确的决策。大学生的主要活动是学习，基本上平时每天都要上课，而且对于大多数同学来说，大部分时间还是会选择在食堂吃饭，因此，创业者需要进行专门的调查，既要了解目标校园学生餐厅的餐饮服务情况，也要调查学生对于外卖餐食的口味需求及价格承受能力。

（5）了解消费者如何购买。了解消费者的购买方式可以使创业者就企业的信用政策及价格政策等做出正确的决策。由于大部分同学都拥有智能手机，如果创业者接受支付宝或微信支付，会极大地方便同学订餐，进而增加订餐量。

以上关于消费者及潜在消费者的信息可以通过商会、政府机构、报纸及杂志、互联网等渠道获取二手数据，也可以对特定区域进行市场调查获得原始数据。

2. 企业选址

在传统的实体店经营中，企业选址非常重要，需要考虑经济因素、人口因素、竞争因素、个人因素、地理因素及地方性法律与法规等。然而，随着互联网时代的到来，开网店成为大学生最便捷的创业方式。同时，各地及各高校纷纷建立了企业孵化器，为新创企业提供足够的办公空间，使小企业能够以更低的租金灵活租用。

3. 了解企业的组织形式

在市场经济条件下，企业的组织形式日益多样化，创业者可以以个人独资企业、合伙企业及公司的形式开办企业。从目前大学生创业的实际情况来看，多为个人独资企业和合伙企业。

4. 计算所需资金

要想开办企业，首先需要明白：企业开办期间，在产生收入之前，原则上需要先有一定数量的资金用于各项支出。企业开办资金有两种用途：一是运营前支出（又称投资资本）；二是运营前期支出（又称运营资本）。投资资本用于购买土地、建设厂房、购买机器、购置办公设备等，以及支付登记注册、通水通电、开业前的广告宣传等费用。目前大学生创业开办实体店，一般不用考虑购买土地、建设厂房等支出，但登记注册、购买机器、购置办公设备等方面的费用还是需要考虑的。开设网店的前期费用更少。一旦公司开始运营，就会涉及原材料购买、人工成本、水电费等，这些需要提前计算好，以便做出决策。很多创办企业的年轻人只考虑了购买设备、工具等所需的投入，往往遗漏了诸如机器设备的安装费、员工培训费、证照费、保险费等成本，以至于开业后才意识到资金不足。

5. 筹措创业资金

企业的资金来源有三大类：首先是股权融资，包括创业者的个人积蓄、亲友借款及合伙人的资金投入；其次是投资机构的投资；最后是贷款机构的贷款。

6. 了解开办企业的途径

开办企业的正常途径有三种：购买现成企业，开办新企业，加盟特许经营。

了解了公司的组建过程后，接下来介绍如何经营一家企业。

经营一家企业，涉及员工招聘与管理、员工绩效管理（销售管理）、供应商管理、技术应用及管理、成本与财务管理等多个环节。由于篇幅所限，本书对各个环节的具体操作不再一一说明。

对创业感兴趣的同学，可以提前选修创业导论、创业实务等创业教育类课程，全面了解创业的基本理论知识。同时，可以参加校内外组织的创业大赛、创业训练营及成功创业经验分享等活动。随着对创业活动的认识的加深，同学们可进一步结合自身的特质，留意可能的创业机会，尝试创业活动。

总之，成功创办一家企业是一项很大的工程，而成功经营一家企业更是困难重重。因为世界处于不断发展变化之中，竞争无处不在且愈演愈烈。百年老店柯达公司在倒闭前三年内市值蒸发了99%！这些都提醒同学们关注市场的不确定性及创业的不易。

不过，每个时代都有弄潮儿，“不易”并不意味着“不行”。本章介绍的李智雅同学及本章末“推荐阅读”中的几位创业者都是大学生创业的榜样。关键是，同学们应根据自己的特质选择适宜的创业项目。

本章小结

本章引导同学们理性看待“大学生创业”这一现象。创业是一种特殊的就业形式，前提是拥有创新能力和创业意向。目前大学生创业虽然有很好的政策支持，但并非所有的同学都适合创业。大学生在决定创业之前，应该了解创业意向的真正内涵，科学地评估自己作为创业者的特征与潜力，掌握识别与评估商业机会、产生创业项目的基本方法与步骤，清楚创业行为的风险性，最终慎重地做出创业与否的决定。

课后思考与练习

1. 你曾经发现过可能的创业机会吗？

2. 你是如何看待大学生创业的?

3. 你觉得你是否适合创业? 原因是什么?

4. 你身边有没有适合创业的同学? 你觉得他适合创业的原因是什么?

5. 如果你在未来的某个时间可能会创业，你已经为这个想法做了哪些准备? 从现在开始你还可以做些什么准备?

6. 如果你曾经有一个创业想法，尝试通过商业计划书的框架对这个创业想法进行验证。

推荐阅读

材料 1　青年创业者，梦想虽大，脚步要实

——北航本硕就读期间的创业经历

冯　翀

我那不停“折腾”的本硕生涯

在北航求学的整整 7 年，用一个词形容就是“折腾”。

大一组乐队，做贝斯手；大二开轰趴馆，把乐队朋友全“割”一轮；大三轰趴馆经营不善关闭，开始参加各种科技竞赛，获奖拿到保研资格；大四开始当科技辅导员领学校工资，顺便和同学开始创业，开始刷各大创业比赛；研一创业得到导师支持，拿到种子轮投资；研二拿到天使轮投资，做出产品；研三拿到 Pre-A 轮投资，产品上市；毕业后拿到第四轮投资。

现在毕业一年，创业路上越发感觉如履薄冰。公司处于从早期往中期走的阶段，创业确实很难，很多时候创业不是资源整合就能水到渠成的，更多考验的是创业者面对不同情况的一种韧性，需要一股子“愣劲儿”，才能闯出来。所以创业以前一定要想好自己是不是有足够的韧性，如果各位同学中有人有创业想法的，我可以和大家分享一些我的感受和经历。

创业伊始：吸引优秀的人? 先从卷自己开始

其实创业之前应该先有一步，是选择创业方向。不过鉴于创业可选的方向太多太杂，讲方向选择容易限制大家的思路和创造力。每个创业者脑海里都有过很多“不靠谱”的想法。其实甭管愿景有多不靠谱，只要能找到行之有效的路径去取得阶段性成果，再根据反馈修正目标，还是有成功机会的。

言归正传，创业最重要的资产是人。如何吸引优秀的人一起做你那个“不靠谱”的梦，并投入大量时间、精力、机会成本去创业呢? 我认为要先从卷自己开始。

创建团队一定要找优秀的人，优秀的人只会跟优秀的人在一起，所以建立团队的第一步是让自己成为优秀的人或进入优秀的人的圈子。大二大三时我做过生意、开过轰趴馆，发现靠一个人单打独斗是很难把事情做起来的。大三时参加“冯如杯”，因为我成绩不是很好，很难找到技术非常强的同学组队，所以只能把自己作为突破口。拿到“冯如杯”一等奖后，同学资源就变得多了，我和同年级拿过一等奖的项目作者都成了好朋友，大四时再次参加“冯如杯”，队友就变成了四个拿过“冯如杯”一等奖的人，战斗力一下就提高了，其中有的就成了我们创业的合伙人和中坚力量。

不断地去吸纳优秀的人当然是非常重要的，但如果优秀的人对你的想法、你本人的素质没有建立一种认可和信任的话，也很难和你真正走到一起。所以我建议，要吸引优秀的人，先从卷自己开始，让自己变得更优秀，再广泛地联络优秀的人，从而建立自己的团队。

创业维艰：资源不足？用好母校、导师的资源

学生创业一定是资源不足的，哪怕有学校、导师、校友等一系列的帮助也是不够的。一个创业的好赛道上，社会上那些大佬的顶层背书+资源整合能力是我们难以望其项背的。因此，学生创业想要闯出来，充分用好学校、校友的资源平台，是一个前提。

2019 年的种子轮融资是我印象中最艰难的一个时期。参加完科技竞赛之后，我们开始了市场化融资。半年见了 100 多个投资人，拿到的融资额为零。对于学生创业者，市场化投资人的问题是很刁钻的，会从各个方面对你进行灵魂拷问。从外部环境来看，当时正值资本寒冬。对投资人来说，学生创业者更是一个需要谨慎甄别的群体。纯学生团队创业没有非投不可的理由：没有导师坐镇，也没有成功创业者的光环背书，没有做出产品，没有大故事，没有商业模式……

四处碰壁后，我们开始把努力的方向转向高校投资：与市场上的创业项目相比，我们确实比不了；但在校内学生项目里，我们还是很有竞争力的。当时北航开始设立“创业基础与实务”这门课，是北航投资星计划举办的。我们很轻松就在课堂上获得了比较多的关注，后面继续参加很多高校圈投资组织的创业比赛，终于成功拿到了北航和启迪的投资。那是 2019 年底，我研一上学期，正式成立了公司。

研一开始，研究生实验室的科研工作逐渐多了起来，与创业的时间安排开始冲突了。有了一定的资本支持和阶段性产品成果后，我们拿着商业计划与导师开诚布公地谈了一次，期待得到导师的背书和支持。幸运的是，我的导师不仅在学术上有追求有造诣，还非常开明，对于我们的创业比较支持，同意我把创业的方向当作硕士毕业课题来研究。除此之外，他还义务地帮我们介绍一些业界有名的投资人和大公司的高层。

创业者要努力做一名拼凑高手，利用身边的一切资源进行创业活动，要整合好资源就要寻找可提供资源的对象——学校、导师、校友，这些都是你身边最有价值的资源。

创业进取：用 40%以上的时间提升人才密度

公司起步之后，涉及很多与外部的合作，包括上游的供应链，下游的渠道、市场、销售。我们遇到的最大问题就是团队经验不足，行业地位、分量不够，遭人轻视，很难获得顶级的外部合作资源。本质上，我们是一个年轻的高校科研团队，有理想、有激情、有创造力、有产品定义能力，但缺乏经验、社会关系。为了解决这个问题，必须找到业界资深的供应链高手、销售专家。

这个问题，统一称为人才密度问题，在公司的任何阶段都会遇到。为了找到不同阶段的重要人才，三顾茅庐、三十顾茅庐都是必要的。我基本用 40%以上的时间寻找优秀的人。一方面，如果优秀的人能够加入，能够大大提高团队实力；另一方面，即使只是和优秀的人聊天，也可以学到他独到的见解和方法论。这样的学习效率，比自己闭门造车通常要高得多。借助这样的方法，通过在校友圈和各种关系网中搜罗筛选，我们基本上配齐了我们所需的优秀人才。

很多同学可能会觉得说服投资人特别难，作为已经完成过四轮融资的学长，我感觉可以说两句。

说服投资人，说简单不简单，说难也没那么难。说个数字可能大家就明白了：三年间，虽然我完成了四轮融资，但已经见了约 1 000 个投资人。

凡事不要想得太复杂，切忌完美主义，种子轮融资之前我们见了 100 多个投资人。刚开始时我们只有一个模糊的想法，PPT 也是粗制滥造，没有商业模式、产品定位、竞品分析。面对投资人的各种劈头盖脸的灵魂拷问，基本没有招架之力。见完 50 个投资人之后，我“悟”了：原来这些投资人都是来帮我们完善思路的。开悟之后，就比较轻车熟路了，见过的每一个人身上都有你可以汲取的养分，你的实力渐渐就非常强了，最后成功是水到渠成的事情。

只要把握好这个心态，着装、态度等就是相对次要的了，不卑不亢，把每次提升机会把握好就行。

感悟：“一穷二白”“一无所有”恰恰是创业的前提

有个人，想要骑行去旅行。和各种朋友交流想法、整理攻略，一到要出发时，不是物资没备齐就是气候不适合。一晃两年过去了，他发现有个当初交流过想法的朋友已经骑行回来了。问朋友哪天出发的，朋友说记不清了，只记得有个上午天气特别好，于是下午就出发了，一路上也遇到各种问题，物资没备齐、天公不作美。但好在他带了些钱，路途中还有很多人帮助他，甚至走到一半还有另外一些骑行的人和他结伴。目的地虽远，但只要起步了，总是会到的。

我们几个在学校创业大赛上获奖的北航学生，想在AR投影领域做一家公司，就如同故事里的人一时兴起要去北极。没有产品、没有故事、没有商业模式，几乎是“一穷二白”“一无所有”的状态。

然而，这样的状态也恰恰是创业的前提，因为它使创业者被危机感和饥饿感包围，激发人们的创新意识和进取心。创业公司一定是什么都没有，如果什么都有的话就不叫创业而是资源整合了。

如果一开始就知道创业有这么多的困难，需要这么多的资源，我大概率是不敢从学生阶段就开始创业的。但是无知者无畏，创业需要一些“无知”和“愣劲儿”。创业者是被危机感和饥饿感驱动的实干家，勇于挑战且努力奋斗。

才子为才所累，专家往往会被自己丰富的专业知识束缚思维。反倒是“无知者无畏”的门外汉能够天马行空，从而通过创意来攻克一道道难关。

换言之，老天是公平的。虽然“一穷二白”“一无所有”不是创业最理想的状态，但这并不妨碍我们发掘商机和追求梦想。相反，这些困难和挑战可以激励我们更加努力地创造、创新和进取，创造出更多的价值和机会。

建议：做好心理准备，学会自我管理

公司成立至今，除了技术能力强以及对用户场景的构想非常清晰以外，其他方面还比较稚嫩。像我们这种学生团队出身的公司管理者，不能仅靠自驱力，还要有管理手段，要学会借力，站在巨人的肩膀上成长。创业后，学习更容易了，抓着在某个领域特别厉害的人死缠烂打，不停地跟他聊。在他表现自己时，一定要追问细节、问到不能再问，这样学得就会很快。同时，去大厂的管理研讨班进修，借鉴大厂的管理经验，也是提升自我的方式之一。

我把创业者的自我成长分为三个阶段：运动员、教练、裁判。不可能一上来就做裁判，要先做运动员，再做教练，再做裁判。一定要先把运动员这一步走好。

创业三年来，最大的感受是“万物皆可投影”这个设想太宏大，要一点一点分不同场景、不同阶段去把这件事完成。随着经济的快速发展与科技的不断创新，越来越多的年轻人开始投身于创业的浪潮中。他们怀揣梦想，希望通过自身的努力与创新来实现自己的价值和财富积累。然而，创业路上并非一帆风顺，青年创业者需要踏踏实实地走好每一步，才能真正实现自己的梦想。

（作者为北京航空航天大学本科毕业生）

材料 2　向内认知，向外行走

——校园创业经历助力本科毕业生顺利就业

姚新又

我出生在广西的一个农村家庭。小学二年级，国家开始免除九年义务教育的学杂费，这一政策的实施无疑是为一个农村家庭省下了一笔巨款。我不时在思考自己将来怎么去回报国家。

2016 年高考后，我收到了来自东北大学秦皇岛分校的录取通知书，同时也收到了大学新生征兵入伍的征兵宣传手册，这让我看到了一个回报国家的机会。和家人沟通后，我在全国征兵网上报了名，经过层层的体检、政治审查，9 月，同一届高中同学开始陆续前往大学报到，我则如愿以偿地来到了第二故乡——新疆，光荣地成了一名边防军人。两年的军旅生活让我快速成长。在部队第一年就获得了一个团级嘉奖，年底被评为优秀义务兵。

回归大学生活

结束了两年的军旅生涯后，我回归了大学生活。办完复学手续，第一件事就是向党组织提交入党申请。部队的经历让我看到党员能够在困难来临时、在群众需要时冲锋在前，每次重大任务，那些不惧艰险冲锋在前的班长士官都有一个共同的身份——中国共产党党员。

巨大的打击

要入党，第一个硬性条件就是要获得校级三等以上奖学金。本以为自己是部队出来的，在大学里面表现不会太差，奖学金应该问题不大，但现实给了我一个巨大的打击——因为当兵两年中断了文化课程的学习，知识也遗忘得差不多了，特别是英语。不少同学大一上学期就轻松通过了英语四级，而我只考了 300 多分，第一次期中考试高等数学考了 26 分，C++ 课程上机考试考了 36 分，综合排名排到了年级倒数，拖了班级的后腿，我在班会上向全班同学做了检讨。

失败是成功之母

现实总是如此残酷。但部队的经历告诉我不能轻易放弃，班导师也没有放弃我。在深刻总结期中考试自己暴露出来的问题后，我制定了学习计划表，每天严格按照计划表执行。早上 6 点钟起床练习指法，敲代码，晚上别人 9 点下自习，我自习到 10 点半。坚持到学期末，最终大一上学期没有一门课程挂科，C++ 课程成绩还排到了年级前列，但距离取得校级奖学金的目标还很远。寒假期间，我总结了大一上学期的表现，制订了更详细的计划。因为每周都有详细计划，我大一下学期的学习轻松了许多，还抽空去听了各类讲座，参与一些学院活动。经过努力，我大一下学期终于通过了英语四级考试，还考了 office 高级应用的证书。

大二上学期，我学习成绩继续稳步提升，从大一的倒数进入到年级前 40%，取得了校级综合三等奖学金，满足了入党的所有条件，最终在大三成了一名预备党员，大四转正成为正式党员，同时担任了党支部宣传委员。

双商走天下

大二上学期，我成了学院办公室的学生助理，协助学院办公室领导完成一些日常工作，组织开展一些学院活动及协助辅导员开展学生工作。学院办公室是学院信息汇集地，在这里工作让我接触到了包括院长和院党委书记在内的每一位老师，还能接触到不同年级的同学，自己的沟通表达能力得到了很大提升，还形成了一套工作方法。通过与不同人的接触，我明白了计算机专业的学生不仅要有技术，表达能力也非常重要，这正是院长一直讲的：要提高情商和智商，双商走天下。

创业实践经历

创业是很多人的梦想，不少大学生也希望创建一个企业。我的创业经历始于大三上学期。创业招募团队成员时，因为谈到了需要出钱投资，我被人当成过骗子。因为平时需要上课，创业活动只能在课余时间组织开展。初期因为没有场地和物资，就通过自己的关系人脉去协调。刚开始时，我们把秦皇岛本地的扶贫苹果对接了进来，举办了扶贫宣讲会，以为通过一次活动就能将苹果卖出，但活动结束后仅卖出去了 40 斤苹果，剩下的 100 多斤只能团队内部消化。这样的打击让我明白了创业并没有想得那么简单。痛定思痛，我们建立了自己的平台，与学院实践部联合开展助农义购活动，通过平台加活动形式创新，一下午就帮助果农销售苹果 1 500 斤。

初期的创业实践经历让我在学校层层选拔中成了“东秦味道”和“东秦有礼”两个学校品牌的运营团队负责人。我们注册了公司，创业团队成员也达到了 30 多人，并入驻了创新创业孵化中心。大四上学期开学之际，我们的门店（东秦印象）正式开始试运营，我们举办了农产品展销会，走出了探索乡村振兴的第一步，通过我们的技术搭建了东秦人自己的平台，通过粽情有礼活动实现了东秦品牌运营从 0 到 1 的突破。

创业带给我最大的改变就是表达能力的提升与心态的改变。创业过程中也遇到了很多问题，比如团队成员之间的矛盾、客户的投诉以及同学对我们的质疑。为了把更多的产品对接到我们的平台上，我们下到田间地头和农民交流，去工厂车间考察实习；为了拿到更低的产品价格，我们和供应商谈到凌晨三点；为了找到优质产品，我们走遍秦皇岛的各个批发市场；为了运送货物我们错过了食堂饭点；为了处理突发情况我们加班到深夜；等等。创业的各种经历让我的心态更加平和。因为有这一段创业经历，我明白想要改变家乡，只有先进的技术是不行的，需要有强大的基础设施为支撑才能让技术优势发挥到最大。

毕业求职经历

上大学后我一直在思考计算机技术能够为国家做点什么。我大一就确定了本科毕业直接就业。担任学生助理期间，我与辅导员多次交流了个人职业规划方面的困惑与想法，还向学院计算机专业不同方向的老师们请教。通过和他们交流，我确定了自己从事软件开发的职业目标。大一暑假我主动留校，参加了周杨老师的工程训练班，在周老师的实验室参与了两个软件开发的项目，第一次体验到软件开发项目给自己带来的成就感，对自己的未来也充满了希望。

大三下学期开学时正值春招，上课第一天的下午，我接待了上海汉得信息科技有限公司来我校的宣讲团，其中就有我们的校友。在辅导员的建议下，我晚上去参加了汉得信息的招聘宣讲会，并现场参加了笔试。第一次参加技术笔试，我答得一塌糊涂、信心全无。但在当天晚上 11 点收到了面试通知，我内心兴奋又惊讶，于是连夜做了一份简历，参加了第二天的面试。因为之前听过很多学长的经验分享，所以自我介绍时我重点讲了我大二时参加过的两个项目，讲了项目中遇到的问题及自己的解决办法。接下来的技术问答环节，我的回答漏洞百出，直接将招聘人员逗笑了，最后在双方的笑声中结束了人生第一次技术面试。本以为面试将止步于此，两天后意外地收到了实习签约的通知，第一次获得企业对自己能力的认可，我信心大增。于是我将“东秦就业”微信公众号添加到了手机桌面，每天根据最新宣讲会信息投递简历，投递了十几家公司，有的没有通过简历筛选，有的没有通过笔试，有的止步于面试，求职过程中内心起起伏伏，第一次的成功和后面的失败让我真正体会到了“乘风破浪会有时，直挂云帆济沧海”的感觉。

一个学期在紧张的面试中过去了，7 月初我来到了上海，在汉得工业园区开始了实习。我的岗位是技术交付岗位，公司包住宿不包三餐。在上海，最直观的感受就是高昂的物价以及炎热的天气。入职后就开始了技术培训，每天的基本内容是根据文档内容学习公司的框架，每周要考核。我的技术突飞猛进，学到了很多开发知识，每一天时间都过得特别快。就这样日复一日地学习了一个月公司的开发框架，虽然技术有很大的进步，我却没有体会到技术进步带来的成就感。经过再三思考，在汉得信息实习两个月后我辞掉了这份工作，回到学校，创办了秦皇岛新友科技有限公司，成为“东秦味道”和“东秦有礼”两个学校品牌的运营团队负责人，开始了创业历程。

创业经历让我真正看到了国家农村发展的现状。当初我选择计算机专业的目的是希望通过技术去改变家乡农村的发展现状，然而实践探索之后，我发现技术虽然可以让信息的交流实现跨时代发展，但是农民有了信息，没有基础设施的支持，交通不方便，生产资料流通不起来，再好的信息平台也很难改变当前的发展现状，这让我明白了“要想富，先修路”这句话的深刻道理。

很快来到了2022年春招。刚过完年，我就把自己的简历上传到了各个招聘平台，其间收到很多面试邀请。虽然收到了一些公司的录用通知，但此时的我明白了自己想要找一份什么样的工作。当接到中建铁路投资建设集团有限公司的招聘电话时，我觉得中建铁投的“两化”融合岗特别适合我，公司主要负责在家乡这边开展基础设施建设，同时该岗位需要的正是计算机专业的人才。面试中，我将大学经历、自己在创业当中对基础设施的思考和想要建设家乡的决心告诉了面试官，没想到打动了面试我的面试官。双方一拍即合——我是第一个应聘这个岗位的人，也是第一个收到录用通知的，而且这个岗位只招一个人。当我表明签约意向后，该公司直接将所有渠道关于该岗位的招聘信息都撤销了。

“向内认知，向外行走”是我们辅导员经常讲的一句话：向内积极思考自己的内心、增强对自己的认知，向外勇于去实践、开拓自己能力，与我们“自强不息，知行合一”的校训异曲同工。大学给了我们一个很好的实践平台。自己要做的事情，去实践了才会知道结果，同时也要勇于试错。知道错了，知道行不通，那就再想其他办法，这是每位大学生都可以达成的成长之路。

（作者为东北大学秦皇岛分校本科毕业生）

材料3　从平凡走向卓越

——从本科毕业就业到创业的奋斗之旅

赵泽民

我出生在沂蒙革命老区一个普通的农村家庭，高考经过二战，最终被青岛农业大学录取，从此开始了丰富而又充实的大学生活。

起点：以终为始　全面成长

在沂蒙革命老区，能成为一名中国共产党员是非常光荣的一件事情，加入中国共产党成为我大学生涯中第一个目标。大一，专业课没有开、学习任务不是很重，我利用课余时间，协助学院团委老师、班主任工作，积极参加学生会，后来被同学们选为班长。担任学生会干事和班长期间，我学到了书本上不曾学到的知识，在接人待物、为人处世方面受益良多。如在学生工作中，我要了解每位同学的想法，保证每次集体活动大家都能积极响应，锻炼了我的协调能力；后来创业过程中，我依旧要熟悉每个员工的想法，让同事们能够保持主动积极的工作状态；在配合老师工作中，老师的每个想法甚至一个眼神，我都能领悟其中的意思，总是提前一步将老师们要交代的工作做完。这段经历，增强了我察言观色的本领，让我在以后的工作中配合上级领导的工作游刃有余。学生干部这个角色也逼着我补短板、提能力。进入大学之前，我几乎没接触过电脑，刚入校园，各种班级、学生会表格纷至沓来，简单的打字、Office 办公软件的使用，对我来说都异常艰难，其他同学半小时完成的事情我却需要一个上午，为此我还报名学习了办公软件的使用，并考取了办公自动化证书，补齐了短板。

抉择：专注创新　持续奋斗

一眨眼，迎来大二的专业分流，我们学院一共有四个专业：机械设计、电气自动化、农业机械化、农业电气化。当时很多国有企业在招聘时，只招收机械设计和电气自动化专业的学生，带农字专业的学生就业方向有点窄，从而导致每年机械设计、电气自动化专业报名的同学特别多，录取的分数就非常高。然而我们属于农业类院校，农业机械化、农业电气化恰恰是我们学院的特色专业，学院对这两个专业的实验室配套、科技创新支持要更多一些。专业分流前，偶然参加了一次农业电气化专业学长的讲座，他给我们介绍了每一届学长学姐参加科技创新获奖的故事和作品，带我们去实验室进行了参观，各种机器人、方程车、实验设备深深地吸引了我。那时我才知道，生活中一些电子产品是通过硬件和机器语言的配合实现的。每年农业电气化专业都会接收新的实验室成员，给热爱发明的学生无偿提供实验室器材、元器件等材料，配有专门的科创老师给予指导和帮助，给每一位热爱发明的学生提供全方位的保障。兴趣是最好的老师，我认为只要拥有真正的能力，就业不是问题。专业只是一个符号，我根据自己的爱好做出了选择，顺理成章地报了农业电气化专业。我们专业报名人数最少、录取分数最低，我以第一名的成绩进入了专业学习。

大二，我就申请加入了创新实验室。实验室采用传帮带的方式进行人才梯队培养，与高年级学长组队参加比赛，边学习、边发明、边比赛，使得我在科技发明中进步很大，从实验室的小白逐渐成为了比赛的主力。在实验室，大家都是技术能手，常常因为比赛过程中的分歧吵得不可开交，各干各的导致效率低下。我技术不是最好的，但属于最全面的，每次比赛，实验室老师都让我担任队长，除了在团队中担任硬件工程师外，还充当起了团队“润滑剂”的角色，确保团队发挥最大实力。我们团队先后获得了山东省机器人设计大赛二等奖、山东省电子设计竞赛一等奖、全国大学生电子设计竞赛一等奖，打破了我校在全国大学生电子设计竞赛中的最高奖项纪录。

实验室的生涯，为我以后在专业领域工作打下了坚实的基础。每次比赛，从接到比赛试题到方案设计、元器件采购、焊接、编写程序、调试，整个过程中软硬件方案不断被推翻、修改、完善，白天、黑夜连续不间断作战，有几次比赛，作品几乎都完不成了，但大家都没放弃，在最后时刻“柳暗花明”。没有坚持，哪来成功？时间久了，就培养了我坚持不懈的做事品质，丰富了专业知识。实验室的经历成了我今后从事专业领域的信心来源。

转身：择己所适　强者生存

转眼到了大四。由于英语成绩一直不好，且年龄比同学们大两岁，我选择了就业。根据自身学习经历，集成电路、仪器仪表类企业成了我择业的目标，因在青岛读的书，就在本地开始找工作。当时通信行业也处在一个高速发展期，青岛鼎信通讯股份有限公司的主要客户是国家电网和南方电网，业务发展非常迅速，无论是客户还是行业都较优质。恰逢该企业在中国海洋大学举办宣讲会，于是我前往海大参加了宣讲会，通过笔试、面试，顺利入职。入职后才知道，那批 300 多位新员工中只有我和另一位同事是非 985、211 毕业。

进入公司后，我与其他新员工一样，首先进行理论培训、工厂实习、现场技术支持锻炼，半年后根据每位员工的特点、学历进行定岗。半年后，我考虑到做研发大概是做不过 985、211 等高等院校毕业的博士、硕士，其他岗位中销售岗收入最高。对于技术类公司的销售，尤其面向国有企业客户，不仅需要我们专业知识过硬，还需要与客户处理好人际关系，这些正是我的强项，我果断选择了销售岗。担任区域销售经理半年时间，我个人销售业绩突破 800 万元，获得华东大区个人销售冠军。

在销售领域证明了能力，我开始考虑以后的晋升通道。公司规模大了，销售岗位层级基本固化，干到省区经理后很难再晋升。我在 2015 年 7 月份辞职。现在回过头看，当时的考虑是对的，与我同一批入职的同事，最高职位是省区经理。个人认为，第一份工作非常重要，很多人一辈子都会从事同一个行业，换行业的代价很大，意味着你要重新学习，人脉关系、行业经验都要重新开始。从事的第一家单位也非常重要，大公司培养人的制度和流程非常完善，会得到多岗位锻炼机会，一家大公司的组织架构、财务报销、销售管理、生产管理等等都值得我们学习，这些经验都是今后跳槽、创业的资本，在青岛鼎信我学到了诸如此类的知识。

2016 年 1 月我进入北京中宸微电子有限公司，当时公司营业额不足 1 亿元。为什么选择北京中宸呢？因为那时我相信自己的能力能为公司带来巨大的贡献，想看到一家小公司是如何一步步做大的，为以后创业积累经验。进入该公司后我担任广西区域临时负责人，开辟新市场：2016 年全年业务销售 150 万元，2017

年3 700 万元，2018 年 9 500 万元；2018 年起担任华东区域（苏、浙、沪、鲁、皖）及广西市场大区经理，开始开辟华东市场。

2023 年 4 月 1 日我从公司离职，原因是个人发展遇到瓶颈，无法再为这个公司做出更大的贡献，自己有了创业打算。

跨越：不负青春 追逐梦想

创业九死一生，为此我考虑良久。创业也是一种人生选择吧，关于到底把公司做成一个躯壳还是做成一个作品，我想了很久，结合自身资金和优势，制定了“贸”“工”“技”的发展路线。大学实验室的科研经历，让我一直怀有做研发、做产品的情怀，我希望做一家真正的科技公司。2023 年我成立山东华信通讯科技有限公司、山东东誉新能源工程有限公司，2023 年华信通讯取得 1.1 亿元的销售业绩，东誉新能源取得 7 500 万元的业绩，两家公司全年纳税 496 万元，获得高新技术企业、科技型中小企业称号。2024 年投入 2 000 万元，建立生产车间，目前工厂已通过国家电网审核，我们的理想是成为一家集研发、生产、销售于一体的高科技公司。

在自己人生的每个阶段，我都很清楚地明白自己想要什么、知道为此该付出什么。我学会了扬长避短，将自己的优点发挥出来、不断完善。持之以恒努力，人生不会差。

（作者为青岛农业大学本科毕业生）

第6章

情绪调适与权益保护　职场适应与生涯管理

知之愈明，则行之愈笃；行之愈笃，则知之益明。

——朱熹

你要控制自己的情绪，否则你的情绪便控制了你。

——大仲马

学习目标

本章通过分析应届毕业生在求职就业过程中容易出现的不良情绪及其调适建议，介绍应届生就业权益保护的相关法律知识，使同学们提前了解职场与校园的主要差异，帮助同学们更好地应对求职中的不确定性及风险，顺利完成社会化。同时，希望同学们在未来能够保持终身学习，持续有效地管理职业生涯。

在了解了应届生求职所需的准备后，同学们还需要了解就业过程及就业后可能会遇到的各类问题，提前做好心理与能力准备，更好地应对人生中又一个新的开始；同时，保持终身学习的信念，在未来的职业发展中不断迎接挑战。

6.1　求职就业过程中的不良情绪调适

就业是学生走向社会的第一步，绝大部分同学以往的学习生涯是比较顺利的，学习环境单纯，对优秀的衡量标准也比较单一且客观，因而同学们会对自己形成较为固定的认知。

前文提到过：大学生求职不是一蹴而就的事情，是逐步澄清自我、确认职业发展方向并有机匹配的过程。从某种意义上看，整个大学阶段都是从学生到职场人的蜕变过程；仅仅从狭义的求职过程看，对绝大多数同学而言需要短则三四个月、长则半年甚至更长时间才能拿到满意的 offer。在此过程中，遭遇不顺利乃至挫折是正常情况，同学们要提前做好心理准备。

6.1.1　应届生求职就业过程中的常见问题分析

1. 对未来职业的迷茫

案例 1：小方一直是个“被规划”的学生，考大学时听父母的，上学时看同学们的。大学期间对所学专业不太喜欢，还是随大流考了研究生，但备考期间无法专注，考研失败了。接下来的求职过程中还是很迷茫，不知道自己能做什么，迷茫中又产生了二战考研的想法。她有些恐慌，不知道下一步该做什么。

很多同学本科期间欠缺对未来职业发展的思考，面临选择时，利弊差异很大的选择尚可，各有利弊的选择就需要更深入的内外部认知。内部认知上，要清楚自己的兴趣、能力、价值观等；外部认知上，不仅要对外部职业世界有较为充分的信息了解，还要融合内外部进行实践验证。在这个完整的生涯规划过程中，如果低年级缺乏探索与验证，高年级就业时往往会面临选择困惑。

案例 2：小张在专业学习过程中感觉到自己不可能成为技术上的牛人，大四就选择了直接就业，也顺利找到了一份与专业相关的技术支持工程师工作。临近毕业，小张看到身边 60％的同学都升学了，突然又有“本科就业低人一等的感觉”，对自己选择就业产生了深深的怀疑。

很多本科生认为只有研究生才有可能找到一份满意的工作，实际上本科毕业生、硕士毕业生面向的就业市场是不同的，并非研究生一定比本科生好就业。不同学历层次面向的就业岗位特点不同、发展路线不同，不同人按照自己不同的兴趣、特长、职业期待来做选择才是科学的、理性的，盲目与他人比较是不必要的。

2. 对就业的焦虑不安

案例 3：小刘是某理科专业应届毕业生，大四开学就开始找工作，两个月间发出去几十份简历，只收到了两个小公司的面试机会，面试也没有成功。她产生了前所未有的自我否定，每天都陷在深深的焦虑中，不愿意再去找工作。

案例 4：小王来自农村，家庭条件一般，学习成绩也一般，本科阶段一直默默无闻。大四在找工作过程中总是提不起精神来，觉得“等所有的牛人都找到工作了，我再找吧，反正我也竞争不过他们”。

小刘在求职过程中遭受到了一连串打击的原因可能很多，如就业方向选择不合适、专业积累还不够、面试能力欠缺等；小王是还没有入场就开始自卑了。人生的每个阶段其实都可能会遇到一些与自己期待不符合、不满足、不匹配的情况，有些是无法改变的现实，如性别问题、有些岗位只招聘硕士等，对不能改变的现状焦虑、纠结是没有意义的。有些情况是可以改变的，之所以当前不符合、不满足、不匹配，可能是你没有意识到怎样才能符合、满足、匹配，也可能是你之前不够努力。快乐＝能力×期待：你可以选择降低期待、降低求职岗位的层次，也可以即刻开始努力，制定行动计划去改进和提升，直到符合、满足、匹配。总之，当下受挫不一定是负面事件，也可能是让你重新认识自己、构建自我的契机。

3. 对决策的犹豫不决

案例 5：小唐毕业时拿到了两个工作 offer：一个是事业单位，工作内容与专业半相关；另一个是民营企业，做研发类工作。两份工作各有利弊：一个收入低但稳定安逸；一个收入高但有风险、压力大。小唐胸怀大志却又不愿承担风险，崇尚个人奋斗又贪图舒适安逸；左右为难让他极其矛盾，陷入选择的焦虑中。

进入社会前，很多学生没有独自做过重大决策，自我认知不够、对社会了解不多、决策经验不足，很难判断不同的生活方式对自己意味着什么，也欠缺承担风险的勇气，因而在面对人生中重大的职业选择时，犹豫、纠结，无法做出决定。

4. 面对负面结果的颓废消沉

案例 6：小李因微小差距未能保研，发誓一定要考上研究生，备考过程中也非常刻苦，可惜考研成绩并不理想，平时成绩不如他的同学也比他考得好。全班同学 60%都读研了，他不能接受自己成了另 40%。在接连的打击下，他认为再怎么努力也改变不了什么，整天窝在宿舍里，变得极其颓废、消沉。

对很多大学生来说，在人生中非常重要的路口上遇挫后，有心理上的不良情绪是非常正常的，绝大多数人都会情绪低落、消沉。然而，适度很关键：可以允许自己这种低落的状态持续一段时间，然后就该行动起来，分析到底哪里出了问题，找出原因，做好改进计划，下次再战。

案例 7：小赵是个心高气傲的学生，也一直很努力。大四前的暑假有个去一个大型外企实习的机会，小赵和同班四个同学一起去面试，最终录取了其中一人，小赵落选了。她越想越不服气，自己在各个方面都比被选中的同学强，为什么得到机会的不是自己？

大学几乎是最后一个用较为单一的标准来衡量成功与否的阶段，小赵认为自己各方面都比其他人强，大概率指的是学习成绩强一些、科研活动参与得多一些、社会工作参与的积极性高一些，这些在某种程度上能说明一些问题，但是企业招聘的评价标准更为多元，对与岗位需求的相关性要求很高，往往不是谁的学习成绩更好、谁的综合素质更强，可能是价值观更一致，经验更贴合企业的实际业务，工作稳定性可能更高，某一个单项特质更符合岗位要求，等等。所以企业选人，适合比优秀更重要。同学们不需要用求职的结果来定义成功，可以反思自己的不足，看到差距，调整行动方案去靠近暂时结果上的成功，但是不必要用这个结果去否定自己。

以上案例反映了大学生在求职就业过程中经常遇到的对未来职业发展迷茫、对就业恐惧焦虑、对能力不自信、对决策犹豫、对负面结果焦虑、对不确定性纠结等困难。大部分学生在求职就业过程中都会遇到一些困难，因为就业是他们第一次面对一个跟以往完全不一样的环境和评价标准。读到本科毕业，就至少在学校这个环境下适应了十几年，对学生这个角色的任务和评价标准很了解、很习惯；学校环境相对简单、安逸，对学生的各种想法、行为包容度都非常高。求职就业是学生第一次离开熟悉的生活环境，面对真实社会需求的考验，第一次面对重大的人生决策，第一次独立承担生活的压力。在这种情况下，有逃避、不愿意做决定、焦虑、恐惧、不自信等不良情绪是正常现象。

求职就业过程中，毕业生在短时间内集中遇到一些前所未有的困难。不过，这些困难也能在短时间内让我们学会面对挫折、调节情绪、调整思维方式、分析问题解决问题、快速提升能力，是我们应该敞开怀抱去迎接的快速成长的机会啊！因为成长就是经历从未经历过的事情、解决从未解决过的问题、体验从未体验过的经验后沉淀下来的阅历与能力。

因此，要学会理性看待求职就业中遇到的困难。上面几位同学遇到困难后产生了焦虑、自卑、恐惧、消沉、退缩等不良情绪，如果不能很好纾解，就会影响到下一步的有效行动。

遇到困难时要接纳自己有不良情绪，在接受失败挫折、接受人生而不同、接受努力也不一定有结果、接受不如意和不完美、接受曾经的不够努力和现在的坏情绪后，第二步就要分析就业困难出现的原因和能采取的措施，分析哪些困难是自己可以努力去改变的，哪些是自己目前无力改变的。

克服困难的过程是一个突破舒适圈、拓展学习圈、明确恐惧圈的过程。对毕业生来说，因为过于长久地处于单纯的学习环境，学生的学习角色是自己最舒服、最适应的角色。而要想解决就业过程中遇到的困难，或提前准备，避免在就业过程中出现以上困难，就需要离开舒服的学生角色，在学习圈扩展更多应对就业的知识、能力、思维方式等，看看哪些是可以跳一跳改变一些的，哪些是基于目前的情况无法改变的，在自己不能改变的部分，接纳现实。

求职就业过程遇到困难的原因，如缺乏对未来职业的思考、就业技能不足、缺乏对企业需求的了解等，都可以通过学习新知识、提升新能力慢慢来克服。也有一些诸如期待过高、自身能力差距过大、现有条件下跳一跳也够不到等原因，除了制造自身恐慌外对解决当下的困难没有任何帮助。还有诸如性别歧视、就业地域限制、专业相关需求少等原因，目前无法解决，最好的办法就是接纳后思考有没有可以替代的解决方案。

就业过程中遇到困难是一个普遍现象，不仅仅是本科毕业生，其他学历层次的人也会遇到类似的问题。因此，不必过分焦虑和担忧，保持冷静和理性，积极面对，寻找解决问题的方法。可以通过咨询老师、同学、朋友或者专业机构等途径，获取更多的信息和帮助。

6.1.2 应届生求职就业过程中常见问题的应对

1. 合理认知不良情绪

事实上，每种情绪的出现都有其积极意义，如恐惧情绪是对自身的保护，让你思考风险、专注于当下的需求，为避免风险而尽最大可能释放出潜能。愤怒提醒你受到了侵犯，让你能意识到内在的真正渴望。伤心则提醒你可能失去了重要的东西，帮你意识到需要告别和放下。

当然，严重的不良情绪会对正常的生活学习产生负面影响。最常见的不良情绪是焦虑，其他不良情绪也常常会伴随着焦虑。焦虑是指个人对即将来临的危险或威胁所产生的紧张、不安、忧虑、烦恼等不愉快的复杂情绪状态。陷在焦虑中的人往往认为焦虑是不应该存在的，试图压制、消除焦虑。陷入其中难以自拔的人很难理性思考、积极行动，于是问题产生的威胁或危险就一直在，最终可能因为屡次尝试失败而变得更加焦虑。

2. 事件—信念—情感理论

解释人类行为和情绪之间的关系的 ABC 理论，全称是“事件—信念—情感理论”（affective-behavioral-cognitive theory），是美国心理学家埃利斯提出的“合理情绪疗法”的重要组成部分。其中 A 代表诱发事件，B 代表个体因对诱发事件 A 的认知和评价而产生的信念，包括不合理信念和合理信念，C 代表诱发事件后个体的情绪反应和行为结果，包括错误的反应和正确的反应。

ABC 理论认为：情绪或不良行为不是由某一诱发事件本身所引起的，而是由经历了这一事件的个体对这一事件的解释和评价引起的。诱发事件只是引起情绪及行为反应的间接原因，而直接的起因是人们对诱发事件所持的信念、看法、解释。当人们坚持某些不合理信念、长期处于不良的情绪状态之中时，会导致情绪障碍、情绪郁闷拥堵的产生，做出一些不正确的事情。简言之，人们对一件事情的看法或想法直接影响其情绪反应和行为，要改变一个人的情绪和行为，首先要改变其认知。

上一节的案例 6：全班 60％的同学都读研了，小李不能接受自己成为另 40％，变得极其颓废、消沉。这里，事件是小李保研没有保上、努力考研也失败了；小李的认知是"努力就应该有结果"或"尽力了就应该能如愿以偿"，因此无法接受没有考上研究生这个现实。于是陷在这件事带来的不良情绪中，不想再付出努力，因为觉得努力没有价值。换一个思路：对考研失败的认知是"努力的人有很多，所以即便尽力了也不一定如愿以偿"，于是在短暂的挫败情绪后，也能很快接受现实，不会影响到下一步的行动。事实上，很多考研失利的同学调整情绪后选择直接就业，都找到了非常好的工作。所以调整对诱发事件的认知是调整不良情绪及应对不良情绪带来的后果的第一步。

3. 认知调整

对诱发事件的不理性认知通常来自我们的"应该""理应""必须"等信念，主要包括以下几种：

第一种不理性的认知是对诱发事件产生灾难化思维。灾难化思维是一种对问题的过度担忧和消极想法，高估糟糕结果发生的可能性，往往会导致不必要的恐惧和焦虑。典型表现有：过度担心未来和自我否定。过度担心未来会让人感到无助和失望，影响到积极的行动。如在就业过程中，有学生会过度担忧"今年就业形势这么不好，我一定找不到满意的工作"，"我要是考不上研究生就完蛋了"。自我否定表现为对自己的负面评价，降低行动的信心和动力，如觉得"我谁都比不过，还是不要去丢人了"，"这次面试又没通过，我一定是糟糕透了"。

第二种不理性的认知是以偏概全，根据有限证据得出消极结论。如"我总是运气这么差"，"第一份工作要是选错了，我就不可能再转换到正确的道路上了"，"我学习成绩不好，一定找不到好工作"，"我这么努力考研还是没有考上，肯定再也考不上研究生了"。

第三种不理性的认知是非黑即白，简单以某个标准去认定是好还是不好，看不到复杂的中间地带，表现在极端化思维或绝对化要求上。极端化思维指在一件事情上失败，就全盘否定了自己的能力和价值，如“我面试没有通过，是失败者”，“考不上研究生，我就不可能有好的职业发展”，“我成绩这么差，胜任不了这个工作”。这种思维方式认为事物的发展应该符合自己的期望或要求，一旦不符合就会产生消极情绪。

以上这些不理性认知容易使人们对压力事件产生极端或不合理的情绪反应，影响心理健康，影响对问题解决的思考，影响行动力和行动效果。

4. 情绪调整

每一种情绪的存在都是合理的。当有不被期待的诱发事件发生，不论对这件事的认知是理性的还是不理性的，都会有不良的情绪出现，很多不良情绪最终转化为焦虑。对待焦虑要改变认知方式。当不良情绪出现时要意识到并去感受：是焦虑还是恐惧？是挫败还是自卑？接纳这种不良情绪的合理性，不要把不良情绪敌对化，更不要试图压制或消除不良情绪，要尽量把注意力转向根源问题的解决或调整。如果你试图采用某种方式与负面情绪对抗，可能会消耗掉你大量的注意力，你陷在负面情绪中的时间也会变得更长。

分析自己出现不良情绪的背后诉求：这个负面事件发生的原因是什么？具体问题是什么？自己期待的结果是什么？把发生负面事件需要解决的问题与情绪分离开，专注问题的解决。

聚焦问题解决时哪些部分是不可控的、哪些部分是可控的，不可控的部分要逐渐接纳，可控的部分形成解决方案或行动计划并积极推动落实，通过解决问题或缓解问题的严重程度来减少不良情绪的影响。

求职中如果非常期待的岗位面试失败了，这种负面事件显然会引发挫败、自责、无力、焦虑、恐惧等不良情绪。造成面试失败的原因可能是多方面的：对岗位需求还不够了解，自己的能力积累还有欠缺，专业符合度较弱，或是面试中没有展示出自己最好的状态。

5. 行动调整

从行为上，澄清问题，将问题分离出来，抛开情绪让问题具体化。

前文小李负面情绪的来源事件是考研失利，但并非所有考研失利的学生都会一蹶不振，让小李一蹶不振的是“努力了就应该有回报，而自己再怎么努力都没有回报”的认知。如果把情绪与问题分离开，问题可能是小李认为不读研就不会有一个好出路，可能是想二战又担心再次遭遇失败，也可能是对自己的能力产生了质疑。将问题从消沉情绪中剥离出来，小李需要关注不应是负面事件本身，而应是事件发生了我最担心的是什么、为什么、下一步应该怎么办、可以做些什么减轻这件事的影响。

如果想要就业但担心找不到理想的岗位，就写份简历投递出去试试，有很多非常好的企业会留一部分岗位给考研失利的本科毕业生，如果有心仪的就业岗位，不读研又如何？在真实的行业企业里历练两年再考虑是否继续读研也许更有利于未来的职业发展。

如果想要二战考研但担心再次失利，就对自己考研各门成绩进行一个系统的分析，看看自己到底失利在什么地方，是努力程度还不够还是某些科目存在短板，如果要二战，需要在哪些地方进行改进、可以做些什么。

对面临的问题有了较为清晰的认知后，对负面事件的焦虑情绪会下降，有效的行动跟进后注意力会转移，有效行动有了成果后焦虑情绪会大大缓解。

前文案例 3 中小刘焦虑的源头事件是求职受挫、面试机会不多，仅有的两次面试机会也没有抓住；她对“求职受挫”的认知是“我的能力不行”，自我否定让她没有动力再有进一步的行动。如果把问题和情绪分离，再来看小刘简历投递成功率、面试通过率不高的问题，作为“双一流”高校的毕业生，小刘虽然学习成绩不佳，但找份工作并不是问题。尚未拿到 offer 可能是求职目标不够合理，可能过高、可能过窄、可能与自身特质不符合。也可能因为小刘不了解面试的底层逻辑，没有掌握求职方法，简历展示不够，没有做好充分的面试准备，没有在面试后做好复盘和改进，等等。求职受挫可能与能力有关，可能与信息不足有关，还可能与方法有关，需要针对问题采取一些针对性的行动来解决问题。所以，面对负面情绪，除了改变不合理的认知外，还要分离开问题和情绪，在接纳情绪的同时分析问题是什么、可能的行动有什么，聚焦问题的解决来推进行动。

就业过程中遇到问题的原因大概有几类：

第一，求职定位不合理。是没有明确求职目标的海投，还是求职目标过高、过窄、不匹配？是需要进一步的自我探索还是缺乏职场信息？

第二，能力还有欠缺。本科毕业生基本不可能在求职时就具备了企业招聘岗位需要的所有能力，包括专业能力和综合能力，所以有一定的能力欠缺是必然的。但是要清楚自己针对要应聘的岗位欠缺什么能力，是关键能力还是辅助能力，能不能做一些什么来弥补。如果是关键能力且差异太大，是否需要适当降低岗位要求？

第三，不了解求职方法。反思负面事件可能的产生原因是否跟对求职还不够了解有关，是否因为还不掌握简历的撰写要点，还是不了解面试的底层逻辑，是对自己的优势特长不够了解，还是没找到自己的优势特长，或者是不知道如何在求职中体现自己的优势特长。

分析问题的解决方案时需要注意有些问题是自己可以控制的：前文中的小刘可以求助职业咨询老师复盘自己的应聘过程，听取建议调整职业目标、改进简历、调整面试状态等。有些问题是自己无法控制、无法改变的：如果小刘觉得自己的问题是源自女性身份，就无法改变，既不能改变自己的性别，也不能改变企业的想法；她应该平和地接纳，在后续的学习工作中尽量培养自己差异化的竞争优势，寻找对女职工友好的用人单位。

针对求职定位、能力不足和求职方法等问题，要分清楚问题是什么，针对问题刻意练习，在练习中不断调整、提升和改变。

针对求职定位，可以通过进一步的自我探索和拓展职业信息渠道，确定更合理的求职目标。

针对能力不足，一方面要更深入挖掘自己的优势特长；另一方面通过自学、实习、参与科研实践等方式积极去弥补能力，提升自身与岗位匹配的能力。当能力差异大时，需要适当地调整求职目标。

针对求职方法，需要分析目标岗位需求，站在企业需求的角度挖掘自身与岗位匹配的优势；了解简历撰写的要点、重点，了解面试的底层逻辑，有针对性地进行模拟练习。

就业是一次重新审视自我的机会，在新的环境、更多元的标准下重新审视自我，遇到问题是很正常的；而且本科阶段做任何决定，沉没成本都还不算高。挫折尽早到来能让你有机会更早重新思考之前的学习过程、思维方式、处事风格、行动规划等是否符合社会的需求，是否符合你自己期待的需求。在这个反思下，能尽早地重新规划自己未来的学习与职业发展。

适度的焦虑是保持动力的好办法，如果焦虑没有影响到你的身心健康、没有影响到你的正常生活，可以不需要特别关注。虽然过高的焦虑影响身心健康、阻碍有效行动，但没有焦虑的人容易满足于目前的状态，懈怠而不思进取。中等强度的焦虑能够在最大限度激发主观能动性与维持身心健康间保持平衡。

缓解当下的不良情绪的做法还有：适度的倾诉，尤其是对有跟你类似经验的同学吐吐槽；学会向身边人求助，如求职成功的同学、对行业比较了解的导师、就业中心的老师等，寻求聚焦问题的帮助；还可以通过做自己感兴趣的事，通过运动、冥想等方式来转移一下注意力。

人生的每个阶段都会遇到挫折。十年后，你再回过头来看就业过程中的困难，也许你会感激这段经历让你迅速成长了、成熟了。

6.2　应届生就业权益保护

6.2.1　应届生求职过程中的法律风险防范

高校毕业生缺乏社会经验，对危险的警惕性不足。人力资源市场也存在各种不规范的现象，部分求职心切的毕业生，在求职受挫后难免急于求成，忽略了可能的危险因素，导致上当受骗或权益受损。因此，毕业生求职时要了解求职中可能存在的风险，了解权益保护的方法，提高警惕，防患于未然。

求职时首先要对招聘信息进行鉴别，对工作内容介绍不清楚、入职条件过于简单、薪资待遇明显高于就业市场现实情况、要求先缴纳中介费、要求先培训后上岗、要求缴纳入职押金、要求扣押证件的招聘，果断放弃。

1. 查询企业合法性

对招聘信息，如果是不知名、规模小的企业，一定通过以下三种查验方式确认招聘企业的合法性：

（1）登录“国家企业信用信息公示系统”或国家市场监督管理总局官网查询系统查询企业名称，如果查不到考虑以下两种情况，一是非法企业，二是新公司，需要进一步甄别。

（2）登录要查询企业的网站，在网页最下方找到ICP备案号，进入工信部ICP信息备案管理系统进行查询，查询该公司是否已经经过正规备案。

（3）登录天眼查或企查查，输入企业名称等关键词，查询企业相关的司法数据、信用数据等，看企业是正规运营的企业还是皮包公司，排查企业存在的潜在风险。

2. 确定招聘岗位真实情况

招聘启事的内容并不一定是真实的岗位情况，确定企业是一家合法企业后，还要在求职时对招聘岗位的情况做全方位的信息搜集和验证。

（1）确定任职资格。不要被招聘岗位的职务名称欺骗，好听的名字＋优厚的待遇，很有可能就是一个诱惑的陷阱。不要着急面试，可以先电话或者线上咨询“考评标准”，再做选择。

（2）确定职位职责。对招聘信息有一个基本的判定，看招聘职位与描述的工作内容是否相符，可以通过职业访谈等形式，了解真实工作内容。

（3）确定行业发展动态。要读懂招聘信息，研判行业发展的动态，不要急于求职、盲目入职。同时，要与家人和朋友及时分享招聘信息、面试细节等。

3. 拒绝五种不合理情况

在应聘过程中应果断拒绝的五种情况：

（1）果断拒绝求职过程中任何形式的缴费；

（2）果断拒绝求职过程中用人单位或中介要求抵押身份证、毕业证、学位证、银行卡等无理要求；

（3）果断拒绝求职过程中任何向你推销的产品或服务；

（4）果断拒绝求职过程中薪酬明显高于市场行情的企业；

（5）果断拒绝求职过程中要签署的任何不清楚原因的文件，或签署任何文件前，向老师、亲友进行咨询、验证。

6.2.2 求职过程中的常见陷阱

部分招聘平台、个别用人单位为获取非法利益或者规避劳动用工法律责任，常常针对高校毕业生就业设置陷阱，同学们应能识别陷阱，维护自身合法权益。

陷阱一：黑中介陷阱。黑中介设置陷阱的目的就是收敛钱财，一般利用求职者社会经验不足、求职心切的弱点，承诺介绍所谓好单位、好岗位、薪酬高地位高的职位等，收取高昂的介绍费或者所谓的手续费；有的黑中介与用人单位勾结，将求职者骗至用人单位，若求职者拒绝签订劳动合同，他们就通过威胁等手段要求求职者缴纳中介费或违约金等。

识别方法：职业介绍机构应当经过行政许可取得人力资源服务许可证方可开展中介业务，否则违法。任何中介机构不得收取求职者钱财，不得扣押求职者身份证等证件。建议求职者尽量选择公共招聘平台，直接与用人单位面谈，不给黑中介可乘之机。

陷阱二：收取入职押金陷阱。招聘企业以入职前缴纳押金为名收取毕业生押金，有的企业收取完押金后就消失了，也有可能企业收取押金是为了防止毕业生违约，不管哪种情况都是违反劳动法的。

识别方法：高校毕业生在求职时遇到用人单位扣押身份证件、收取抵押金等财物的可直接拒绝，并可向当地劳动保障监察机构投诉举报，依法维护自身权益。毕业生尽量选择正规的招聘市场，从正规渠道获取招聘信息，提高识别能力，谨防上当受骗。

陷阱三：传销陷阱。设置这类陷阱的目的是骗取求职者钱财。传销的手段多种多样，对求职者来说，一般是将其委任为销售人员，发展下线，允诺根据业绩给予高额提成。高校毕业生相对来说应当很容易识别这类陷阱，但一旦陷入传销就很难自拔。

识别方法：提高警惕，发现传销陷阱应拒签劳动合同。如误陷传销陷阱，应设法摆脱，及时报警。

陷阱四：试用期陷阱。设置这类陷阱的目的是利用试用期使用廉价的劳动力。由于试用期工资可低于劳动合同约定的工资或同岗位职工工资，部分单位对招用劳动者设置较长试用期，期满前又以劳动者试用期考核不合格为由，单方解除劳动关系。

识别方法：试用期最长不得超过 6 个月，否则违法，求职者应拒签。劳动者应及时了解用人单位生产经营和用工情况，发现其设置试用期陷阱可依法提前 3 天单方解除劳动关系。用人单位以试用期考核不合格为由单方解除劳动关系必须有证明用人单位有试用条件及确属不合格的证据，否则劳动者可以申请仲裁，维护自身合法权益。

陷阱五：培训合格才录用陷阱。设置这类陷阱的目的是规避用工责任和用工风险。一种是用人单位列举录用条件，承诺先培训再考核，考核合格后录用；另一种是已经录用，为提高技能或者适应岗位等需要进行上岗前的培训。后一种实际上培训前双方已经建立劳动关系，培训期间应视为劳动者正常出勤。

识别方法：一是准确识别用人单位是否完成招聘。如用人单位对培训进行管理和要求，则需要支付培训期间工资、缴纳社会保险费、承担工伤保险责任；二是签订培训协议或劳动合同时应明确培训是否属于上岗前的技能等培训，如是，双方已经形成劳动关系，所谓“培训合格才录用”是违法行为。

陷阱六：皮包公司陷阱。皮包公司大都是利用虚假身份注册的公司，并不开展实体经营，有的注册多家公司，承诺根据业绩支付高额报酬，一旦被有关部门查处或经营不善，公司负责人就可能消失，劳动者付出的劳动就得不到回报。

识别方法：一是签订劳动合同前对这类公司进行详细了解，通过信息查询、征信系统查询或者询问其他职工等方式，避免上当受骗；二是在工作中才发现本单位属于这类公司的，应当及时依法解除劳动关系。

6.2.3 就业过程中的法律文件

接受企业发送的录用通知，签订三方协议，入职后签订劳动合同，这是毕业生求职过程的最后三个重要步骤。在这三个步骤中要注意的法律问题如下。

1. 录用通知

录用通知接受环节，企业和毕业生之间的权利义务关系开始形成，但尚未正式建立劳动关系。企业有权根据需求选择合适的毕业生、发出录用通知。一旦发出录用通知，企业就有义务在通知中约定的日期接受毕业生的报到；如无法履行这一义务，应支付约定的违约金。毕业生收到录用通知后，有权决定是否接受该职位；如果接受，有权要求企业按照录用通知中的条件履行相关承诺。毕业生也应当按照通知中的要求准备入职所需的材料，并在约定的时间内报到。如果毕业生未能履行这些义务，需要承担相应的责任。

2. 三方协议

三方协议是高校毕业生在就业前与用人单位、学校三方就毕业生就业工作中的权利和义务进行协商而签订的书面协议。三方协议不同于劳动合同，三方协议在毕业生到单位报到、用人单位正式接收后自行终止。目前毕业生就业市场上，因为企业在招聘过程中都有成本的投入，所以一般情况下三方协议中有关于违约金的规定。三方协议也是有法律效力的文件，任何一方有违反三方协议的行为，都需要承担违约责任。

（1）用人单位违约。用人单位违约是指因用人单位方面原因造成的就业协议无法履行，原因一般包含用人单位经营困难导致裁员、岗位撤销、破产、用人单位用人计划发生重大变动等。用人单位违约应承担违约责任，并为毕业生开具写明原因的正式书面退函。

（2）毕业生违约。毕业生违约是指因毕业生个人原因造成的就业协议无法履行。违约的原因一般包含已签约毕业生又与别的单位达成就业意向、已签约毕业生准备继续考研或出国、已签约毕业生对用人单位工作条件不满意等。毕业生违约也应承担协议约定的违约责任，因此在签订三方协议前应慎重考虑。

（3）约定解除。三方协议签订时，签约各方以备注条款或其他书面形式，约定当某种情形或条件成就时三方协议自动解除，任何一方均不被视为违约。

3. 劳动合同

劳动合同在毕业生入职企业后签订，是双方存在劳动关系的重要证明。劳动合同法第 82 条规定，用人单位自用工之日起超过 1 个月不满 1 年未与劳动者订立书面劳动合同的，应当向劳动者每月支付 2 倍的工资。用人单位违反本法规定不与劳动者订立无固定期限劳动合同的，自应当订立无固定期限劳动合同之日起向劳动者每月支付 2 倍的工资。劳动关系的成立是从用工之日起算，而不是签订劳动合同之日。毕业生入职工作 1 个月内单位还未主动签订劳动合同时，就要注意保留平时的签到表、工服、号牌等能够证明劳动关系成立的证据，以备发生纠纷时能够很好地维护应有的合法权益。

6.2.4　应届生入职需重点了解的法律问题

应届生主要是应在签订劳动合同前先了解、学习劳动合同法。劳动合同是用人单位和劳动者建立劳动关系，明确双方权利义务的协议；劳动合同的签订实际就是对劳动关系中权利义务的约定，是毕业生就业的重要环节，需认真对待。劳动合同法对劳动合同的订立、履行、变更、解除和终止都做出了详细规定。

劳动合同包括 9 项必备条款：用人单位的名称、住所和法定代表人或者主要负责人；劳动者的姓名、住址和居民身份证或者其他有效身份证件号码；劳动合同期限；工作内容和工作地点；工作时间和休息休假；劳动报酬；社会保险；劳动保护、劳动条件和职业危害防护；法律、法规规定应当纳入劳动合同的其他事项。

劳动合同期限有三种：一是约定有起止时间的固定期限劳动合同；二是只约定起始时间不约定终止时间的无固定期限劳动合同；三是以完成一定工作任务为期限的劳动合同。

试用期包含在劳动合同期限内。用人单位在此期间对劳动者的表现、是否能胜任该岗位等进行考核；而劳动者在此期间，也可以对用人单位是否符合自己的预期进行考核。这是一次双向选择的机会。如果企业在试用期内与毕业生解除劳动关系的理由不充分而公司强行解除劳动关系，毕业生可以申请仲裁，确认公司违法解除劳动关系，要求继续履行劳动合同。如不愿继续履行或者无法继续履行的，可依法要求用人单位按经济补偿标准的双倍支付赔偿金。

工作内容的约定需要明确工作岗位和岗位职责，工作地点的约定需要明确具体工作范围。劳动合同期限内，由用人单位单方变更工作岗位和工作地点产生的争议比较多，高校毕业生在签订劳动合同时需要慎重对待，约定工作内容和工作地点应具体而明确。

此外，劳动合同还包括工作时间、劳动报酬、服务期、竞业限制等规定。因此，建议毕业生提前认真学习、了解劳动合同法。

6.3 尽快适应职场 顺利完成社会化

6.3.1 提升职场适应力

求职是学生离开熟悉的、工作任务单一的、评价标准直观的、包容度高的学校环境，第一次面对社会需求的检验。这仅仅是个开始，之后学生就要进入另一个完全不一样的生态中。相当一部分大学生毕业前没有接触过真实职场，对社会、对企业环境、对职场规则等不太了解，初入职场时会遇到各种不了解、不适应，及由于不了解、不适应带来的困难和挑战，从而影响其顺利融入职场，甚至对后续职业发展产生负面影响。所以在进入职场前要对社会、对职场有一定的了解，提前做好准备，做好思想上的、认识上的、心态上的、行为上的转变，提升职场适应力，以便能顺利实现从学生到职场人的角色转变。

讨论如何适应之前，先分析在校学习和在职场工作间的不同。学生在校学习时是学生，毕业后工作了是职场人，是两个不同的角色，因为角色不同，从而在评价标准上、在使用技能上、在承担责任上、在所处环境上存在巨大的差异。

1. 评价标准不同

学生角色的主要任务是学习，学习是自己的事，学好、学不好只跟自己有关，所以是单兵作战，不需要对任何人负责。对是不是好学生的评价标准较为单一、相对客观且清晰。学习成绩好、遵守纪律、积极参加学院和学校的集体活动就是个好学生了；即便成绩不佳，只要过程中努力了、尽力了，老师、学校给予的反馈都会是正向反馈。

而职场人角色的主要任务是承担某些工作职责、达成预期工作目标，首先必须要按时按质完成工作；如果没有达成预期工作目标，即便过程中非常尽力，职场环境也不会包容。大部分工作职责是需要团队合作来相互配合，工作完成不是自己一个人的事，职场任务是相互配合的团队作战，风险共担、利益共享。职场中的考核标准复杂、多元、不清晰、不客观，可能奖励会以主观性标准和个人判断为基础，初入职场的毕业生很容易因为不了解规则或不习惯这个规则而产生工作成效不理想的情况。毕业生要努力了解所在组织的绩效考核标准，适应可能不够公平、不够合理、不够清晰的评价标准。

2. 使用技能不同

大学中的知识学习更多靠的是记忆力、理解能力、思维能力，虽然在人才培养过程中一直在强化科研实践能力的培养，但是大部分的学习还是抽象性、理论性学习，考试还是以理解专业基础知识加简单的应用为主，不少同学靠考试前的突击就能取得还不错的成绩。

职场人士需要的工作技能是多元化的。不同的岗位需要的能力都有共同点，如很多岗位都共同需要一些通用能力，学习能力、沟通能力、组织协调能力、口头或文字的表达能力等。不同岗位也会因为工作职责不同需要的能力有差异。如从事研发工作的，岗位相关的专业能力是最关键的能力需求；从事销售工作的，对产品的熟悉、人际沟通能力、谈判能力是最重要的能力需求；从事设计工作的，创意、审美是最重要的能力需求。职场对能力需求的程度也更高，如学习能力，大学期间的学习是在明确要求下的学习，学习任务清晰，而职场中的学习与大学学习不同，职场中的学习是需求拉动的学习，学的是实际问题的解决和决策制定，是以完成工作任务的需要为基础，学习需求不清晰，需要自己在工作任务中发现问题，进而分析出学习需求。在职场中的学习是终身性的，是只看结果、不看过程的应用性学习。

3. 承担责任不同

学生的学习只需要为自己负责，即便有学习上的不如意、不理想，也影响不到其他人，大部分学生的经济来源是父母，基本不需要承担经济压力。每个学生在大学期间的期待也许存在很大差异，在自己期待的方向上可能会承担一些压力，但这些压力比较主观，主要来自自身的内在需要而非自外部环境。

对职场人士来说，尤其是对大学生面向的这个层次的职场，可能都还是比较卷的，要想有一个好的职业发展都是不容易的，工作不会简单，工作量不会小，工作压力也一定会有。这个层次的工作绝大部分是既要为自己负责，也要为团队负责，既要按时按质完成自己的工作，也要辅助团队工作的完成。如果工作成效不佳，不仅影响自己也会影响他人，重要岗位影响的范围更广。不同体制内、不同企业中、不同岗位上，来自工作的压力会有不同。总体来说，进入职场承担的压力是客观存在的外部压力，且压力来源是多方面的，有完成工作的压力、有职业发展的压力、有工作变动的风险压力、有经济压力、有人际关系压力等，比学生承受的压力大很多。

4. 所处环境不同

大学环境自由、宽松、包容、公平，以鼓励和表扬为主，以知识学习为主，鼓励讨论、鼓励个性化、鼓励新想法、鼓励自由表达。相对职场，大学的时间自由度高、非常弹性，有长假和自由的节假休息，规则感不强。大学有清晰的学习任务，明确的考核标准，绝大部分问题都有正确答案，大部分情况下可以获得清晰的、有规律的反馈。同学之间的人际关系简单，相互间虽然有分数上的竞争，但是因为奖励标准明确，且利益竞争较少，出现冲突性矛盾的可能性低。大学里学生与老师的关系更为简单，所以整体人际关系简单而融洽。

职场环境更为复杂，规则感强，强调服从，以任务完成为导向，大多数情况下负面反馈多、正向反馈少，追求利益而非公平。工作中的时间安排相对固定且要求严格，在很多企业，加班可能都是常态，所以业余时间的可控程度可能也不高。工作中大部分情况下工作任务是不明确的，尤其是对高知识性、高挑战性的工作，可能只有一个目的，但是实现这个目的需要完成的任务是模糊的，需要解决的问题是不清晰的，所以为推进工作需要自己主动地去定义问题、探索路径。在职场环境下，人际关系更为复杂，是既合作又竞争的关系，相互之间存在利益冲突和竞争，但是绩效考评又大都按团队业绩进行评估，所以又有团队目标的约束。

比如“双一流”高校化学学院2022届本科毕业生小叶，经过努力找到了一份专业对口的技术岗位工作。然而，入职半年后，她还是觉得不适应。她跟生涯老师说：“直属领导一直说我的实际工作达不到上级领导的期待，但又没有提出明确的要求，也没有明确的培养方案，完全不知道该怎么努力。我最努力的时候反而是被骂得最多的时候，后来不想做了，反而没有什么事，不过可能也是因为慢慢熟练了、操作不会出错。做了很多活儿从来没有请假也没人看见；那些经常调休的人会被认为干得更多，而我提出休息的意愿居然被骂了。”

小叶就是比较典型的尚未适应职场环境的一种情况。

近年来，应届毕业生通不过实习期考核的情况逐渐增多，毕业生没有通过实习期考核的，还有在工作后短时间内跳槽的，可能有专业能力的问题，但更多情况下是从学生角色到职场人角色转换过程中的不适应造成的。对职场规则不了解，在心态上、在思维方式上还停留在学生身份中，没有及时转换到职场情景下，所以产生不合理的期待、不恰当的语言和行为，影响了自己的职业形象的建立，造成了同事、上级对自己的负面评价。

6.3.2　职场人应有的三个意识

从学生角色到职场人角色的转变，要在了解的基础上再适应，同时要保持对职场的合理期待。在初入职场时，有同学会把职场想象得过于美好，以为到了职场就能大展宏图、一帆风顺，很快就要实现自己的人生理想。真实的情况是：初入职场都是要从烦琐的小事做起的；职场中碰到不可接受的人、不能掌控的事的概率更高；职场中可能并没有那么讲求公平；每一份工作中都有你不愿意做的部分；很难做到工作和生活的平衡。也有的同学可能把职场想象得又过于不堪，其实大多数情况下，只要和谐地融入团队、认真地投入工作，能力就会被认可，努力还是会有回报。所以要抱有合理的期待，对可能遇到的挫折有所准备。如前面提到的小叶的吐槽："经常听到师傅说这边的时间很灵活，但是我并没有感受到；还有些在我看来挺离谱的操作，比如上班时间出去做个核酸反而是允许的。不过这种自由反而让我感受到加倍的难受，因为自己摸不着门路，就嫉妒别人。让我最想跳槽的，就是越来越觉得这份工作前途渺茫，能学的内容很少，不知道为什么这些生产一线的基层、中层领导都觉得有很多可以学到的东西。但是又不敢跳槽，一方面是现在的待遇很好，我可以很安逸；另一方面是现在的状态不适合跳槽，我还没有独自完成任何一个项目，简历没有更新，又失去了应届生的身份，应该更难找工作了。"

从小叶的这些困惑可以推断，她事先并没有了解学生角色和职场人角色的不同，未能顺利度过初入职场的转换期，还需要进一步的磨炼。要看到在职场中，有共性也有个性，对不美好的现象，可以通过调整预期、调整行为、努力适应、换个环境等方式应对，不要轻易逃避。

其实，学生角色到职场新人的适应只是职业发展的第一步，要为了长远职业发展而不断提升职场适应力，还需要再树立三个意识：

一是规则意识。职场的规则感比学校要强很多。职场中，大部分的企业和岗位都有要严格遵守的规则，小到对工作时间的规定，中到企业的管理制度、岗位相关的工作制度，大到国家的法律法规。进入职场，必须抛开作为学生时的自由散漫，强化自己的规则意识。遵守规则，首先是个人品牌建立的基础，一个能严格遵守规则的人，其行为是可预期的，更容易获得他人信任。其次，遵守规则是对自己的保护，在规则下行事，风险低、不出差错的概率更高，即便出现问题也有制度来兜底。

二是责任意识。有责任意识是做事靠谱的表现，是赢得他人尊重和信任的职业操守。职场上，第一，没有责任意识的人不会主动在工作中有更多的投入，很难在工作中表现优异；第二，没有责任意识的人不被信任，很难获得重要工作岗位或职业晋升机会。初入职场，同学们要逐渐强化自己的责任意识。职场的责任意识包括在其位，谋其政，成其事，善始善终，主动承担，认真执行；包括言必行、行必果，面对问题不推卸不推诿，遇到问题要承担问题、解决问题。

三是结果意识。学校的文化是更关注过程，老师鼓励的是在学习过程中努力的态度、在学习过程中思考出各种有创新的想法、在学习过程中敢于尝试，结果没那么重要。但是在职场上，更看重的是结果，尤其是一些产出型的岗位，做不是目的，做对、做好才是职场需要的。任何一家企业都不需要一个勤奋努力却一直带不来实际效益的员工。初入职场，同学们要了解每项工作的结果期待，围绕目标开展工作。建立结果意识，首先要建立目标意识，在工作中既要努力做，又要思考工作目标，以终为始，围绕目标、围绕方向开展工作；同时要建立能力提升的意识，在开展工作的同时，有意识地围绕目标、围绕方向提升工作能力。

6.4 保持终身学习 管理职业生涯

6.4.1 培养成长型思维，树立终身学习的理念

1. 终身学习

在当前技术快速发展、经济形势不容乐观的职场环境下，竞争、挫败、变化、不如意、不理想可能时时出现。要支持长期职业发展，还需要建立起终身学习、终身能力提升的理念，让自己永远具备面对一切风险的能力和勇气。

学习动机领域的全球领先研究者之一卡罗尔·德韦克在《终身成长》一书中强调：获得的成功并不是能力和天赋决定的，更受到我们在追求目标的过程中展现的思维模式的影响。书中介绍了两种思维模式：成长型思维模式和固定型思维模式（见图 6-1）。具有成长型思维模式的人相信能力可以培养，一切皆有可能，所以对自己的现有水平能以开放的心态评估，也能以开放的心态持续地学习和成长。具有固定型思维模式的人认为能力是固定不变的，对自己能力的评估非好即坏，这种评估方式僵化、片面且并不准确，不利于发挥个人的主观能动性。

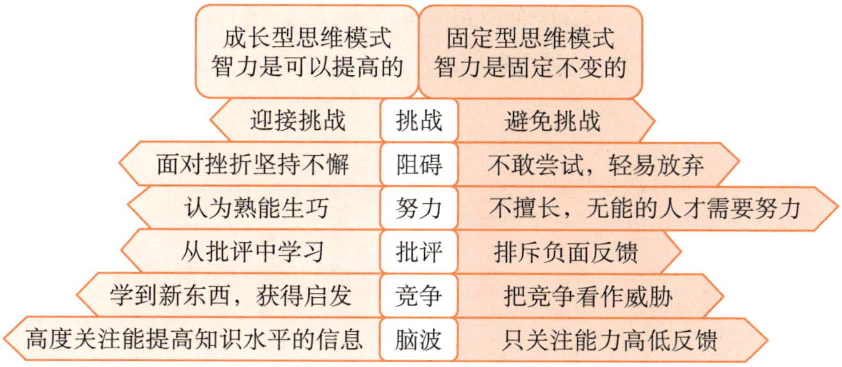

图 6－1　成长型思维模式和固定型思维模式

具有成长型思维模式的人对探索新领域、解决新问题充满兴趣，会主动迎接挑战，也能对可能面临的困难有预期，把挑战和困难作为提升能力的锻炼方式，而不惧挑战，想尽办法解决困难。他们欣赏天赋，更崇尚努力，认为只要努力了，就算没有实现目标，也会让自我有改变、有提升；他们会把批评视作发现问题的机会，在批评中反思自我、吸取建议并改进；面对别人的成功时，他们会关注对自己有价值的部分，在别人的成功中汲取经验，寻找启发，思考、内化成为自己的东西，改进自己、提升自己；他们认为学习才是第一要务，会高度关注能提高知识水平的信息。

而具有固定型思维模式的人对不在自己掌握范围内的事情不感兴趣，把挑战和困难看作负面事件，逃避挑战，不愿意面对困难，遇到困难时轻言放弃。他们认为，只有无能的人才需要努力，如果你需要为某件事付出努力，说明你不擅长做这件事，努力不会改变结果；他们把批评当成冒犯，害怕批评，不去分析批评中有价值的负面反馈，拒绝批评；如果他们在某件事中失败了，他们就觉得自己成了失败者而将失败从一种行为转变成了一种身份；他们关注的是对立和竞争，把别人的成功视作自己的威胁，不愿意看到别人的成功，嫉妒别人的成功；他们只对反映其能力高低的反馈有兴趣，注意力集中在答案的对错上，对帮助自己学习的信息没有兴趣。

因此，成长型思维模式鼓励追求进步和突破自我。通过改变信念和观念，调整对挑战和失败的态度，培养对他人成功的欣赏和尊重，认识到努力与成果的关系以及寻求支持和合作，我们可以培养和运用成长型思维模式，实现个人的成长和发展。在这种持续努力、充满积极的动力和心态下，我们能够保持终身学习，不断超越固定的观念、不断迈向新的高度。

2. 职业发展需要的重要能力素质

从企业招聘的角度看，前程无忧对企业招聘最看重的毕业生能力的调查显示

(见图 6－2)，2021 年、2022 年企业最看重的毕业生能力变化不大，排在前五位的是专业知识、沟通能力、问题解决能力、独立思考能力、稳定性。

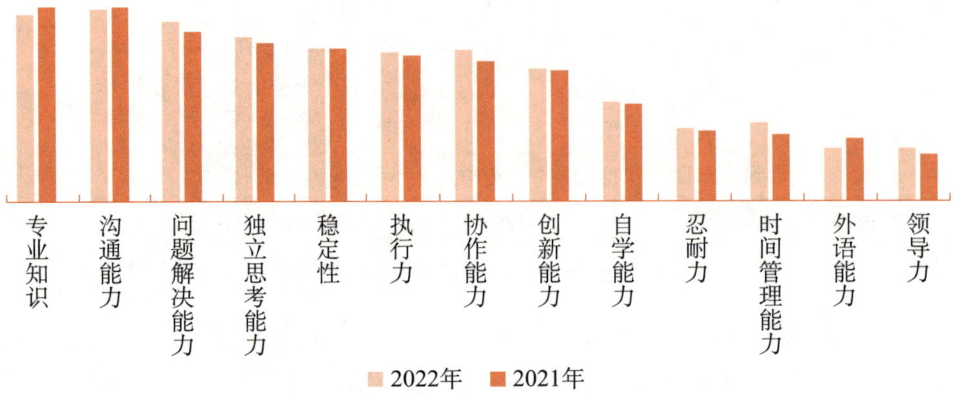

图 6－2 企业招聘最看重的毕业生能力

资料来源：前程无忧《2023 校园招聘白皮书》。

从 Boss 直聘发布的《2021 人才资本趋势报告》看，对职业发展影响较大的十项素质型技能有演绎推理能力、问题敏感度、归纳推理能力、信息排序能力、判断决策能力、复杂问题解决能力、社交洞察力、灵活概括能力、思维多样性、时间管理能力。

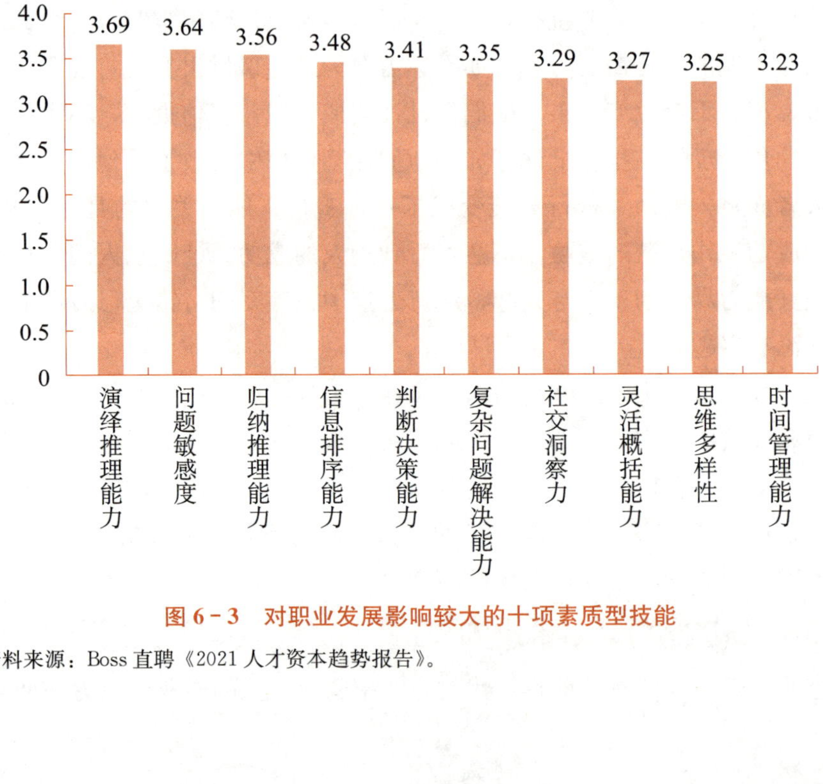

图 6－3 对职业发展影响较大的十项素质型技能

资料来源：Boss 直聘《2021 人才资本趋势报告》。

北京师范大学中国教育创新研究院受世界教育创新峰会（World Innovation Summit for Education，WISE）的委托，调查了包括中国在内的 24 个经济体和 5 个国际组织，梳理与总结了全球范围内不同组织或经济体的政策制定者对未来公民应该具备的核心素养的基本判断和把握。调查选择的经济体包括了经济发达的高收入经济体和经济欠发达的中等及以下收入经济体。该研究是从教育的角度，看怎样的素养及其实施体系加和起来能够培养出具有职场竞争力、能够很好适应未来生活的公民（见图 6-4）。

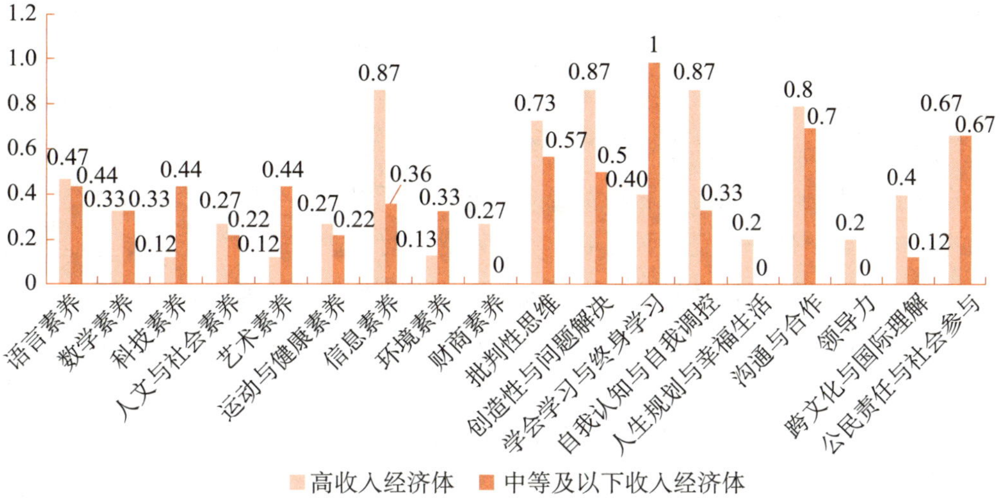

图 6-4　不同收入水平经济体对核心素养关注度的对比图

资料来源：《21 世纪核心素养教育研究报告》。

图中纵坐标代表的是不同收入的经济体对核心素养的关注度，如在 15 个高收入经济体中，共有 11 个经济体关注批判性思维这一核心素养，那么高收入经济体对这一核心素养的关注度就是 11/15≈0.73。

调研结果显示，不同收入水平的经济体对核心素养的关注点既有相同、也有不同。相同者有：沟通与合作、语言素养、数学素养、公民责任与社会参与。不同者有：中等及以下收入经济体关注的是学会学习与终身学习、科技素养、艺术素养，高收入经济体关注的是创造性与问题解决、信息素养、自我认知与自我调控、跨文化与国际理解。从两类不同收入水平经济体的不同关注点可见，中等及以下收入经济体对核心素养的关注还是如何解决问题和如何丰富自己的生活，而高收入经济体对核心素养的关注已经转换为提出新问题、扩展新视角。

以上几个调研中，出现了能力、素质、素养三个概念，其实没太有必要去清晰地区分三者之间的差异性：大概可以将素质理解为能力和素养的基础，能力、素养是素质的体现，而素养比能力内涵更加丰富。

不同的职业、不同的职业发展阶段对能力素质的要求是不同的，很难判定哪些能力素质是最重要的。不过，可以从以上三类不同的调研中找到共性的能力素质需求进行讨论，有一些核心维度是一致的。这里选取了核心专业能力、问题解决能力与创造性、沟通能力、生涯管理能力这四项能力与积极主动这项职场发展的基本素质进一步分析。

（1）核心专业能力。专业能力是指从事某一特定职业所必须具备的技术和知识。在职业领域内，专业能力是职业发展的基础，是职业能力的核心。在职场中提到的专业能力与在校期间学习某个专业时提到的专业能力不同，职场中提到的专业能力可能不是某一个具体专业的能力，而是围绕某些工作任务多个学科知识和技能的整合。不论是研发类、技术支持类、运营类还是行政管理类的职业，都是如此。对职场中需要的专业能力，先要建立三个基本认知：第一，大学期间学习的专业知识是不足以应对职场发展的需要的，所以每一个职业都是需要终身学习的；第二，要提升职场需要的专业能力，必须对职业发展需要什么专业能力保持时刻的敏感，不仅仅是当下工作任务的完成需要什么专业能力，还包括技术升级、经济发展、企业经营的需要、职业晋升等变化带给工作的不确定性引发了专业能力需要怎样的变化；第三，具体到自身的职业发展和个人成长，所提升的专业能力不仅仅是从事特定职业必须具备的技术和知识，同时也涵盖了更高效、更高质量完成职业所需的特定通用能力、经验、资源、人脉、平台及围绕这些形成的个人独特的品牌。

不同类型的岗位对专业能力的需求差异很大：如研发类工作，专业能力需求更集中在岗位所需要的专业及其相关的专业知识、专业技能上；如行政管理类的工作，可能需要一些行政管理、企业管理相关的知识和技能，但是更多靠的是实践应用的能力，对综合素质和个人特质的要求更高一些。

不同职业发展阶段对专业能力的需求也会发生变化。如在职业发展初期，专业知识、专业技能发挥的作用更大。随着职业晋升，不管是管理权限的增大还是专业技术话语权的增大，都会带来通用能力、经验、资源、人脉等其他能力对职业发展助力的大幅提升。

（2）积极主动。积极主动更像是一种素养、一种心态、一种思维方式，是一切能力得以最大化发挥的基础。在职业发展初期，即便同学们还不具备良好的职业发展所需要的能力，但只要有积极主动的态度，未来职业发展都不会太差。

积极主动可以简单定义为对事态度积极，对自己的人生负责，有责任感，不把行为归咎他人。史蒂芬·柯维的《高效能人士的七个习惯》将积极主动放在第一位。人的成长会经历一个从依赖到独立再到互相扶持的过程，积极主动是一个重要的独立自主的标志，不依赖他人、做自己的主宰，按照自己的目标规划自己的生活和工作。大学是一个人开始学习独立自主的第一个重要阶段，职业发展初期是个检验期、强化期，是独立自主人格形成的关键阶段，做到积极主动是一个人长大、心智成熟的开始。

（3）问题解决能力与创造性。问题解决能力与创造性密不可分：创造大都是在问题解决过程中出现的，问题的解决尤其是复杂问题的解决经常是由于创造性想法的出现而实现。这两个能力对职业发展非常重要，尤其在人工智能时代的职场环境中，越来越多的工作内容是模糊的、不清晰的，能清晰界定、有清晰流程的工作都将被机器取代，人的工作就是模糊任务，甚至是模糊目标，如何在模糊目标、模糊任务中发现问题、界定问题、解决问题就变得非常重要。这两个能力有个非常重要的基础就是相关领域的知识要够扎实、够丰富、够广泛，这里的知识既包括专业知识，又包括业务知识，还包括丰富的实践经验。有足够的知识做基础，才有可能有更深度的思考、更多元化的视角和更多角度的平衡取舍。

职场新人要提升问题解决能力及创造性，除了夯实自己的专业知识、拓展相关的知识面外，还要了解业务流程，不要对自己的工作设置太多边界，在精力、时间允许的情况尽量全面了解上下游的业务，深刻理解业务流程，在全链条业务流程的范围内拓展专业知识、关注技术的变化。同时加强刻意练习，练习深度思考、多元化分析和多角度的平衡，在此过程中打破固化思维、拓展更多思考模式。

（4）沟通能力。沟通是指为达到一定的目的，将信息、思想和情感在个人或群体间进行传递、理解与交流的过程，其核心内涵就是通过信息传递达成一定的目的。沟通能力就是通过沟通达成目的的能力。

前文提到过提升沟通能力的重要性，这里用 4D（four-dimensional）领导力框架介绍一个双赢的沟通思考框架。4D 领导力框架是源自美国宇航局的一套团队建设和领导力提升体系。这个框架强调沟通是为了达成自己的目的，不是情绪发泄，沟通是双赢，是让对方在有收获的基础上按照自己的期待做出反应。为了达成这一目的，在沟通前首先要想清楚，本次沟通的目标是解决什么问题，解决了这个问题对自己、对对方有什么价值。在这个前提下，沟通的话术可以变成这样四步：第一步，表达感激和欣赏；第二步，表达包容与合作的态度；第三步，提出双方在这件事上的双赢目标；第四步，提出下一步可以执行的行动计划。

举个例子，如有位同学想向图书馆反映文科专业相关的数据库比较少，希望能增加文科数据库的采购。一个双赢的沟通话术类似以下：第一，看到图书馆有很多数据库，种类和数量都非常多，为教工科研工作提供了高质量的文献支持，感谢图书馆老师的辛苦工作。第二，作为一名文科学生，觉得目前的数据库多为工科、理科相关，文科相关的较少，作为一所理工科优势明显的高校，这也是可以理解的。第三，作为一名文科生，希望能便捷地查阅到丰富的文献，学校也在大力发展文科，文科的迅速发展一定会有更多元化的文献数据的需求，图书馆加强文科数据库的建设也是一个图书馆支持学校“双一流”建设的有效措施，可以提升图书馆业绩、体现工作亮点。第四，我这里列举了一些性价比很高的权威文科数据库，图书馆可以进行一下调研。

（5）生涯管理能力。在技术更迭加速、变化越来频繁、环境越来越复杂的当今社会，很少有人能从一而终地一生做一个职业，因此管理自己的生涯发展是伴随一生的话题。生涯管理能力就是根据自我需求的变化、环境的变化，不断调整自己的职业期待，并根据期待制定合适的目标和行动，有效贯彻执行的能力。生涯管理能力的核心能力是自我认知能力、环境认知能力、制定目标和行动计划并有效执行的能力。

生涯管理能力的最重要的核心能力是能根据需求长期培养、提升当下及未来职业发展需要的能力。随着 AI 技术的迅速发展，每个人都可能随时面临新的机遇和挑战。AI 在拓展人的职业选择和发展空间的同时，也对某些职业、某些行业冲击巨大。当无法预料、无法改变世界时，你能做好的就是对自己形成更清晰、更坚定的自我认知，对外界环境变化保持关注和敏感，对核心优势长期培养，并理解在 AI 时代专业技能可能被重新解构，学习被重新定义，建立起基于未来需求的思考新的能力需求的意识，在新的能力需求下提升、改变、调整。

6.4.2 从容应对变化，开展工作重塑

在乌卡（VUCA）时代下，组织面临的外部环境更加复杂多变。为了在竞争愈加激烈、不确定性日趋增加的环境中生存和发展，组织需要充分调动和发挥每一位员工的主动性。传统的组织管理中，通过自上而下的工作设计为员工规定工作内容，要求员工按照工作说明书、岗位说明书开展工作，实现组织的有序运行。随着环境不确定性增加，仅依靠管理者的智慧和洞察力已远不能满足组织有效运行与发展的需要。如何激发员工主动性，使他们在自己的岗位上发挥最大潜能，帮助企业实现党的二十大报告中提到的“用好用活各类人才”，成为管理者密切关注和亟须解决的关键问题。

同时，随着经济的发展，人们的物质生活水平得到了极大的提高，价值观念也发生了重大转变，尤其对于刚进入职场的 95 后、00 后而言，工作已不再只是

获得物质回报的方式，更是发挥自身优势、实现个人价值的重要载体。很多大学生初入职场时会发现实际工作内容与他们的预期相差甚远，每天重复几乎同样的事情，工作枯燥无聊，就会感到工作缺乏意义，逐渐失去工作热情。德勤公司发布的 2019 年全球人力资本趋势报告提到，员工感受不到工作意义这件事成为全球管理者面临的头等大事。

学者研究发现，很多员工丧失工作意义感，源于两种外部边界条件的改变。一种是职业分类快速繁荣与多元化，但社会评价体系不够完善，包容性较低，使得很多工作内容的社会价值得不到充分认可。如一家服务大众交通出行的公司设计了一款抢票软件。身处互联网行业的人自然能理解，它是程序员、交互设计师、UI 设计师、流程管理者等不同职业分工的人合作的成果。但请你想一想，外行会怎么看？他们会觉得："这是个程序，是程序员的工作成果。"程序员以外的职业，距离社会评价体系就比较远，他们的职业价值没有形成共识。另一种边界条件的改变体现为，很多组织扁平化、去中心化，导致职业阶梯的丧失。个体不容易在短期内通过努力达到一个目标，导致职业价值无法实现。工作意义感的丧失久而久之会导致员工产生离职的想法。

重新换一份工作，面对陌生的、崭新的工作内容，可能再次点燃工作热情。或许从眼前来看这一做法没有什么不妥，但从长远的职业规划来看，未必是一步好棋。频繁的跳槽可能会带来严重的后遗症，如面试官在看到简历的那一刻，就会直接拒绝你的申请，因为没有一个企业会希望自己的员工是频繁流动的。换一次工作可能是企业的问题，但频繁换工作可能就需要你从自身查找原因。

那么，要保持工作的热情，除了辞职，还有什么其他办法呢？

心理学家瑞泽斯尼夫斯（Amy Wrzesniewski）及心理学及商业管理学教授达顿（Jane E. Dutton）提出了"工作重塑"（job crafting）的概念：员工不再仅仅是被动接受工作任务安排，而是可以根据自己的偏好和能力等个人特点主动对工作任务进行调整。通过工作重塑，员工不仅能提高个人的工作满意度和幸福感，组织也将收获高工作绩效、高情感承诺和高工作投入。

无论是工作的方式方法，还是工作内容本身，甚至是其他相关事物，我们都可以尝试去思考、去改变。即使是最无聊、最枯燥的工作，也存在其价值和意义。

瑞泽斯尼夫斯曾采访一些医院里的清洁工。在一般人看来，清洁工工作很乏味，没什么乐趣也没什么创造力，似乎没什么意义，但其实不然。瑞泽斯尼夫斯发现，有些医院里的清洁工能够从工作中找到很多意义，他们还能够额外去找一些事情去做，比如说会帮助病人布置房间，甚至对于那些时而昏迷的病人，他们也会去帮着把墙上的照片换了，让病人看到一些不一样的东西，重新燃起对生的希望。还有，成为好的倾听者，尽力去安慰病人和家属；作为得力的助手，在护士为病人输液的时候帮助病人保持平静；作为随时反馈的观察者，在清理便盆的时候，如果看到了异常的迹象，会主动提醒护士。这些清洁工，做这些额外的工作，虽然没有什么酬劳，但却获得了源源不断的工作热情。

这些细微、点滴的小改变，实际上是在工作中都可以做到的。工作中某些看似无聊、没有意义的部分，都能够进行价值的转换，从而使工作变得更加有意义。感知到工作的新鲜有趣，重新燃起对工作的激情和热情，这就是工作重塑的魅力。

想要进行工作重塑，做出改变，可以从三个方面着手，分别是任务重塑、关系重塑和认知重塑。

（1）任务重塑。任务重塑强调主动地改变工作的任务边界，包括工作任务的类型以及数量，具体体现为增加任务、强调任务和重新设计任务等。

增加任务顾名思义，是依据工作需要，主动地在原本工作职责范围之外增加新的工作任务，在这些工作中找到意义。以下用两个例子说明：疫情突然来临，面对从天而降的挑战，木屋烧烤的员工展开了一场自下而上的自救活动。疫情期间，木屋烧烤 IT 部门的伙伴们仅仅用了 5 天时间就把自有的小程序外卖平台搭建起来了，并且及时调整上线。公司没有任何人去安排和指示他们部门去做这个工作。这个小程序对他们是非常关键的。当时很多外卖平台自己的人力非常不足，但是木屋烧烤门店的人力却有余，因此他们可以自己接单去送外卖。当时创始人隋政军询问 IT 部门的负责人韩总："怎么想到去做这个了？"韩总给了很简单的回答："我认为公司现在需要它，这个程序能够增加公司的外卖通道，从而提升公司的销售收入。"

同样地，2020 年初疫情暴发不久，北航信息化办公室的青年教师反应迅速，大年初一就投入了紧张的工作，短短一周内开发出疫情防控打卡系统，专注人员位置管理，助力学校了解学校师生最新疫情动态，管理师生出入学校情况，大大提升了管理效率，有效守护了师生健康。

强调任务则是说，将更多的精力放到自己觉得有意义的事情上去。例如许多医生除了完成医院的工作之外，还通过互联网媒体等渠道在社会上向老百姓进行相关医学知识的科普工作，提升全社会基本医学知识的水平，力求为人民生活朝更加健康、科学的方向发展做出贡献。医学知识的科普工作，会增加这些医务工作者的工作快乐和意义感，他们也更愿意投入精力和时间在这些工作中，这就是一种强调任务。

重新设计任务则是在现在工作流程的前提下，对任务进行一些拆解与合并。有些工作做起来比较麻烦，是因为你不清楚背后的关联逻辑是怎样的。学会做一些整合，流程会更加简单，任务也会更加有趣。如2019年初京东快递员黄少波平均一天就揽件超过4 000件，是当时月揽件最多的京东快递员，实现月入8万元。而他之所以能够做到揽件这么多，当然也不是像大部分快递员那样，一件一件地去揽，而是通过对自己所在管理区域的了解，自己研究出了方案和策略，跟该地区的大部分企业进行合作，拿到了大量的发件业务。

随着外部市场环境的迅速改变，很多时候工作重塑不仅仅是做出某一个方面的改变，而是在工作整体上，包括在工作类型、内容和流程等各个方面同时做出重大调整。如1993年出生的董宇辉，从陕西农村一路考学打拼，考入西安外国语大学，从实习到毕业后入职，董宇辉在新东方工作了多年，教过超50万名学生。然而他火出圈却是从新东方名师转型带货主播后开始的。2022年，新东方开始了转型之路。新东方员工从以前的英语老师变成了直播间里双语带货的主播，成为网友口中“直播界的一股清流”。网友可以一边看直播买东西、一边学英语，新东方旗下品牌东方甄选的双语直播间“爆了”，随之爆火的还有新东方直播业务“东方甄选”的代表董宇辉。

新东方准备转型之初，对直播没有把握的董宇辉想过离职，但新东方在线执行董事、行政总裁孙东旭告诉他：越是困难的时候，团队越要彼此信任，一起寻找出路。董宇辉又留下来了。提及让他坚持下来的原因，他说道：“让我坚持下来的动力有两个：第一，人得去寻找工作的意义。比如说我们之前卖苹果——陕西苹果，来自陕北，革命老区，经济相对欠发达，一箱苹果我们几块钱的利润，贴券发出去，我们不挣钱。一晚上如果卖个一万箱呢？那几万块钱，老人吃药的钱，孩子上学的钱就有了。这就是意义。第二，我不愿意辜负身边这些人。我之前有过很多高薪的出路，即使现在转型搞农业直播间了，也依然有很多教育赛道的机会在找我，开价也挺高。但怎么说呢，你身边最好的朋友是谁？你会在他最难的时候抛弃他吗？”他用他的实际行动做出了回答。

从英语教师到带货主播，董宇辉的工作内容发生了质的改变，但他没有选择离职，通过工作重塑，他寻找到“新”工作的工作意义和价值。

（2）关系重塑。关系重塑是改变工作任务的关系边界，强调人与人之间的互动。一份工作做久之后，难免会觉得枯燥，很多时候支撑我们继续走下去的，不是工作本身，有可能是工作中的一些人。懂得在工作中有意识地去寻找志同道合的伙伴，会为你的工作增添额外的魅力。如医院清洁工通过与病人及其家属的交流收获他人的感激，增强工作的意义感。再如登上南京信息工程大学毕业典礼的

“最给力宿管阿姨”吴光华，在生活上无微不至地关心同学，为过年过节不能回家的同学包饺子、帮下雨天没能赶回来的同学收被子、与失恋的同学聊天谈心等等，逐渐与同学们建立起了深厚的感情，赢得了学生们的爱和尊重，也使其更加热爱这份工作。

（3）认知重塑。认知重塑强调通过改变对工作任务、关系或者整体工作本身的理解与看法，赋予工作不同的意义和价值。

有这样一个故事，三个人在一起砌墙。第一个人只是认为自己在砌墙，第二个人认为他在盖一栋房子，第三个人则觉得自己在建造城市。十年之后，第一个人依然在砌墙，第二个人已经坐在办公室里看图纸，而第三个人则成了前两个人的老板。这个故事很好地诠释了认知重塑的重要性。工作内容对每个人来说可能都是一样的，但每个人看到的点不同，赋予工作的意义就不同。

每个人都想有份满意的工作，但为什么有些人在工作上萎靡不振，只把工作看成一个挣钱的工具，每天来打卡而已？这是因为，他们并没有从工作当中得到他们真正想要的东西。

作为当代大学生，你不能永远等着环境来改变，等着公司来改变，你其实可以发挥自己的主动性，重新设计你的工作，主动地改变你的工作，重塑你的工作。从而，提升你的工作满意度、投入度和韧性并蓬勃发展。在这个充满变化和不确定的时代，大学生要通过主动的工作重塑，从容应对变化。

本章小结

求职就业过程是同学们离开熟悉的环境，走向一个不太熟悉的环境、在不一样的评价标准下接受社会的考验的过程，很容易因为不了解、不适应而出现焦虑、恐惧等不良的心理问题；在此过程中，还可能因为缺乏社会经验、对危险的警惕心不足，上当受骗或权益受损。而且，拿到 offer 并非一劳永逸，还需要尽快适应职场、不断面对种种变化，因此需秉持终身学习的态度，管理好自己的职业生涯。

课后思考与练习

1. 反思自己曾经有过不良情绪的情况，用 ABC 理论进行分析。

2. 如果自己有过求职的经历，列举在求职过程中遇到的困难。

3. 针对本章提到的各项职业素质与能力，反思、评估自己的素质能力状况，并思考如何提升。

4. 学生阶段，你能做些什么为未来角色转变提前做准备？

5. 大三期间向正在求职中的毕业生学长学姐或读研的学长学姐请教应届生求职中可能遇到的权益保护问题及应对策略。

6. 求职中遇到问题，主动向辅导员及就业指导中心的老师求助。

推荐阅读

材料 1　大四放弃保研就业，工作五年后攻读博士学位

——一位 985 工科学霸的职业发展

马新程

大四开学不久，我放弃了保研，选择了直接就业。当时确实很多人不理解，我将自己的经历分享在“大学生学业与生涯规划 2008”微信公众号上，还引发了不少议论。其实，总结起来很简单，就是那时候我认为自己不适合做学术，也拿到了不错的工作 offer，于是放弃了保研机会；再简洁些就是“我选择了一条更适合自己的路”。然而，当一个人站在人生的十字路口，迷惘和踟蹰在所难免。

记得大学刚入学不久，学长学姐就曾告诉过我们：要尽早想清楚自己到底想要做什么并付诸行动。可这并不是一件简单的事情。但鸡汤一点，在没有想清楚自己要做什么时，最好的选择就是做好手里的事情——学习。很多时候，痛苦的根源在于想要的太多而付出的努力太少，尤其是当到了找工作或者申请项目的时候。相信在这方面，很多同学都做得比我好。

不过，脚踏实地的同时，还是要多抬头看看路。任何时候，对自己的未来负责、积极主动地规划人生都是无可指责的。既然没想好自己要做什么，不如就都去了解尝试一下。不要把自己封闭在一个小圈子里，有机会就走出学院、走出北航，因为无论是别人所说的还是知乎、微信所呈现的，都可能是故事而不是事物本来的模样。封闭往往会导致偏见甚至狂妄，井底之蛙就是一个极端例子；只有走出去多看多想，才会知道天空到底是什么颜色。

我觉得自己会成为什么样的人，是机遇和自己的选择两个因素造就的。机遇我们不能改变，而个人选择有时候也是很难改变的，因为它取决于我们的性格喜好。所以即使重新来过或者我当初去了其他高校，可能三年后我还会是这个样子，所以一切都是最好的安排，我对一切充满感激。

以上是我本科毕业时写下的感受。

然而，成长就是一段不断探索、了解世界、了解自己的过程。北航毕业后的四年多里，我在京东工作，在职攻读了 MBA 学位，持续地认识世界和认识自己。这些年来最大的收获，可能就是对世界和自己有了逐渐深入的理解，然后慢

慢地找到那个平衡点，也就是“我”在这个世界存在的位置——一个既能让自己开心又能为世界创造一些价值的地方。

本科以来的八年时间我一直在寻找，这个“平衡点”越发清晰，终于在2021年底时我似乎最终找到了它——我决定要用10年左右的时间成为一个优秀的学者，并且发挥自己在业界多年工作的经验优势，凭借对业界的深刻理解和对学术前沿知识的掌握和思考，持续地为业界和学术界提供有价值的洞察，进而为社会创造出切实的价值。于是我决定要去读个博士，经过一年多的努力我最终拿到了几个不错的PhD offer，因为我持续地看好中国的未来，所以我决定去香港，这样我可以持续地与大陆企业深度合作，也希望这样能帮助我更好地开展科研工作。

从2018年本科毕业时候放弃保研直接就业，到现在决定再次进入学术圈并笃定成为一名优秀的学者，看起来是在左右摇摆，甚至我否定了自己当初的判断(觉得自己不适合从事学术研究)；事实上，冥冥之中，我一直向着自己想要的方向在前进。

高考之后，我原本想报考经管类的专业，可是考虑到就业问题（对于一个没有任何背景的农村小孩而言，理工科是就业最好的保障)，最终选择了读更接地气的理工科。然而实际上在北航的四年，面对高强度的数学、物理专业课，虽然很喜欢物理，但我对数学从未产生过强烈的兴趣，而且我必须承认自己并未投入太多时间。反而我在社团活动等各类“课外活动”中做得风生水起，带着团队拿到了一些不错的奖项，给学院争得了不少荣誉，也因此在成绩排名仅有中游水平的情况下，本科毕业时拿到了北京市优秀毕业生的荣誉，也因此在求职的过程中非常顺利，面试了两个公司都拿到了offer。

实际上，本科毕业之前我最纠结的是打工还是读博：读了这么多年的书，学了那么多年物理，对事物的底层逻辑抱有强烈的好奇心，如果只是为了钱而工作，总显得有些“低级”。幸运的是入职京东后，公司给了极大的选择自由，我最终选择定岗到大数据营销产品经理岗，在这个过程中逐渐从工业角度理解了大数据和数字营销，我对这个方向非常感兴趣而且也在工作中展示出了不错的能力。工作期间，我花费了大量的时间去思考工作中很多现象的底层逻辑，然而不像物理学和数学拥有成熟和完备的理论体系，我们人类对经济学类的事物的认知程度仍旧很粗浅，大量的营销决策都依赖于经验而非科学——这极大地激发了我进一步探索事物底层逻辑的兴趣，于是我就开始跟学术界的教授们探讨，也正是在这个过程中，我开始问自己：“为什么我不能成为一个学者?”——事实上我本来就很喜欢探求底层逻辑，理工科背景加上四年多的工作实践经验，我完全有潜质成为一个很好的学者，于是我最终决定去读博，并且最终拿到了几个不错的 offer。

我非常喜欢王勃的《滕王阁序》：透过其精美的文字，我看到的是千年以来年轻人的“迷茫”、对前途的思考以及对“向高处走”的积极进取。我想自己一直是幸运的人，我似乎在人生的重大关口都保留着做选择的权利。虽然经历了一些兜兜转转、弯弯绕绕，可如果不经历这些弯弯绕绕，又怎能找到心中的方向呢？我认为凡所经历的，都是人生的财富，都值得珍惜。即使经历了再多的柳暗花明，最终踏上的还是心之所向的方向，还是要听从我心，无问西东。

（作者为北京航空航天大学本科毕业生，后入香港科技大学攻读博士学位）

材料 2　参与社团、认知自我、实践实习

——硕士毕业就职两年学姐谈“在校期间应该增加的活动”

王立林

北京生活的近九年可以简单用这一句话所概括：我无比感恩，感恩一路的遇见，感谢拥有的机会，感怀经历的一切。

对于目前的工作状态稍稍小结一下：可能因为是随遇而安型，对比工作量极其饱和同时薪水也成正比的同辈，我庆幸自己相对 work life balance；同时更满意于目前的团队对我专业的重视，让作为应届毕业生的我能在优秀前辈的团队里有一席之地；值得提的一点是，面试时五个老师之间的气氛——主任的直爽、副主任的细致也是我选择这个团队的原因。事实也证明没有错，现在这个简单直接的工作小团体，确实很适合我这个直爽单纯（自我认知）的小孩儿。求职者与公司之间的气场也是需要匹配的，小伙伴们将来也要多方留意哦。

要从自己的角度聊“在校期间应该增加的东西”，肯定要说说我在校期间有些什么。

在校期间我都拥有什么

作为家里的第一个大学生，没有亲人的经验指引，我很庆幸自己在大学期间，应对课业之余有积极参加各种“有的没的”的活动。主动报名加入广播站成为新闻台的主持人，和搭档一起准备内容，深夜录音，剪辑音频，听自己的声音周四早上在学校播出；主动参加院庆和迎新晚会，利用特长站在舞台上表现自己，满足自己的虚荣心；接触学院的学生事务性工作，让我在辅导员团队中留下靠谱的印象……这些都让初从小城走出来的我有了融入大家的自信和底气。

有了学院的认可和推荐，我先后去了校团委和学生处做学生干部。团委的宣传工作让我认识了优秀的伙伴，了解了宣传工作的内容，培养了兴趣，也掌握了相关的技能；学生处的工作让我锻炼了沟通能力，浅浅理解了学校学生工作的大

框架，在这里有老师的指导，也有小伙伴们的共同前行，让从前被认为畏畏缩缩的我在待人接物处事能力等方面也得到了很大的进步，是我在大学环境里成长最重要的两年经历。

与辅导员和导师的主动沟通，让我摆脱了很多一时无法抽离的牛角尖，现在看，更加感激带我走出泥淖的前辈老师，没有他们的支持与鼓励，我很难成长得如现在这般乐观、洒脱……感恩我能在大学校园里拥有这样一个忘我、无私、热血的教职工支持团队。

在校期间希望多些什么

对拥有的一切有所感恩，同时结合自己工作以来的经历与体会，对学弟学妹们在校期间能够增加一些什么有些个人的想法：

首先，是在校期间自省吾身的不足。本研期间仅在私企和研究所有过两段与未来职业发展没有太多相关性的实习，这让我有种徒劳和误时的悔，本科期间认为保研了无所谓实习，反正还要再读；读研期间的疫情又是我怠惰散漫、无视未来职业规划压力的借口。研究所的实习仅作为检验自己是否能够接受此类性质工作的参考，没有成为我未来规划的阶梯。回到过去我多希望自己能够多走出校门，打破自己就业的信息茧房，在社会上碰撞、历练自己，丰满自己对职场的认识。由此，我希望在校期间能够多些实习、志愿、义工的途径机会。希望能够通过这些，增加在校生和社会碰撞的机会，了解这个社会的不同面貌，借此了解社会的需要，同时也看清自己的本领，认识到自己与社会的匹配程度。从而未雨绸缪，对未来势必要进入的职场生活，做出主动的选择和规划。需要提醒的是，作为“双一流”高校的学生，对就业环境的自信是一定要有的，要做的就是让自己拥有主动选择那些更高更好更适合自己机会的能力。希望在学生的眼里看到的不只是“清澈”，还有坚毅和果敢。

其次，是我就业两年后的后悔。如果能重来，我一定会珍惜每一个假期，每一个能走出去的机会。对于多数的“打工人”来说，工作后的假期几乎没有的，能够双休是简单的小幸福，可是一想到三天的小长假要配上调休连上六天、12306 抢票无果、单位临时通知加班、自驾出/回京高峰，对生活的希望都黯淡了（有些夸张）。劝君珍惜眼前时，不负天下好春光。在校期间要能够多多利用学校提供给我们走出去的假期和交流的机会，看看不同国家、城市环境、风俗、文化的不同，读万卷书也要行万里路。看看世界，开阔眼界，不会后悔的。

最后，非常庆幸自己研一选修了职业生涯规划课！课上，老师指导我们了解舒伯生涯发展理论，进行霍兰德职业兴趣倾向的判断，通过舒伯职业价值因子测试分析职业价值观。这些对像我这样自我认知很不客观、面对未来就业毫无章法的在校生来说，简直就是天降法宝！从客观角度对自己进行梳理和剖析，知道我是怎样的，逐渐清楚什么适合我。希望同学们能掌握这些工具并认识自己，认真选择中真我自现，进行彻彻底底的职业认知“大扫盲”。

究竟什么才是我们想要

最后想说的也是迄今为止我仍还在思考的，关于职业的选择或是未来的选择，希望共同探讨。曾经我想要能赚多多的钱，也有想过要安安稳稳地生活，更希望过能拿到一只“金饭碗”。可毕业后第一份工作是机缘巧合得到的，并不与前面任何一条相符。

在与我很敬佩的学长聊天时了解到，他工作几年存款有了七位数，是同辈中晋升最快最出色的。在我看来一切都很完美，是大家羡慕的样子，但他想的却完全出乎我的意料——后悔当初本校保研保守的选择，同时限于单位“服役”五年的限制，他要苟住，到期后打算去留学、继续深造……我佩服他的果决，他反问我：“那么你想要什么呢?”人不能只为吃米活着。

前段时间读了《金榜题名之后——大学生出路分化之谜》，这本书让人透过数据看到一些现实，学生的选择受家庭和学校环境影响显著。书里提出“直觉依赖者并非没有树立目标的能力，只是因为升学流动带来环境的剧烈转换，从而引发内在自我及文化常识的震动，陷入一种不清楚自己是谁、将要成为谁的模糊位置感”。

对我们来说，更早地知道自己是谁、想成为谁是未来规划中最最重要的要素之一。如果你已经知道自己的天命，清楚自己想要什么、要成为谁，请行动起来，与目标近一些更近一些；如果你仍在混沌之中，希望能够早些懂得。

与君共勉。

（作者为北京航空航天大学硕士毕业生，目前在科研院所就职）

材料3 我注定要努力折腾的职业生涯

陈 盼

一个人的成功，既要看个人的奋斗，还要看历史的进程。谈及生涯规划，离不开时间框架，比如老生常谈的要不要学编程这个问题：冯·诺依曼1946年打造出了世界第一台计算机，如果诸位早出生100年，大部分人这辈子都不用学编程；抑或晚出生100年，没准去到一个被强AI（人工智能）接管的时代，说大白话就能与AI交流，也不用学编程了。我们恰恰出生在这中间的100年，学还是不学，简直成了不亚于股市投资的难题——早学编程的人吃上了时代红利；刚学完毕业者冷不丁遇上了互联网企业大裁员；还没开始学的人持币观望却也难找下一只合适的股票（专业方向）投资自己的时间……

我们正经历百年未有之大变局，历史的河流湍急转向，礁石林立，暗流不断。行舟此处，年轻的舵手们难免豪气散去，生出“前不见古人，后不见来者”的惶惶，加之疫情、战争、灾害，社会热点报道从2011年的大学生创业一步步转向，变成了2022年的考公上岸。我有幸从头到尾经历了这十多年，在此从自身经历出发说说几个阶段的历程，希望给诸位一点微小的帮助。

第一个阶段：本科创业

2011初秋刚入学北航时，与每个下了火车或飞机就被大巴车拉去沙河校区的北航同学一样，大学生活于我和高中几乎没有区别：无非是换了时间、地点继续学习。当时我选择在北京读大学，主要原因是想离家远一点，体验不同的生活。沙河校区做到了离家虽远但生活方式依旧。为了排解生活的无聊，我开始了网购、退货、接着网购、接着退货的日子。几趟下来我就发现了一个大问题：衣服尺码不合适尚且好将就，鞋子尺码不合适是无法将就的。2011年淘宝还没有退货险，退货运费多半是要自己出，一下子我的零食经费减去不少，这成了我的心头一患。某一天下课后回宿舍，碰到有个社团在开展“高通公司Snapdragon大学生创想大赛”报名的活动，我拿了宣传单一看，主题大概是智能手机如何提升人类的生活质量——这太简单了吧！骄傲地讲，18岁的我作为一个普通人，心头大患可不少，自信每解决一个都能使人类生活质量提升一大截。

我首先把网购买鞋选码这个项目提了出来：买鞋想要选码准，可以通过手机拍脚部照片后建模去和鞋楦做匹配。我和一块儿回宿舍的同学说了这个想法并确定了方向。回到宿舍后，另一个同学也感兴趣，加入进来，我们组成了三人小组。接着是查资料、做技术前期demo、找老师讨论商业模型，一系列操作下来，一个学期过去了，我们在12月底得了全国头奖。于是我们团队本科创业的故事就此打开：注册了公司，发展了教授当合伙人，第一款APP上市，见了好几圈投资人，获得几笔大学生创业奖金，入住孵化器，等等。创业一直持续到了团队主要成员大学本科毕业，其中细节暂且不表。从创业中我获得的最大快乐是：终于体验到了不一样的生活，认识了好多不同背景的朋友。

后来回头一想，这次经历主导了我很多的重大选择，比如我从北航保研后退学。

第二个阶段：保研后退学

本科创业的同时，我自身学业也没落下，顺利获得了保研资格。2015年大四暑假，由于创业计划遭遇技术瓶颈几乎陷入停滞，我打算找一份实习工作感受一下都市打工人的快乐，很快找到了一家在王府井CBD的世界500强公司做软件翻译校正工作。事实证明没有找对方向的打工人很难快乐：由于我工作效率尚可，实习两天后领导想让我延长实习时间，吓得我当天下班后就提了辞职，心情是从未有过的轻松。

回家后我仔细想了想：还是想去互联网企业做核心项目，而创业经历告诉我，互联网的核心在于技术实现——硅谷的精神“talk is cheap，show me the code”深深影响了我。继续读研，我将在专业上多花两年时间，于我、于技术增长几乎没有增益，也不能让我拿到一份梦想的录用通知。于是我研究了转专业的几个方法，数据科学专业成了首选。北京真的是个好地方，有着数不尽的专业人士。为了进一步确定我的想法，我参加了不少读书会，其中有很多在美国深耕多年的学者给我提供了不少数据科学未来的发展观点。拿着收集到的资料，我对我爸妈说了退学计划，自信地算了一个出国读书的财务回报模型。于是研一刚入学，我开始背起了 GRE；研一第一个学期结束，我投出了五份美国学校的申请。第二年开春，康奈尔大学通知我入选了他们的数据科学硕士项目。

2016 年夏天，我正式告别了北航的学习生活，背起行囊去了康奈尔大学。

第三个阶段：美国求职

由于来美国念书是向我爸妈承诺过一个财务回报模型的，所以到了美国后我目标明确，想要马上找一份高薪实习工作。事实证明，我想多了：转专业隔行如隔山，第一个学期的课我选了又退，过得苦不堪言，更别提准备简历去面试了。妈妈反而安慰我：磨刀不误砍柴工，既然已经入学，不妨静下心来好好钻研，学好了工作自然会有。我一直以来比较自信。妈妈的安慰或许只是随口一说，我却深以为然，仿佛明天的工作已到了今天的我手里。第二学期我多少有了些沉淀，在校招上误打误撞报了亚马逊的实习面试。亚马逊当时尚无专门的 AI 建模实习岗位，来招人的人力专员意外地好说话，把我想要找 AI 模型方向的简历大笔一挥改到了码农实习方向，他说先面试，进去后再转组。

于是 2017 年夏天，我去了一个做模型的组，三个月后被录用为正式员工。

好像只要做喜欢且擅长的事情，运气就会额外地眷顾：很快我职称上升，追上甚至超过了同期的同学。入行四年半时我被评为高级应用科学家，这差不多是我知道的晋升最快的例子了。

第四个阶段：三十而立

2023 年初，我已在亚马逊工作了五年。这期间发生了很多事：大事件如 2020 年疫情的暴发导致美国产业格局发生变化，线下的工作及消费场景受限反而刺激互联网企业快速发展；而短短两年后，2022 年下半年互联网寒冬开始了，大批企业裁员，刚入职一天的新员工可能在同一天就接到了失业补助，时代的进程声势浩大，无法阻挡。小事件如我个人的职业曲折波动：在一个公司高强度工作五年后，我有了很多想要裸辞的时刻。我不断问自己，未来五年我是否还要继续这种按部就班的螺丝钉生活，还是离开现在的暖房，去未知的天地探索呢？

年轻人的自信就像金币，会被时间拿去换一些别的东西，例如一份高薪稳当的工作。到了 30 岁的门口，我也忍不住踌躇起来。

每个人都无法预知历史，对以往的任何回忆也都难免带着修饰的主观色彩：当自己过得不顺时，总是下意识美化没选择的路；当自己过得顺利时，又庆幸自己以前不曾走上“岔路”。仿佛命运全由得了自己做主——像个股民，每天看股市波动，或是志得意满，或是呜呼哀哉，马后炮总是一语中的，未来却仍是一筹莫展。我觉得，这应该不是掌握自己人生最好的办法。或许在这个时代，每个人都应该学着做浮士德，把传统社会模板化的成功执念放下，去感受、克服、战胜，这或许是让人一直拥有自信最好的办法。

（作者为北京航空航天大学本科毕业生）

图书在版编目（CIP）数据

大学生就业指导 / 苏文平，赵敏主编 ；魏静静等副主编. -- 北京 ：中国人民大学出版社，2025. 5.
（21 世纪通识教育系列教材）. -- ISBN 978-7-300-33774-6

Ⅰ. G647.38

中国国家版本馆 CIP 数据核字第 2025BP9051 号

21 世纪通识教育系列教材

大学生就业指导

主　编　苏文平　赵　敏

副主编　魏静静　孔伟明　邹紫云　王德国

Daxuesheng Jiuye Zhidao

出版发行	中国人民大学出版社		
社　　址	北京中关村大街 31 号	**邮政编码**	100080
电　　话	010－62511242（总编室）		010－62511770（质管部）
	010－82501766（邮购部）		010－62514148（门市部）
	010－62511173（发行公司）		010－62515275（盗版举报）
网　　址	http://www.crup.com.cn		
经　　销	新华书店		
印　　刷	北京市鑫霸印务有限公司		
开　　本	787 mm×1092 mm　1/16	**版　　次**	2025 年 5 月第 1 版
印　　张	14.75 插页 1	**印　　次**	2025 年 5 月第 1 次印刷
字　　数	267 000	**定　　价**	49.00 元

中国人民大学出版社　管理分社

教师教学服务说明

中国人民大学出版社管理分社以出版工商管理和公共管理类精品图书为宗旨。为更好地服务一线教师，我们着力建设了一批数字化、立体化的网络教学资源。教师可以通过以下方式获得免费下载教学资源的权限：

★ 在中国人民大学出版社网站 www.crup.com.cn 进行注册，注册后进入“会员中心”，在左侧点击“我的教师认证”，填写相关信息，提交后等待审核。我们将在一个工作日内为您开通相关资源的下载权限。

★ 如您急需教学资源或需要其他帮助，请加入教师 QQ 群或在工作时间与我们联络。

中国人民大学出版社　管理分社

教师 QQ 群： 648333426（工商管理）　114970332（财会）　648117133（公共管理）
教师群仅限教师加入，入群请备注（学校 + 姓名）

联系电话： 010-62515735，62515987，62515782，82501048，62514760

电子邮箱： glcbfs@crup.com.cn

通讯地址： 北京市海淀区中关村大街甲 59 号文化大厦 1501 室（100872）

管理书社　　人大社财会　　公共管理与政治学悦读坊